개념부터 실생활 활용까지,
꼭 알아야 할 AI 리터러시 50

AI 상식 사전

개념부터 실생활 활용까지,
꼭 알아야 할
AI 리터러시 50

AI 상식 사전

김지현 지음

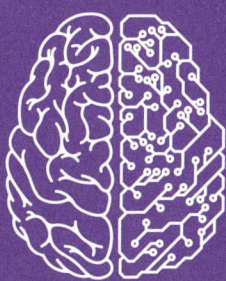

CRETA

차례

작가의 말 9

01	AI의 두뇌는 어떻게 생겼을까? **GPU와 HBM** 14
02	인류의 난제를 풀어줄 양자컴퓨터 **QPU** 19
03	AI 탄생의 핵심 **머신러닝과 딥러닝** 24
04	글에서 보고 듣는 AI로의 진화 **LLM과 LWM** 29
05	AI가 스스로 생각한다? **추론 모델** 33
06	AI를 위한 주유소 **데이터센터** 41
07	스마트폰 속 인공지능
	클라우드 FM과 온디바이스 AI 46
08	저 멀리 클라우드보다 가까운 **엣지 컴퓨팅** 51

09 　AI도 선생님이 필요하다
　　　RAG와 프롬프트 엔지니어링 56
10 　웹과 앱을 넘어선 **생성형 AI** 61
11 　플랫폼 다음의 AI **에이전트 이코노미** 65
12 　스마트폰 다음의 **AI홈** 70
13 　도로 위의 눈 **자율주행과 컴퓨터 비전** 74
14 　공장을 자동으로, 스마트하게 **디지털 트윈** 79
15 　모두의, 모두에 의한, 모두를 위한 **오픈소스 AI** 84
16 　차고, 쓰고, 입는 모든 사물의 인터넷화 **웨어러블과 IoT** 89
17 　보고, 듣고, 말하는 AI로의 진화 **멀티모달** 94
18 　디지털 트랜스포메이션의 NEXT **AX** 99
19 　똑똑한 AI로 학습시켜 주는 **합성 데이터** 107
20 　뛰어난 AI를 위한
　　　파인튜닝, 지식 증류, 프롬프트 엔지니어링 114
21 　새로운 AI 훈련 방법
　　　메타학습, 퓨샷러닝, 바이브 코딩 118
22 　구글, 네이버를 대체한다 **AI 검색** 123
23 　또 다른 세상 **메타버스와 가상 현실** 129
24 　글로벌 금융 혁신을 도울 **블록체인** 134
25 　신금융시장의 시작 **디파이와 DAO** 139

26	핀테크는 더 발전할 수 있을까? **블록체인 2.0**	145
27	분산형 데이터 시대의 핵심 **하이브리드 엣지 컴퓨팅**	152
28	AI 구동의 핵심 인프라 **엣지 AI 데이터센터**	159
29	빅데이터 분석과 비즈니스 혁신 **데이터 기반 의사결정 DDDM**	165
30	돈의 혁명 **AI 핀테크**	169
31	AI도 나라가 있다? **소버린 AI**	175
32	AI가 만든 신인류 **디지털 휴먼**	180
33	소프트웨어 개발의 새로운 패러다임 **클라우드 네이티브 애플리케이션**	185
34	초개인화, 초자동화, 초지능화 **비즈니스 AI 에이전트 BAA**	193
35	AI 시대에 더욱 중요한 **사이버 보안**	201
36	기업의 업무 자동화 **RPA와 LLM 기반 에이전트**	208
37	앱에 스며들어 가는 **AI 응용기술**	214
38	이제는 생각하고 답한다 **심화추론 AI**	218
39	AI 산업의 엔진 **차세대 반도체**	223
40	가상을 넘어 현실로 침투하는 **피지컬 AI**	231
41	반도체의 운명을 바꾸는 투명한 혁신 **유리기판**	237
42	사람에서 AI로 **보험 AI 에이전트**	242

43	로봇이 동료가 되는 날 **휴머노이드 로봇**	247
44	네트워크의 새 옷 **SDN과 가상화**	252
45	전기가 진화한다 **스마트 그리드**	256
46	해킹과 사이버 전쟁의 시대 **제로 트러스트**	260
47	위기인가, 기회인가? **AI 일자리**	264
48	배터리 없는 세상? **에너지 하베스팅과 초저전력 기술**	268
49	산수처럼 일상에서 AI를 잘 활용하게 해주는 상식 **AI 리터러시**	274
50	AI의 양면성 **AI와 X토피아**	278

AI 용어 사전 ······ 284

작가의 말

일상을 살면서 업무나 교육을 넘어, 사회생활을 하기 위해 누구에게나 기본적인 상식이 필요하다. 예를 들어 우리가 마트에서 장을 보고 결제할 때 카드나 스마트폰이 어떤 방식으로 계산대의 단말기와 연결되는지 굳이 몰라도 살아가는 데 큰 불편은 없다. 그러나 만약 이 결제 시스템이 갑자기 작동하지 않는다면 어떨까? 혹은 결제 내역을 확인하려 앱을 열었는데 갑자기 오류가 발생한다면 우리는 어떻게 대응해야 할까? 이런 상황에서 당황하지 않고 문제를 해결하거나 최소한 어디에 어떻게 문의해야 하는지를 아는 것, 그것이 바로 진정한 의미의 '일상 속 상식'이다.

지금 우리가 살아가는 시대는 AI와 IT 기술이 이미 우리 생활 곳곳에 깊숙이 들어와 있다. 카카오T로 택시를 부르고 배달의민족으로 음식배달을 시키며, 모바일 결제로 송금하고, 식당에서 결제한다. 전기차와 자율주행 그리고 사람 얼굴까지 인식하는 IP카메라와 인터넷에 연결된 가전기기가 당연시되고 있다. 식당에서 테이블에 있는 태블릿으로 주문하고, 로봇이 매장 곳곳을 돌아다니며 서빙을 한다. 친구와의 대화하다가 넷플릭스의 콘텐츠 추천 방식이 궁금해질 수 있고, 대학에서 팀 프로젝트를 할 때 챗GPT의 도움을 받는 일이 익숙해졌으며, 회사에 입사하면 클라우드 협업 툴이나 비대면 화상회의 시스템부터 배워야 한다. 이처럼 우리 일상 곳곳에 IT가 스며들어, 기술적 이해를 전제로 하는 환경이 되었다. 기술의 작동 원리와 방식을 모르면 일상이 불편하지게 된 것이다.

이렇게 다양한 기술이 우리 주변을 둘러싸고 있어, 이 세상을 읽고 이해하는 데 중요한 요소가 되었다. 즉 기술을 모르면 업무가, 일상이 불편해진 것이다. 그럼에도 많은 사람들은 여전히 IT와 AI를 어렵고 낯선 존재로만 여긴다. 이는 디지털 기술에 대한 문해력(리터러시)이 부족해서 발생한다. 문해력은 단순히 글을 읽는 능력만을 지칭하는 것이 아니라, 읽은 내용을 바탕으로 생각하고, 문제를 해결하며, 자신의 의견을 표현하는 종합적 사고력과 소통능력까지 포함한다. 디지털 리터러시는 디지털 기기와 온라인 서비스를 올바르게 활용할 수 있는 능력, 즉 AI의 원리와 작동방식을 이해하고 이를 내 일상과 업무에 효율적으로 활용할 수 있는 능력을 뜻한다.

이 책은 바로 디지털 기술에 대한 리터러시를 높여주는 내용으로 구성했다. 기술을 어렵고 복잡한 용어 정의나 설명으로 제시하지 않고, 누구나 일상에서 접할 수 있는 구체적인 사례와 이야기로 AI와 IT의 핵심적인 원리를 친절하게 소개했다. 기술을 이해하고 활용할 수 있으면 내 일상 생활은 더욱 편해지고, 업무나 사업을 더욱 생산적이고 효율적으로 해낼 수 있으며, 학습과 교육의 질을 한 단계 높일 수 있다.

이 책을 통해 10대 청소년, 20대 학생, 30대의 직장인, 40대의 리더, 50대의 경영진이 AI와 IT에 대한 막연한 두려움을 걷어내고 디지털 기술을 편하게 이해하며 삶을, 업무를, 사업을 더욱 스마트하고 자신감 있게 만들어 갈 수 있기를 바란다.

Cole의 디지털 문해력을 높일 수 있기를
특별히 바라는 마음으로

김지현

01

AI의 두뇌는 어떻게 생겼을까?
GPU와 HBM

지난 30년(1990~2020년)의 컴퓨팅 역사에서 '범용 연산력'을 바탕으로 한 CPU가 컴퓨터와 서버의 성능을 이끌면서, 정보 접근성 증대와 프로세스 효율화라는 혁신을 이끌어 냈다. 한마디로 인류에게 모든 정보를 누구나 연결할 수 있는 인터넷 세상을 연 것이다. CPU는 컴퓨터, 스마트폰, 태블릿 등의 컴퓨팅 장치에 사용되는데, 아마존부터 구글, 페이스북 등의 모든 인터넷 서비스를 만든 것이 바로 CPU 컴퓨팅 파워 덕분이다. CPU 옆에서 화면에 정보를 그려서 출력하는 부품이 GPU고, 이제는 차세대 프로세서로 QPU가 부상 중이다.

컴퓨터의 두뇌, 프로세서와 메모리

컴퓨터, 노트북, 스마트폰 등의 컴퓨팅 장치에는 사람의 두뇌 역할을 하는 CPU^{central processing unit}(중앙처리장치)와 메모리가 필수다. CPU는 계산하는 장치고, 메모리는 기억장치다. 컴퓨터에 각종 파일을 저장할 때는 하드디스크라는 보조기억장치에 저장되고, CPU가 계산에 필요한 데이터는 주기억장치인 RAM에 일시적으로 복사된다. 주기억장치가 일종의 작업대, 책상인 셈이다. 보조기억장치인 하드디스크에 비해 주기억장치인 RAM은 용량은 적지만 속도가 빠르며, 휘발성이라 컴퓨터 전원을 끄면 사라진다. 또 화면에 정보를 출력하는 역할은 그래픽 카드가 하며 핵심 부품인 GPU$^{graphic\ processing\ unit}$(그래픽처리장치)가 탑재되어 있고, 여러 가지 기본 부품이 메인보드(기판)위에서 작동된다. 물론 이 보드 위에 위 각종 부품이 배치되고 시스템버스 통로를 통해 데이터가 이동한다.

우리가 사용하는 일반 컴퓨터가 아닌 인터넷으로 연결해서 작동하는 커다란 컴퓨터, 즉 서버에는 고성능의 CPU와 AI 계산을 위한 GPU, 고속의 메모리가 배치되어 있다. 엄청난 성능의 서버가 작동하려면 일반 PC와는 다른 고성능의 프로세서와 전기 에너지가 필요하다.

이러한 것을 가리켜 컴퓨팅 인프라, 물리적 장치가 모여 있는 공간을 데이터센터라고 한다. 그리고 데이터센터의 각종 컴퓨팅 자원을 쉽게 사용할 수 있도록 해주는 것이 클라우드다. 집에서 사용하는 PC나 데이터센터의 서버에는 같은 용도의 프로세서, 메모리 등의 부품이 탑재되어 있다. 물론 각 부품의 성능과 비용은 큰 차이가 난다.

AI 가속화를 돕는 GPU

2020년경부터 이 같은 데이터센터 내 서버에 새로운 기능이 요구되었다. 인공지능을 위한 컴퓨팅 인프라 수요가 늘면서 AI를 구동하는 데 특화된 GPU의 필요성이 커졌다. GPU는 여러 개의 GPU를 병렬로 연결해 AI 연산을 최적으로 수행하는 데 특화되어 있다. 즉 그래픽 화면 처리를 위한 용도로 사용되었던 GPU가 인공지능을 개발하는 데 안성맞춤이었다. 덕분에 자율주행차, 음성 인식, 이미지

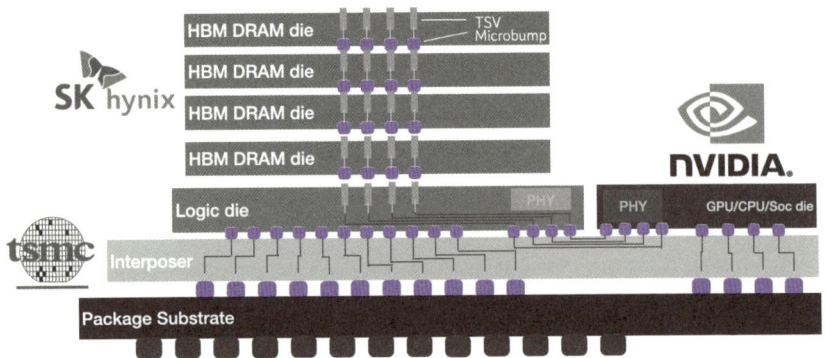

엔비디아 GPU와 SK하이닉스의 HBM을 패키징해서 구성하는 고성능 컴퓨팅 인프라의 구성.

분석 같은 신기술은 GPU 기반의 연산력 덕분에 빠르게 성장했고, 2023년부터는 챗GPT로 시작된 새로운 AI 시대가 열렸다.

이러한 고성능 GPU를 만드는 기업이 엔비디아NVIDIA다. 또 GPU가 작동하는 과정에는 고속 메모리 HBM high bandwidth memory(고대역폭 메모리)가 필요한데 국내에서는 SK하이닉스가 생산한다. 대만의 TSMC에서는 AI 가속을 위한 GPU와 HBM을 한데 묶어 조립하는 패키징 기술을 주도하고 있다. 이렇게 패키징된 핵심 부품을 서버에 넣어 조립한 다음, 시스템이 데이터센터에 들어가는 것이다. 기존의 서버와 달리 이들 시스템은 AI에 최적화되었는데, 고성능에 전력 소모가 많고 열이 많이 발생하기 때문에 이를 식히는 냉각 장치가 중요하다.

AI 추론을 위한 가성비 높은 NPU

AI는 하루가 다르게 진화한다. 이에 2024년 말부터 추론성능이 더 중요해지고 있다. 챗GPT 같은 AI 서비스가 프롬프트에 대한 답을 출력해내는 과정을 추론inference이라고 하는데, 그 과정 중에 특별히 더 오랜 시간을 공들여 AI가 더 깊게 사고하는 것을 가리켜 일종의 심화추론reasoning이라고 한다. 챗GPT o1, o3 그리고 딥시크DeepSeek R1, 그록 3Grok 3와 클로드 3.7 소네트Claude 3.7 Sonnet가 심화추론이 강화된 모델이다.

추론하는 과정에 고성능 GPU는 가성비에 맞지 않는다. AI 모델을 학습(훈련)하는 데는 적합하지만, 추론에는 고성능 인프라보다 성능이 조금 떨어져도 된다. 인텔, AMD, 메타, 구글, 아마존 등의 테크 기업은 성능은 떨어져도 비용을 최적화하기 위해 NPUneural processing unit(신경처리장치) AI 칩셋을 사용하고 있다.

거기에 더해 클라우드 의존성을 낮추려는 움직임도 활발해지고 있다. 클라우드를 통해 AI를 사용하면 너무 비싸고, 느리고, 개인정보 유출 등 보안 이슈가 있기에 2024년부터 본격적으로 컴퓨터, 스마트폰 등의 기기에서 AI를 사용할 것을 권장하고 있다. 이를 위해 데이터센터 GPU만큼의 고성능은 아니지만, 기기 내에 AI 칩, 즉 AI 작동을 도와주는 NPU를 탑재해 AI를 구동한다.

2024년에 출시된 삼성 갤럭시S24나 애플의 아이폰16 프로 등의 스마트폰과 델의 XPS 13, LG전자의 LG 그램 프로 16 등의 노트북에는 NPU가 탑재되어 있다. 인텔의 코어 울트라 200H 시리즈나 애플의 M4 칩, 퀄컴의 스냅드래곤8 엘리트 칩셋 등이 바로 AI를 사용하기 위한 NPU다. NPU로 로컬 연산을 하면 클라우드 왕복 시간을 최소화해 실시간으로 더욱 개인화된 AI 서비스를 구현한다.

실제로 스마트폰과 PC에 탑재된 NPU가 사용자 데이터를 로컬에서 즉각 분석해 지연 없는 번역, 이미지 개선, 음성 어시스턴트 등의 AI기능을 더 빠르고 안전하게 제공하고 있다. 또 삼성전자의 Neo QLED 8K TV에도 NPU가 탑재되어 기기 내에서 AI를 작동할 수 있다. 이런 칩셋을 탑재한 디바이스를 가리켜 온디바이스 AI$^{\text{on-device AI}}$라고 부른다.

02

인류의 난제를 풀어줄 양자컴퓨터
QPU

산업혁명 이후 인간의 과학 기술 발전을 향한 도전과 노력은 끝이 없다. 1800년대 터빈으로 시작해 1900년대 모터로 완성된 산업혁명 이후, 기술 발전은 가속도가 붙어 다양한 발명으로 이어졌다. 기차, 자동차, 전등, 통신, 비행기 등으로 인류 문명은 진일보했다. 그리고 1990년대부터 컴퓨터와 인터넷, 2010년대 스마트폰으로 이어지면서 디지털 혁명이 본격화되었다. 2020년대는 AI로 화려하게 기술을 꽃피웠으며, 차세대 기술로 양자컴퓨터가 주목받고 있다.

복잡한, 하지만 명확한 문제 해결을 위해

양자컴퓨터는 적어도 10년 내에는 급부상하면서 GPU에 이은 차세대 컴퓨팅 프로세서로 자리매김할 것으로 전망한다. 양자컴퓨팅 기술 기반으로 개발된 QPU quantum processing unit(양자처리장치)는 압도적 연산 능력으로 한층 정교한 예측과 추천이 가능할 것이다. 2024년 12월 구글은 양자컴퓨팅 칩 윌로우 Willow를 발표했는데, 이 칩셋은 기존 슈퍼컴퓨터로는 수십억 년이 걸리는 연산을 5분 만에 처리하는 혁신적 성능을 갖췄다.

　QPU가 빠른 속도를 낼 수 있는 이유는 양자역학이라는 새로운

구글의 퀀텀 프로세서, 윌로우. (출처 : 구글)

기술을 활용한 덕분이다. 기존 프로세서의 작동원리는 0과 1만을 쓰는 이진법을 기반으로 연산을 수행하는 반면, QPU는 0과 1의 상태를 동시에 가질 수 있는 '중첩'과 여러 상태가 서로 얽혀 있는 '얽힘'의 특성을 이용해 복잡한 계산을 병렬로 수행할 수 있다. 그러다 보니 기존 프로세서보다 월등히 빠른 속도 향상을 이룰 수 있다.

하지만 기존 프로세서, 즉 PC와 스마트폰, 데이터센터 내의 서버에 사용되는 CPU, GPU 등을 대체할 수 없다. GPU가 CPU를 대체할 수 없는 것처럼 QPU 역시 기존 프로세서를 대체하는 것이 아니라 특정 작업에 특화되어 작동한다.

QPU의 사용처와 용도

QPU의 특화 영역은 복잡한 변수와 제약 조건이 많은 최적화 분석과 암호화 및 보안 분야다. 그리고 분자의 구조와 상호작용과 관련한 물질 시뮬레이션, 대규모 데이터 처리와 복잡한 연산을 수행하는 영역이다. 산업 분야에서는 물류에서 가장 효율적 배송 경로를 결정하거나 금융에서의 투자 포트폴리오 최적화, 사이버 보안과 암호화 방식 개발, 신약 개발과 신소재 연구, 기후 예측 등에 활용된다. 아무리 컴퓨터 기술이 발전했어도 기업 현장에서 발생하는 다양한 비즈니스 문제는 여전히 남아 있다.

기후변화, 에너지 위기, 난치병 치료, 신약개발과 인류가 풀지 못한 과학, 수학 문제는 아직도 다양한 영역에서 존재한다. 바꿔 말하면 금융 포트폴리오 최적화나 리스크 관리, 물류를 위한 실시간 경로 최적화, 가격과 재고 예측은 여전히 기업 경영의 복잡한 의사결정 문제라는 것이다. 그 이유는 지금의 CPU나 GPU의 연산 성능으로는 인간의 복잡한 세상만사의 문제를 해결할 수 없기 때문이다. 알파고 이전의 기술로는 인간 프로 바둑기사를 기계가 이길 수 없었던 것과 같다.

이렇게 QPU 시대는 CPU나 GPU로는 불가능했던 초고난도 문제의 해결 가능성을 열어준다. 예를 들어 기후 변화에 따른 온실가스 배출 예측 및 효율적 감축 방안, 에너지 그리드의 최적 운영, 난치병 치료를 위한 신약 개발 등은 수많은 변수가 복잡하게 얽혀 있어 기존 컴퓨팅으로는 실질적 해법 도출이 어려웠다.

하지만 QPU의 강력한 연산 능력과 양자 역학적 특성(중첩, 얽힘)을 활용하면, 이러한 복잡한 영역에서도 이전에는 불가능했던 정교한 해법이나 최적화 결과를 짧은 시간 안에 제시할 수 있다. 이는 인류가 직면한 환경, 자원, 의료 문제 해결에 새로운 전기를 마련할 수 있으며, 기업과 조직 역시 막연히 불가능이라 여겨졌던 영역에서 혁신적인 비즈니스 기회를 모색하게 된다.

QPU의 한계

QPU 활용에 따른 문제점과 진입 장벽도 명확하다. 우선 양자컴퓨터는 불안정하고 오류가 크기에 실제 연산(계산) 목적으로 사용하는 것이 상용화되기까지 시간이 오래 걸릴 것으로 전망한다(아예 불가능하다는 전문가들의 목소리도 있다). 또 양자컴퓨팅으로 인해 기존 암호 체계가 무력화될 수 있어 보안 체계를 근본적으로 재정립해야 하며, 초기 QPU 인프라 구축 비용이나 숙련된 전문인력 부족 문제는 단기간에 해결하기 어렵다.

　마지막으로 기술 선점 기업이나 국가가 시장을 독점하거나 기술 격차를 벌릴 위험이 있어, 산업 구조와 글로벌 경쟁 환경의 기술 양극화가 심화될 수 있다. 결국 QPU는 무한한 가능성과 함께 해결해야 할 도전과제를 동시에 안고 있는 미래 기술인 셈이다.

QPU의 가치와 가능성

CPU에서 GPU, NPU를 거쳐 QPU로 이어지는 진화는 단순한 계산 능력 향상이 아니라, 전 산업 분야에 걸쳐 판도를 바꿀 만한 패러다임의 전환을 의미한다. CPU 기반의 정보 혁명, GPU와 NPU 기반의 AI 혁신을 넘어, QPU 시대에는 인류가 직면한 복잡한 문제에 근본적 해답을 제시할 새로운 기회가 열릴 것이다. 금융, 물류, 에너지, 신약 및 신소재 개발, 기후·환경 분석 등 다양한 산업이 근본적으로 업그레이드될 것이며, 고부가가치 비즈니스 모델이 탄생할 것이다.

또 기존의 전통적인 컴퓨팅 시스템과 병렬적으로 연결되어 작동하는 보완적 기술로 자리 잡아갈 것이다. 소수의 국가 정부와 기업, 연구기관 및 빅테크 기업이 사용할 것인 만큼 국가와 기업 경쟁력을 위해 긴 호흡의 정책적, 전략적 투자가 수반되어야 한다.

결국 QPU 시대의 도래는 마차에서 자동차로, 말에서 엔진으로 기술 패러다임이 바뀌며 산업 혁신이 이루어진 것처럼, 새로운 혁신적 성장의 기회와 함께 구조적 재편이라는 기회가 열릴 것이다. 기업, 정부, 연구기관은 이 전환기에 대비해 전략적 준비와 투자, 협력 방안을 적극 검토해야 한다. 이를 통해 사회와 산업은 더욱 지속 가능하고 고도화된 디지털 경제로 나아갈 기회를 확보해야 한다.

정부는 차세대 QPU 알고리즘 연구와 양자컴퓨팅 전문인력 양성, 인프라 구축에 선제적으로 투자해야 하며, 양자 내성 암호 개발과 프로토콜의 표준화 등을 통해 이 기술이 안정적으로 발전할 수 있는 제도를 준비해야 한다. 기업, 대학, 연구기관 등은 기술 양극화를 완화하여 생태계 전반의 지속 가능한 성장을 위해 협력 기반의 개방형 혁신을 꾀해야 한다.

03

AI 탄생의 핵심
머신러닝과 딥러닝

컴퓨터가 발명된 후, 사람들은 컴퓨터가 인간처럼 생각하고 판단하는 모습을 꿈꿔왔다. 1950년대부터 시작된 이러한 도전은 초기의 간단한 연산과 논리 규칙을 넘어 지금의 인공지능 기술로 이어졌다. AI는 기본적으로 사람의 지능을 컴퓨터로 구현하는 것을 목표로 하며, 그 핵심에는 머신러닝과 딥러닝이 있다.

알파고와 챗GPT는 무엇이 다른가?

2016년 구글 딥마인드Google DeepMind가 개발한 알파고AlphaGo는 인공지능 발전의 중요한 분기점이 되었다. 알파고는 기계가 사람의 직관과 전략이 중요한 바둑에서 인간 최고수를 이기면서 주목받았는데, 핵심은 '강화학습reinforcement learning' 기술이다. 강화학습은 AI가 시행착오를 통해 스스로 최적의 전략을 학습하는 방식으로, 바둑과 같이 명확한 목표가 있고 승패가 갈리는 분야에서 탁월한 성과를 보인다.

반면 2022년 공개된 챗GPT는 알파고와 달리 언어를 기반으로 하는 인공지능 모델로, LLMlarge language model(대규모 언어모델)의 대표 사례다. 챗GPT는 사람이 사용하는 자연어를 수많은 데이터를 통해 학습하여 질문에 적절히 답변하거나 창의적인 글을 작성하는 능력을 갖추었다. 알파고가 특정한 문제에 최적화된 전문 AI라면, 챗GPT는 언어를 통해 인간과의 다양한 대화와 업무를 수행할 수 있는 범용 AI에 가깝다. 즉 알파고는 정해진 규칙 내의 문제를 잘 푸는 데 뛰어난 성과를 보이고, 챗GPT는 정해진 답이 없는 열린 대화를 능숙하게 처리한다.

인공지능을 학습하는 다양한 방법

AI가 사람처럼 판단하고 예측할 수 있는 능력을 얻기 위해서는 다양한 학습 방법이 활용된다. 가장 널리 쓰이는 방식이 지도학습 supervised learning이다. 지도학습은 정답이 있는 데이터를 AI에 보여주고 패턴을 찾게 해 새로운 데이터를 정확히 판단하는 방식이다. 예를 들어 이메일을 스팸과 정상 메일로 구분하는 데 쓰이거나, 사진 속에서 사람과 사물을 구별하는 데 사용된다.

이와 반대로 정답이 주어지지 않은 데이터를 기반으로 스스로 패턴을 발견하는 것이 비지도학습 unsupervised learning이다. 이는 고객 데이터를 기반으로 고객을 특성별로 군집화하거나, 구매 성향을 파악하는 데 사용된다. 또한 앞서 언급한 강화학습은 특정 목표를 가지고 반복적으로 보상을 받아 학습하는 방식으로, 게임 AI나 로봇의 움직임을 제어하는 데 많이 쓰인다.

최근에는 트랜스포머 transformer(인공신경망) 기반의 LLM 외에도 FM foundation model(기반모델), SLM small language model(소규모 언어모델)

등 다양한 규모와 특성을 가진 AI 모델이 등장하며 활용 범위를 넓히고 있다. FM은 특정 작업에 특화되지 않고 다양한 응용 분야에 기반이 되는 모델을 의미하며, GPT 시리즈나 메타의 라마LlaMA가 대표적이다.

SLM은 적은 컴퓨팅 자원으로도 효율적으로 동작하면서 특정 분야에 최적화된 모델을 가리킨다. 예를 들어 기업 내부의 전문 분야 지식 검색이나 특정 용도의 가벼운 애플리케이션에 적합하다. 대개 FM은 전 세계에서 10군데 이내의 소수의 기술 기업이 만들고, 오픈소스로 공개된 LLM을 기반으로 각 기업이 자사만의 목적에 특화된 AI 모델을 운영한다(small LLM, 즉 sLLM). 그리고 FM이나 sLLM이 클라우드 기반으로 운영되는 것과 달리 SLM은 컴퓨터나 스마트폰, 자동차 등의 기기 내에서 작동된다.

정리하면 인간의 지능적 행동을 모방해 컴퓨터가 스스로 판단하고 문제를 해결할 수 있도록 하는 기술을 인공지능이라고 하며, 이를 개발하는 대표적인 개념이 머신러닝machine learning이다. 머신러닝은 컴퓨터가 데이터를 기반으로 패턴을 학습해 예측이나 결정을 내리는 것으로, 학습방식으로는 지도학습, 비지도학습, 강화학습이 있다.

딥러닝deep learning은 머신러닝의 하위개념으로 머신러닝에서 사용하는 알고리즘이나 모델을 구축하는 구조적 방법론의 하나다. 복잡한 데이터의 특징을 자동으로 학습할 수 있도록 만든 도구로 CNNconvolutional neural network(합성곱 신경망), RNNrecurrent neural network(순환 신경망), 트랜스포머 등의 기법이 주로 사용된다. 트랜스포머는 딥러닝 모델의 특정한 신경망 구조인데, 특히 자연어처리

NLP, natural language processing에 특화되어 있다. 이 트랜스포머가 챗GPT 등의 최근 생성형 AI 서비스 구현에 주로 이용된다.

사람의 수준에 근접해 가는 AGI

현재의 AI 기술 발전이 궁극적으로 지향하는 목표는 인간의 지능과 동등하거나 그 이상을 갖춘 범용 인공지능, 즉 AGI artificial general intelligence를 개발하는 것이다. AGI는 특정 분야나 업무에만 한정되지 않고, 인간처럼 다양한 문제를 이해하고 학습하며 해결할 수 있는 범용적 지능을 갖춘 AI로서 하나의 모델로 다양한 작업(자연어 이해, 추론, 감정 파악, 창의적 문제 해결 등)을 동시에 수행할 수 있다.

ANI artificial narrow intelligence(좁은 인공지능)는 특정 분야에 특화된

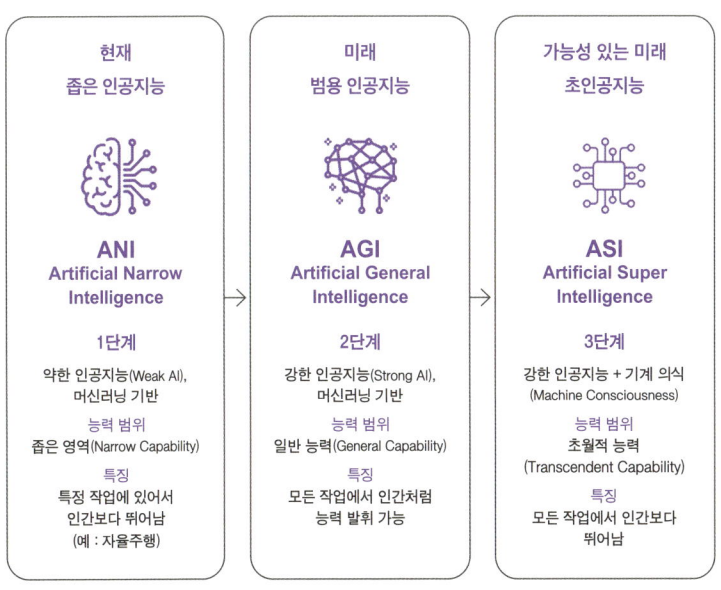

AI의 3단계 진화과정으로, 전문가들은 2030년 이내에 AGI에 도달할 것이라고 전망한다.

제한적인 AI를 의미하고, AGI는 사람처럼 여러 영역에서 문제를 해결할 수 있는 인간 수준의 AI이며, ASI$^{\text{artificial super intelligence}}$(초인공지능)는 인간 지능을 초월하는 압도적이고 독자적인 지능을 가진 미래의 AI를 뜻한다.

2020년대 중반 이후 등장한 GPT-4나 딥시크 R1 등의 최신 AI 모델은 이미 인간의 자연어 이해력과 추론 능력에서 상당한 수준에 도달한 것으로 평가받고 있다. 하지만 AGI의 개발은 아직도 갈 길이 멀다. 인간처럼 상식적 사고를 하고, 상황을 맥락에 맞게 정확히 판단하는 능력은 현재의 AI 기술로는 한계가 있다. 또한 AGI의 도래로 인해 발생할 윤리적, 사회적 문제나 일자리 대체 이슈 또한 중요한 과제로 떠오르고 있다.

그럼에도 AGI에 근접한 수준의 AI 기술은 우리 일상과 산업 구조를 완전히 바꿀 잠재력이 있다. 이미 AI는 의료 진단, 금융 예측, 창작, 교육 등 다양한 분야에서 인간 전문가의 판단력을 보조하거나 대체하고 있다.

결국 머신러닝에서 시작해 딥러닝으로 발전한 AI 기술은 이제 AGI라는 다음 단계로 향하고 있다. 앞으로의 AI 기술 발전은 단순히 도구의 성능 개선을 넘어, 우리 사회와 인간의 삶에 근본적인 영향을 미치게 될 것이다. 기업과 개인 모두 이러한 변화에 능동적으로 대비하며 새로운 기회를 찾아야 한다.

04

글에서 보고 듣는 AI로의 진화
LLM과 LWM

인간이 태어나 처음 배우는 것은 언어가 아니다. 가족과 눈을 마주치고, 주변의 사물을 보고, 만지는 과정을 통해 감정을 느낀다. 이후 말을 배우면서 학교에 가서 책과 선생님을 통해 언어로 세계를 이해한다. 한마디로 글로만 세상을 배우는 것이 아니다. AI 역시 인간처럼 진화한다. 언어뿐만 아니라 세상의 물리적인 변화를 눈으로 귀로 들으면서 학습하고, 인터넷이 아닌 현실에서도 로봇처럼 실체화되고 있다.

글을 넘어 세상 속에서 배우는 AI

우리는 중력, 작용과 반작용, 불과 물, 햇볕 등을 글로 배운다. 그리고 실제 현실 속에서 보고 듣고 느끼면서 실감한다. 바람이 무엇인지, 왜 부는지 글로 이해하고 실제 현실에서 바람 소리를 듣고 느끼면서 인식하는 것이다. 물론 반대로 현실에서 보고 들은 것을 글로 해석하고 터득하기도 한다. 그렇게 글로 배울 것을 보고 듣고 느끼면서 다시금 온전히 깨칠 수 있다.

AI도 글만이 아닌 현실계에서 벌어지는 현상을 인식하면서 학습해야 더 완벽해질 수 있다. 그렇게 AI가 실제 현실 세계에서 학습하

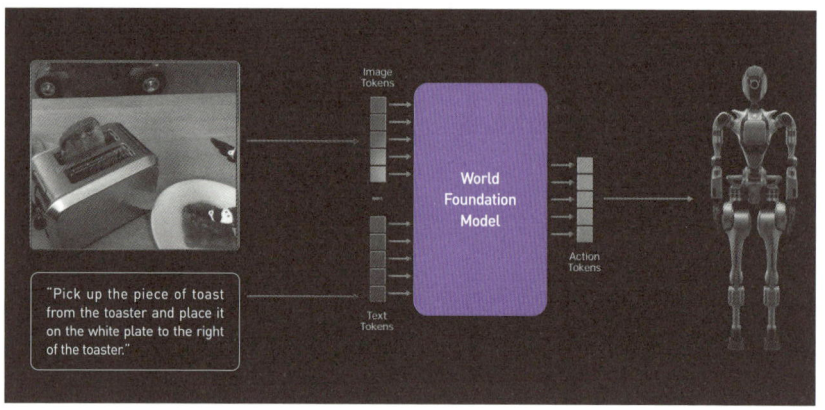

토스터와 식빵, 그릇을 인식해서 사람의 명령을 입체적으로 이해해 로봇 팔이 움직이는 물리적인 세상에서 학습하고 행동하는 AI 모델, 엔비디아의 WFM.

는 것을 가리켜 LWM^{large world model}(대규모 세계모델)이라고 부른다(엔비디아는 WFM^{world foundation model}이라고 지칭). 단 보고 듣는 것은 가능하지만, 미각, 촉각, 후각 등은 아직 본격화하지 못하고 있다. 맛보고, 느끼고, 냄새를 맡는 센서는 있지만 시각이나 청각에 비해 정확도가 떨어져 아직 학습 대상이 아니다. 하지만 기술 발전으로 인간의 오감을 모두 인식할 수 있는 AI 모델이 나올 것이라 예상한다.

이처럼 인간처럼 다양한 감각으로 세상을 인식하는 AI를 멀티모달 AI^{multimodal AI}라고 한다. 또 AI가 언어가 아닌 외부 신호를 인식하기 시작한 것은 소리에서 비롯되는데, 특히 마이크로 쉽게 수집할 수 있는 음성을 인공지능이 분석하고 해석하는 데 집중한 모델을 음성인식 AI^{speech recognition AI}라고 부른다. 비전 AI^{vision AI}는 카메라로 수집한 시각 데이터를 인식하고 해석한다. 주변에 늘어난 마이크와 카메라 장치의 센서 성능이 좋아지면서 더 고품질의 음향, 시각 정보를 인식할 수 있게 되면서 인공지능은 양질의 데이터 덕분에 세상을 더 정확하게 이해할 수 있게 되었다.

실체를 가지고 현실로 침투한 AI

세상을 이해하게 된 AI는 이제 가상에만 머물지 않는다. 우리가 사는 세상을 이해한 만큼 현실 속으로 들어올 수 있는데, 이미 자율주행 자동차에 AI가 탑재된 게 그 예다. 2015년에는 아마존 알렉사Alexa, 구글 어시스턴트Google Assistant, 네이버 클로바CLOVA 같은 1세대 AI가 스마트 스피커에 탑재되어 우리 현실 속으로 들어왔다. 하지만 그때와 지금의 AI는 다르다. 특히 세상을 배운 AI는 인간의 현실 세상에 관한 이해가 높아 더욱 깊숙하게 들어올 수 있다. 조건이 있다면 인간에게 몸과 뇌가 있듯이 AI를 구동할 하드웨어 기기가 필요한데, 이를 구현하는 장치가 몸과 같은 역할을 할 기기나 물체에 내장하는 임바디드 AIembodied AI다. 앞서 설명한 스피커와 자동차가 임바디드 AI인 셈이다.

그 외에도 로봇청소기, 레스토랑에서 종종 볼 수 있는 서빙용 로봇, 휴머노이드 로봇이 차세대 AI 디바이스다. 실체를 가지고 우리가 사는 현실에서 만날 수 있는 AI 기기는 물리적인 세상의 법칙을 이해하고 움직인다. 이들이 주변 현상을 인식하고, 인간의 명령을 수행하며 상호작용하는 AI가 바로 피지컬 AIphysical AI다.

현실을 가상으로 시뮬레이션한다, 디지털 트윈

LWM 덕분에 현실로 들어와 행동하는 임바디드AI가 더욱 정교하게 작동할 수 있고, 인터넷에만 머물던 AI 소프트웨어가 앞으로 우리 인간 세상에서 하드웨어를 갖추고 피지컬 AI로 도약할 것이다. 하지만 피지컬 AI로 세상을 이해하는 데 그치면 안 된다.

피지컬 AI로 우리가 사는 세상 속 모든 AI 디바이스는 현실에 벌어지는 현상을 모두 수집해 이를 클라우드로 전송한다. 거리와 건물에 있는 수많은 IP카메라와 스마트폰, 로봇청소기, 휴머노이드 로봇, 전기차 등에 탑재된 센서로 수집한 데이터를 클라우드로 보내고, AI는 이를 학습한다. 생생한 현실 속 데이터를 기반으로 AI가 더욱 똑똑해지는 것이다.

또한 그 데이터로 AI는 세상을 그대로 모니터링하며 세상을 가상의 공간에 복제해서 투영시킬 수 있다. 이것이 디지털 트윈digital twin이다. 현실을 가상으로 옮겨와 AI로 시뮬레이션한다는 개념이다. 가상에서 현실을 구현해 현실에서는 해볼 수 없는 것을 검증하고, 다시 현실에 그대로 재현할 수 있다.

예를 들어 교차로의 신호 대기 시간을 오전 출근 시간대와 한가한 오후, 저녁 퇴근 시간대와 거의 차량이 없는 한밤중에 어떻게 설정해야 차량 흐름을 최적화할 수 있을지 가상에서 시뮬레이션해 볼 수 있다.

현실에서는 교차로마다 차량의 흐름이 모두 다르기에 정답을 찾기 어렵고 테스트를 해볼 엄두도 나지 않지만, 디지털 트윈에서는 가능하다. 미리 실험해 보고 검증한 후에 바로 현실에 적용할 수 있다. 게다가 AI가 탑재된 기기에서는 생각하지 못한 변수나 이슈가 생기면 클라우드의 AI를 통해 체크하고 보정할 수 있다. 이것이 피지컬 AI가 주는 실질적 가치다.

05

AI가 스스로 생각한다?
추론 모델

AI 도구로 대화창에 프롬프트를 입력하고 엔터를 누르면 보통 수초 내에 요청한 기대치에 맞는 정보가 생성되어 표시된다. 이 과정은 일반 추론이라 하며, AI가 입력된 데이터를 바탕으로 결과물을 생성하는 일반적인 작동 방식이다. 그러나 같은 추론이라도 수 초가 아니라 수십 초, 혹은 수 분에서 수십 분이 걸리는 경우가 있다. 그 이유는 AI가 더 깊이 사고하고, 처음 나온 결과를 반복적으로 검증하고 개선하는 등 인간과 유사한 심화사고 과정을 거치기 때문이다. 이런 방식을 심화추론이라고 한다. 2024년 챗GPT o1을 필두로 이러한 심화추론 모델이 급격히 주목받고 있다.

RLM 등 AI 추론 모델의 다변화

AI 추론 모델은 빠르게 발전하며 다양한 방식으로 세분되어 왔다. 그중 대표적인 기술이 RLM^{reasoning language model}이다. RLM은 AI가 결과를 단순히 출력하는 데 그치지 않고, 결과를 얻는 과정에서 판단 근거와 논리적 흐름을 명확하게 제시하도록 설계된 모델이다. 이를 통해 AI가 어떤 판단을 왜 내렸는지 사람이 명확히 이해할 수 있도록 돕는다. 이 외에도 연쇄 사고^{CoT, chain-of-thought}, 자기 반추^{self-reflection} 등 AI가 스스로 문제 해결 과정을 단계별로 보여주는 기술이 등장해 사용자가 AI의 판단을 신뢰하고 더 쉽게 활용하는 기반을 마련했다.

추론모델의 시작은 2024년 9월 챗GPT o1와 2024년 12월 구글 제미나이 2.0 딥 리서치Deep Research가 출시된 후부터다. 이어 2025년 1월 딥시크 R1, 챗GPT의 두 가지 모델 딥 리서치가 출시되었고, 미스트랄 AIMistral AI의 미스트랄 스몰 3MistralSmall 3와 xAI의 그록 3가 연달아 출시되었으며, 2월에 클로드 3.7 소네트가 시장에 등장하면서 본격적으로 추론reasoning 서비스에 대한 경쟁이 가속화하고 있다. 이렇게 AI는 단순히 학습된 데이터를 기반으로 답을 내는 기본 추론에서 벗어나, 문제를 여러 단계로 나눠 체계적으로 사고하는 심화 추론 기술이 부상하고 있다. AI가 단번에 답을 내는 대신, 마치 스스로 생각하는 듯 중간 과정을 거치는 방식이다.

단순한 답변 제공을 넘어 복잡한 문제 해결과 깊이 있는 분석이 가능하다는 점에서 큰 의미를 지닌다. 초기의 대규모 언어모델은 질문을 받으면 바로 답을 내놓았지만, 복잡한 문제나 논리 전개가 필요한 상황에서는 한계가 있었다. 이에 AI에 여러 단계로 문제를 풀도록 유도하는 연쇄 사고 기법이 도입되었다. AI는 질문에 대해 여러 단계를 거치며 답안을 구성하고, 내부적으로 검증하는 과정을 보인다. 이러한 방식은 기존의 즉각적 답변에서 벗어나 더 정확하고 신뢰성 있는 결과를 도출할 수 있게 한다.

이런 시도를 가장 먼저 한 오픈AI는 챗GPT o1 모델을 통해 심화 추론의 가능성을 크게 보여주었다. o1은 답변 전에 여러 사고 단계를 거치며, 복잡한 문제에서도 뛰어난 성능을 발휘한다. 한편 중국의 딥시크는 R1 모델을 선보였다. 기존 모델보다 훨씬 적은 자원과 비용으로 오픈AI 모델과 견줄 만한 성능을 구현해 시장에 큰 충격을 줬다.

2024년과 달리 2025년에는 이 같은 심화추론 AI가 기업과 개인 모두에게 새로운 가치를 제공했다. 기업은 복잡한 의사결정 지원, 데이터 분석, 자동 보고서 작성 등에서 AI의 체계적 사고 과정을 활용해 생산성을 높이고 오류를 줄일 수 있다. 예전에는 단순히 답을 내놓는 수준이었지만, 이제 AI는 문제를 단계별로 풀어내어 보다 깊이 있는 결과를 제공한다. 이는 특히 금융, 법률, 의료와 같이 정확성이 중요한 분야에서 큰 경쟁력을 갖출 수 있다.

2000년대부터 본격적으로 인터넷 검색이 손쉬운 정보 탐색을 실현한 것처럼 개인도 심화추론 AI 덕분에 업무와 일상에서 더 전문적인 지식과 탐구에 전문가급의 조언을 받을 수 있다. 이에 따라 점차 다양한 인터넷 서비스나 소프트웨어에 추론 기능이 필수적으로 적용되어 더 전문적으로 사용할 수 있도록 도울 것이다.

추론 동작 과정의 단계

AI의 추론 과정은 크게 세 단계로 나눌 수 있다. 단계마다 AI는 사람의 사고방식과 유사하게 복잡한 사고와 판단을 하며 결과를 도출한다. 이러한 추론 과정은 일반적인 정보 검색이나 즉각적인 답변과는 다르게 긴 시간이 필요하고, 단계별로 명확한 논리 구조와 세부적인 점검을 거친다는 점에서 의미가 크다.

첫 번째 과정은 프롬프트 분석과 의도 파악 단계다. 사용자가 입력한 질문이나 명령(프롬프트)의 표면적인 의미뿐 아니라 숨겨진 의도까지도 명확히 이해하기 위해 AI는 정교한 언어 이해 모델을 이용해 맥락을 심도 있게 분석한다.

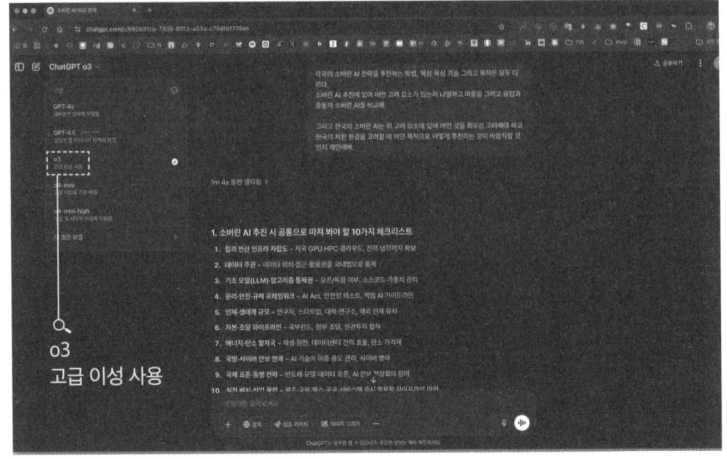

챗GPT의 추론모델인 o1, o3, o4를 이용해 추론을 이용하는 화면.

이 단계에서 AI는 사용자가 어떤 목적으로 질문했는지, 기대하는 결과가 무엇인지 정확히 파악하기 위해 입력된 문장의 단어, 어구, 문맥적 의미, 사용자와의 기존 대화 내용 등을 다각도로 분석한다. 최근의 AI 모델은 프롬프트의 의도를 더욱 명확히 파악하기 위해 과거의 대화 맥락이나 사용자의 이전 질의 내용까지 참조해, 더욱더 입체적인 해석을 진행하기도 한다.

두 번째는 생성과 탐색이다. AI가 처음부터 하나의 정답을 단번에 찾아내기보다는 다양한 가능성을 열어두고 여러 가지 시나리오를 생성하여 단계별로 탐색하는 과정을 말한다. 즉 복잡한 문제를 보다 작고 명확한 하위 문제로 나누고 각각을 독립적으로 해결한 후, 다시 종합하여 최종 결과를 도출한다. 이러한 사고 과정은 사람이 복잡한 문제를 만났을 때 문제를 세부적인 단계로 나눠서 생각하는 방식과 매우 유사하다. "지구 온난화 해결 방법"이라는 복잡한 프롬프트를 입력했을 때 AI는 즉시 하나의 해답을 내놓는 것이 아니라 '온난화 원인 분석', '온실가스 배출량 감축 방안', '친환경 에너지 대체 방안', '정책적·경제적 영향 평가' 등으로 세부적인 질문을 나누고 각각에 대해 개별적으로 심화된 사고와 논리적 평가를 거친다.

이런 과정에서 AI는 가능한 다양한 결과를 도출하고, 중간 결과가 충분한 신뢰도와 타당성을 갖추었는지 여러 차례 반복적으로 평가하고 수정한다. 중요한 것은 AI가 자신의 사고 과정과 판단의 근거를 명시적으로 드러내 보인다는 점이다. 최근의 AI 모델은 도출한 중간 결과물에 대해 '이 결과가 타당한지', '논리적 비약은 없는지', '추가로 고려할 요소는 없는지' 스스로 질문하고 검증한다('연쇄 사고', '자기 반추' 기법).

이 단계는 AI가 더욱 신뢰할 수 있는 답변을 제공하는 데 핵심적인 과정이며, 사용자가 AI의 판단 근거와 논리를 쉽게 이해하고 검토할 수 있도록 돕는다.

세 번째는 검토와 최적화 단계다. 이 단계는 앞서 생성된 결과를 마지막으로 신중하게 평가하고 검증하며, 최종 결과물을 완벽에 가깝게 만드는 과정이다. AI는 지금까지 진행된 추론 과정에서 혹시 놓친 부분이 있는지, 논리적 모순이나 오류가 발생하지 않았는지 다시 한번 철저히 점검한다.

이 과정에서 AI는 처음부터 다시 돌아가 초기의 전제조건이나 설정을 변경해 보기도 하고, 논리적 일관성이 부족한 부분을 발견하면 결과를 다시 생성하고 최적화하기 위해 보완한다. 또한 최종 결과물이 사용자의 의도와 질문의 목적에 부합하는지 다시 확인하며, 이해하기 쉽게 표현을 다듬고 논리 구조를 명확히 정리한다.

이 단계는 AI의 결과물이 단순히 논리적으로만 타당한 것이 아니라, 실제 사용자 관점에서 명확하고 유용하게 전달되는지 고려하는 단계이기도 하다.

추론 과정의 필수 요소

추론 과정이 원활하게 진행되기 위해서는 뛰어난 컴퓨팅 자원과 기술적 요소가 필수다. 특히 최근 등장한 고성능 추론 모델들은 수십억에서 수천억 개의 파라미터를 동시에 계산하는 과정을 반복적으로 수행해야 하기에, 엔비디아의 GPU(A100, H100 등) 같은 초고성능 연산 하드웨어나 인텔과 AMD의 최신 NPU 같은 AI 전용 프로세서가 필수로 요구된다. 고속으로 데이터를 주고받는 메모리(HBM, DDR5 등)와 높은 네트워크 대역폭 역시 추론 과정에서 데이터 처리 속도를 높이는 중요한 요소다.

무엇보다 심화추론 AI의 성능을 높이기 위해서는 양질의 데이터와 효과적인 모델 아키텍처의 설계가 매우 중요하다. 잘 설계된 데이터셋은 AI가 효과적으로 학습하고 올바른 추론을 수행하는 데 필수이며, 모델 아키텍처는 데이터와 추론 과정을 효율적으로 연결하여 높은 정확도와 신뢰성을 구현하는 핵심 역할을 수행한다.

결국 AI가 사람에 근접한 수준의 심화추론을 수행하기 위해서는 데이터의 품질, 컴퓨팅 자원의 성능, 모델의 구조와 알고리즘 등 다양한 요소를 균형 있게 결합해야 한다. 앞으로 AI의 추론 기술은 이같은 기술적 발전을 바탕으로 더욱 정교하고 신뢰할 수 있는 결과물을 만들어 내며, 사람의 사고력과 판단력을 대체하거나 보완할 수 있는 수준으로 계속 발전할 것이다.

추론으로 얻는 AI의 가치와 용도

심화된 AI 추론의 가장 큰 가치는 신뢰성과 해석 가능성이다. 기존의 AI 모델들이 결과물을 생성해도 '왜 그런 결과가 나왔는지' 설명하기 어려웠던 반면, 심화추론 모델은 결과 도출의 근거와 논리를 투명하게 제시할 수 있다. 덕분에 AI는 단순한 답변 제공을 넘어, 문제를 단계별로 풀어내는 새로운 사고 체계를 도입할 수 있게 되었다. 이는 의료 진단, 법률 자문, 금융 리스크 분석 등 신뢰와 설명 가능성이 중요한 분야에서 AI의 활용 범위를 획기적으로 넓힌다.

특히 비즈니스 측면에서 볼 때 AI 기반 자동화 도구와 각 직무별, 산업별 도메인 특화 서비스가 가능하다는 것이 핵심이다. 덕분에 기업은 기존의 반복 작업을 AI에 맡기고 창의적이고 전략적인 부분에 집중할 수 있다. 소규모 기업이나 스타트업에서도 전보다 비용면에서 쉽게 접근할 수 있게 되어 시장 전반의 혁신과 경쟁이 촉진될 것으로 보인다.

또한 AI의 심화추론 능력은 창의적이고 복합적인 문제 해결에도 유용하다. 기업의 전략적 의사결정이나 과학 연구 과정에서 복잡한 변수를 정리하고 최적의 해결책을 찾는 데 AI의 심화추론 모델이 중요한 역할을 수행할 수 있다. 결국 AI의 추론 능력 발전은 단순한 도구적 활용을 넘어 인간의 사고력을 보조하거나 확장하는 중요한 기술로 자리 잡고 있다.

기업과 개인은 추론 모델을 적절히 활용하며 더욱 효과적이고 혁신인 성과를 기대할 수 있을 것이다. 추론 모델의 발전으로 AI는 단순한 결과물 생성에서 벗어나, 문제의 해결 과정을 사람처럼 명료하게 표현하고 설명할 수 있는 단계로 진입하고 있다.

특히 AI 에이전트AI agent의 적용 범위와 완성도가 높아질 수 있다. 오픈AI의 오퍼레이터Operator는 브라우저를 이용해 인터넷 서비스를 대신 조작하며 AI의 활용 범위를 확장하고 있다. AI에 지시를 내리면 AI 에이전트는 실제 웹 브라우저에서 일련의 과정을 모두 자동으로 수행한다. 이 과정에서 마치 사람이 생각하듯 화면 좌측 패널에 자신의 단계별 '생각 과정'을 실시간으로 설명하면서, 우측 패널에는 실제로 행동을 보여주는 식이다. 여기에 적용된 것도 AI 추론 기술로 앤스로픽Anthropic의 CUA 역시 AI가 직접 컴퓨터를 조작해 실제 업무를 수행해 준다.

이렇게 추론 기술로 인해 AI는 보다 완결적으로 자동화된 서비스를 운영할 수 있는 에이전트 기능을 구현할 수 있게 되었다. 이는 기업과 개인 모두에게 높은 생산성과 효율, 그리고 혁신적인 비즈니스 기회를 제공할 전망이다. AI가 '생각하고 답한다'는 개념은 에이전트의 구현으로 이어져 수많은 사업 현장은 물론 우리 일상에서 보다 편리한 서비스 사용을 도와줄 것이다.

결론적으로, 추론 기술 덕분에 프롬프트를 통해 AI에 묻는 시대에서 명령command을 이용해 AI에 지시하는 시대가 열릴 수 있게 되었다.

06

AI를 위한 주유소
데이터센터

AI가 차량이라면 데이터센터는 주유소와 같다. AI 모델이 움직이고 작동하기 위해서는 막대한 데이터를 빠르게 처리하고 저장할 수 있는 공간이 필요한데, 그 핵심 인프라가 바로 데이터센터다. AI 시대가 본격적으로 열리면서 데이터센터는 단순히 데이터를 저장하는 장소를 넘어, AI의 연산을 지원하는 필수 시설로 자리매김하고 있다. 특히 챗GPT와 같은 대규모 AI 모델이 등장한 이후 데이터센터의 중요성은 더욱 커지며 단순한 물리적 공간이 아니라 AI 비즈니스 경쟁력의 핵심 인프라로 인식된다.

데이터센터와 클라우드, LLM의 역할

AI 서비스가 원활하게 작동하려면 빠른 데이터 처리와 막대한 계산 능력이 필수인데, 그 핵심 인프라가 바로 데이터센터와 클라우드다. 데이터센터는 수많은 서버와 스토리지, 네트워크 장비 등을 한데 모아놓은 물리적 장소로, 데이터 저장과 처리, AI 모델의 학습, 추론 작업을 수행하는 핵심 공간이다. 최근 AI 기술의 발전과 함께 클라우드 기술과 결합해 더욱 강력한 컴퓨팅 인프라로 진화하고 있다.

클라우드는 데이터센터에 있는 다양한 컴퓨팅 자원을 인터넷을 통해 원격으로 제공하는 서비스다. 아마존 AWS, 마이크로소프트 애저Azure, 구글 클라우드 등이 대표적인 클라우드 사업자로, 이들이 제공하는 서비스로 전 세계의 IT 기업뿐 아니라 일반 기업이 컴퓨팅 자원과 인터넷 서비스와 회사의 정보화 시스템을 쉽게 운영할 수 있다. 즉 고성능 컴퓨팅을 제공하는 서버와 빠른 속도의 네트워크를 일일이 구축하고 준비하지 않아도 이들 기업이 사업과 서비스를 운영하기 위해 필요한 컴퓨팅 자원을 마치 수도나 전기처럼 쉽게 사용할 수 있도록 해준다.

클라우드 안에는 다양한 종류의 소프트웨어, 플랫폼, 인프라 등이 갖춰져 있는데 그중 하나가 바로 AI다. 즉 클라우드를 통해 챗GPT 같은 AI 서비스를 구동하는 데 필요한 AI 모델과 각종 부수적인 솔루션이 제공된다. 이런 클라우드를 제공하는 물리적 장치가 데이터센터DC, data center다. 특히 AI 모델을 훈련하고 구동하는 과정에는 기존보다 더 막대한 컴퓨팅 자원과 전력 등이 필요한데, 이것이 바로 AI 데이터센터다.

AI 데이터센터의 특징과 구성

일반적인 데이터센터와 달리 AI 데이터센터는 여러 가지 특별한 요구사항이 충족되어야 한다. 첫 번째 특징은 고성능의 컴퓨팅 자원이다. AI 모델의 학습과 추론 작업은 막대한 연산량을 요구하기 때문에 GPU(그래픽처리장치)나 NPU(신경망처리장치)와 같은 고성능 연산 프로세서를 집중적으로 배치하는 것이 필수다. 특히 엔비디아의 H100 같은 최상급 GPU가 수백, 수천 대씩 배치되어 병렬로 연결되는 경우가 많다. 이를 통해 AI 모델의 학습 속도와 추론 능력을 극대화할 수 있다.

xAI의 AI 데이터센터, 콜로서스. (출처 : xAI)

두 번째 특징은 고속 데이터 전송과 메모리 기술이다. AI 데이터센터에서는 수백 기가바이트Gbps 이상의 초고속 네트워크와 함께 초고속 메모리(HBM3, DDR5 등)를 통해 프로세서 간의 데이터 교환을 원활하게 한다. AI 모델이 빠르게 데이터를 처리하고 결과를 얻기 위해서는 데이터 전송 속도가 매우 중요하기 때문이다. 예를 들어 SK하이닉스의 HBM3처럼 GPU에 바로 연결되는 고속 메모리 기술이 AI 데이터센터의 성능을 좌우하는 핵심 요소로 자리 잡았다.

세 번째 특징은 전력 소모와 냉각 기술이다. 고성능 GPU와 NPU는 막대한 전력을 소모하고 열이 많이 발생하기 때문에 효과적인 냉각 시스템이 필요하다. 수냉식 냉각 시스템이나 액침 냉각immersion cooling 같은 첨단 기술이 활용되어 열을 신속히 제거하고 장비의 성능을 유지한다. 최근에는 재생 에너지 활용과 에너지 효율을 높인 친환경 데이터센터의 구축도 가속화되고 있다. 대표적으로 구글이나 메타의 데이터센터가 수랭식 냉각과 태양광 같은 재생 가능한 에너지를 적극적으로 활용하고 있다.

데이터센터 사업 경쟁 전망

AI의 급격한 확산으로 인해 데이터센터 수요는 더욱 폭발적으로 늘어날 전망이다. 특히 LLM 기반의 AI 서비스가 일상화되면서 대규모 AI 연산을 지원할 수 있는 초대형 데이터센터 구축 경쟁이 본격화될 것으로 보인다. 글로벌 빅테크 기업과 클라우드 사업자들이 앞다투어 AI 데이터센터 투자를 늘리고 있으며, 이러한 경쟁은 더욱 치열해질 것이다.

현재 이 시장은 아마존, 마이크로소프트, 구글 등 클라우드 사업자와 고성능의 데이터센터가 필요한 빅테크 기업(이들 모두를 가리켜 하이퍼스케일러Hyperscaler라고 부름)에 데이터센터를 구축하고 운영하는 에퀴닉스Equinix 같은 전문 운영사업자들이 각축 중이다. 더 나아가 GPU 제조사(엔비디아 등)와 기존 데이터센터에서 전력 등을 구축하는 슈나이더Schneider, 버티브Vertiv 같은 기업이 데이터센터용 프로세서와 솔루션을 제공하면서 경쟁에 가세하고 있다.

여기에 국내외 통신사(SK텔레콤, KT, 버라이즌 등), 기존 IT 기업들(델, HPE, 삼성전자 등)도 자체적인 데이터센터 구축과 서비스 제공을 확대하며 시장 경쟁이 더욱 복잡하게 전개되고 있다. 특히 2024년부터 오픈AI가 마이크로소프트 애저를 통해 서비스를 확대했고, 메타와 구글, 더 나아가 xAI와 오픈AI도 자체 데이터센터를 공격적으로 확장하면서 경쟁 구도가 본격화하고 있다.

앞으로 데이터센터 시장에서 중요한 차별화 포인트는 크게 두 가지다. 첫 번째는 '규모의 경제'다. 대규모로 AI 연산을 제공할 수 있는 초대형 데이터센터를 구축한 기업이 서비스 비용을 낮추고 경쟁력을 확보할 가능성이 높다. 두 번째는 '에너지 효율성과 친환경성'이다. 엄청난 전력 소비로 환경적 부담이 크기 때문에, 친환경적이고 효율적인 데이터센터 구축 능력을 갖춘 기업이 장기적으로 경쟁력을 가질 것으로 예상된다.

결국 데이터센터 경쟁은 단순히 기술과 인프라의 경쟁을 넘어 AI 서비스 자체의 품질과 비용 경쟁력까지 직결되는 중요한 사업 영역이 될 것이다. 기업들은 데이터센터에 대한 전략적 투자와 함께 장기적이고 친환경적인 기술 개발을 통해 경쟁에서 우위를 확보해야 한다. 앞으로 데이터센터가 AI 산업의 핵심 허브로 성장하면 이 인프라를 효과적으로 활용할 수 있는 기업이 AI 비즈니스 경쟁에서도 유리한 위치를 선점하게 될 것이다.

07

스마트폰 속 인공지능

클라우드 FM과 온디바이스 AI

AI는 이제 클라우드라는 먼 곳의 데이터센터에서만 작동하는 것이 아니다. 손에 쥐고 있는 스마트폰, 책상 위의 PC에서도 강력한 AI가 동작하고, 일상에서 즉각적인 도움을 줄 수 있게 되었다. 대규모 언어모델과 파운데이션 모델의 등장으로 AI가 한층 강력해지면서 개인이 소유한 기기에서도 구동되기 시작했다. 온디바이스 AI는 AI의 활용 방식을 완전히 바꾸면서 '슈퍼컴퓨터급' 스마트폰을 사용하는 시대를 열고 있다.

클라우드에서 작동되는 LLM, FM

클라우드 기반 AI는 그동안 AI 서비스의 핵심 방식이었다. 특히 챗GPT, 제미나이, 클로드, 그록 등 최근 주목받는 LLM은 일반 개인용 컴퓨터로는 실행하기 어려울 정도로 엄청난 연산력과 데이터가 필요하기에 대부분은 클라우드에서 작동된다. 클라우드의 가장 큰 장점은 거의 무한에 가까운 컴퓨팅 자원과 방대한 데이터를 활용할 수 있다는 점이다. 대표적인 서비스인 아마존 AWS, 구글 클라우드, 마이크로소프트 애저 등은 데이터센터 내 수천 대의 GPU 서버와 초고속 네트워크 인프라를 통해 제공하는 것이다.

클라우드 AI의 대표적 사례가 오픈AI의 GPT-4 모델이다. GPT-4는 약 1조 개에 육박하는 파라미터를 가진 초거대 AI 모델로, 인간과 유사한 언어적 사고와 복잡한 추론 능력을 갖췄다. 하지만 그만큼 방대한 메모리와 컴퓨팅 리소스가 필요하므로 클라우드를 통해서만 효율적으로 서비스할 수 있다. 사용자는 클라우드에 접속해 질문을 보내고, 서버에서 처리된 결과를 다시 받아보는 형태로 사용한다.

하지만 클라우드 방식은 필연적으로 네트워크 연결과 일정한 지연latency이 발생하며, 개인정보 보호나 보안 문제에서도 항상 자유롭지 못하다. 이런 한계를 극복하고자, 최근에는 AI의 연산 능력을 개인의 디바이스로 옮기려는 움직임이 본격화하고 있다. 이렇게 방대한 AI 성능을 가진 LLM을 가리켜 파운데이션 모델FM, foundation model(기반모델)이라고 한다.

책상과 손 위에서 작동되는 AI PC, AI 폰

최근 들어 클라우드 기반 AI를 보완하기 위해 개인 디바이스 자체에서 AI를 실행하는 기술이 빠르게 발전하고 있다. 이를 AI PC, AI 폰이라고 부르는데, PC와 스마트폰 내부에 탑재된 전용 AI 프로세서NPU를 통해 클라우드와 비슷한 AI 경험을 제공하는 것이다. 삼성 갤럭시 S24, 애플 아이폰16 프로 같은 최신 스마트폰과 인텔 코어 울트라 프로세서나 애플의 M4 칩셋이 탑재된 최신 AI PC가 대표적인 예다. 이 기기들은 내부의 전용 AI 칩을 통해 실시간 번역, 이미지 및 영상 개선, 음성 명령 등 다양한 AI 기능을 빠르고 안전하게 처리할 수 있다.

온디바이스 AI의 가장 큰 장점은 즉각성과 개인정보 보호다. 예

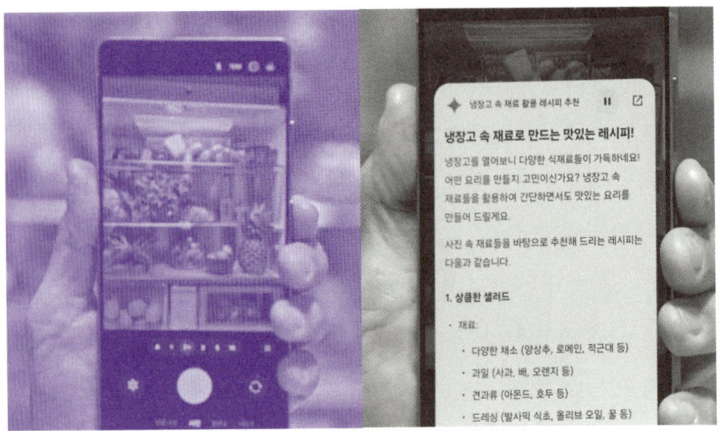

냉장고 속 재료를 촬영하면 갤럭시 S25 AI가 레시피를 추천한다. (출처 : 삼성전자)

를 들어 스마트폰으로 사진을 찍으면 AI가 즉시 이미지 품질을 개선하거나, 실시간으로 음성을 인식해 자막을 생성하는 등의 작업을 클라우드와의 연결 없이 바로 실행한다. 이렇게 하면 클라우드와 데이터를 교환할 때 발생하는 네트워크 지연이 없기 때문에 사용자 경험이 극대화된다. 또한 개인 데이터가 기기 내에서만 처리되기 때문에 개인정보 보안 문제에서 더 안전하다. 최근 AI PC와 AI 폰이 빠르게 확산되는 이유도 바로 이런 장점 때문이다.

더욱이 인텔과 AMD 등 주요 반도체 기업도 노트북과 PC용 AI 전용 칩셋을 내놓으면서 온디바이스 AI의 경쟁이 더욱 치열해지고 있다. 이들 기업은 CPU나 GPU뿐 아니라 전용 NPU를 추가로 탑재하여 AI 연산 성능을 획기적으로 높이고 있다. 이에 따라 2025년 이후에는 클라우드가 담당하던 AI 연산을 상당 부분 개인 디바이스가 대체할 것으로 전망한다.

모든 기기에 AI가, 온디바이스 AI

온디바이스 AI는 클라우드에 의존하지 않고 기기 내부에서 AI가 직접 작동된다. PC와 스마트폰을 넘어 TV, 청소기 등의 가전제품과 자동차 등에 광범위하게 적용할 수 있다. 이를 통해 AI는 우리의 생활공간 곳곳으로 스며들어 모든 기기를 더 똑똑하고 편리하게 바꿔 갈 것이다.

삼성 Neo QLED TV와 LG OLED AI TV 같은 최신 스마트 TV의 내부에 NPU 칩셋을 탑재해 실시간 영상 화질 개선이나 음성 명령 처리를 클라우드 연결 없이 즉각 수행할 수 있다. 로봇 청소기나 스마트 냉장고 같은 가전제품도 온디바이스 AI를 통해 사용자의 생활 패턴을 스스로 학습하여 최적화된 동작을 수행할 수 있다. 자동차 분야에서도 자율주행이나 주행 보조 시스템이 클라우드와의 연결 없이 즉각적인 상황 판단과 반응을 할 수 있도록 온디바이스 AI를 기본으로 탑재하고 있다.

앞으로 온디바이스 AI 기술은 클라우드 AI와 더욱 긴밀하게 결합해 '하이브리드 AI' 환경으로 발전할 전망이다. 평소 일상적인 작업은 개인 디바이스에서 즉각 처리하고, 복잡한 계산이나 방대한 정보 처리가 필요한 경우 클라우드 AI와 긴밀히 연계해 최적의 결과를 제공하는 형태다. 결국 클라우드와 온디바이스 AI의 결합은 향후 AI 기술 진화의 핵심 방향이 될 것이며, 모든 기기가 네트워크로 연결되고 AI가 내장된 환경으로 변화할 것이다.

기업들은 앞으로 클라우드 기반의 초대규모 AI 모델(FM)과 온디바이스 AI의 균형 잡힌 활용 전략을 세워야 한다. 클라우드는 복잡하고 규모가 큰 작업에, 온디바이스는 즉각성과 개인정보 보호가 중요한 작업에 특화하는 형식으로 AI 활용을 극대화하는 방안이 필요하다. 사용자에게는 더욱 빠르고 안전하며 편리한 AI 환경을, 기업에는 새로운 AI 비즈니스 기회와 혁신적인 경쟁력을 제공할 것이다.

저 멀리 클라우드보다 가까운
엣지 컴퓨팅

AI 서비스의 사용이 일상화되면서 클라우드 기반의 AI와 온디바이스 AI 사이를 연결해 주는 기술이 중요해지고 있다. 특히 대규모 클라우드에서 처리하기에는 지연 시간이 길고, 개인 디바이스로 처리하기에는 자원이 부족한 중간 영역을 커버하는 엣지 컴퓨팅 기술이 부상 중이다. 최근에는 고성능 컴퓨팅기술까지 결합하여 엣지 컴퓨팅이 더욱 빠르게 진화하고 있다.

엣지 컴퓨팅과 HPC의 정의와 특징

엣지 컴퓨팅edge computing은 데이터를 생성하거나 사용하는 디바이스 가까이에 컴퓨팅 자원을 배치하여 데이터를 원거리 클라우드 데이터센터까지 보내지 않고 최대한 근거리edge(엣지)에서 빠르게 처리하는 기술이다. 엣지컴퓨팅의 가장 큰 특징은 낮은 지연low latency과 높은 실시간성이다.

스마트폰, 스마트 카메라, IoTInternet of Things(사물인터넷) 기기처럼 데이터가 생성되는 장소의 가장 가까운 곳에서 데이터를 처리하기 때문에 네트워크 지연과 비용을 최소화할 수 있다. 대표적인 사례로는 자율주행차의 센서 데이터 처리나 스마트시티의 CCTV 실시간 영상 분석 등이 있다.

HPC high performance computing(고성능 컴퓨팅)는 일반 컴퓨터의 연산 능력을 훨씬 뛰어넘는 고성능 연산 자원을 활용하여 대규모의 복잡한 연산 작업을 처리하는 기술이다. HPC는 주로 과학 연구, 시뮬레이션, 대규모 AI 모델 학습 등의 영역에서 활용되며, 엔비디아의 GPU나 슈퍼컴퓨터, 데이터센터 서버 같은 강력한 컴퓨팅 인프라가 필요하다.

최근에는 이런 HPC 기술이 엣지 컴퓨팅과 결합하여, AI 추론과 같은 복잡한 작업을 클라우드가 아닌 가까운 위치에서 즉시 처리할 수 있게 지원한다. 이에 따라 HPC와 엣지 컴퓨팅의 융합은 새로운 기술 트렌드로 자리 잡고 있다.

엣지 컴퓨팅의 작동 원리와 역할

엣지 컴퓨팅의 작동 원리는 사용자의 데이터가 생성되는 즉시 근거리에 있는 엣지 서버나 디바이스에서 바로 처리하는 것이다. 전통적인 클라우드 모델에서는 모든 데이터를 멀리 떨어진 중앙 데이터센터로 보내 처리했지만, 엣지 컴퓨팅은 이런 단계를 크게 줄이고 필요한 연산과 처리를 로컬에 위치한 엣지 서버에서 빠르게 진행한다. 예를 들어 공장이나 공항에서 수집된 산업용 로봇과 비행기의 움직임 등의 데이터는 중앙 클라우드로 보내 처리하는 것이 아니라 근처의 소형 엣지 서버에서 실시간 분석과 판단을 내려 즉시 활용한다. 이를 통해 처리 시간은 크게 단축되고, 즉각적인 반응 속도를 높일 수 있다.

엣지 컴퓨팅이 제대로 작동하려면 엣지 노드 edge node라는 소형 서버 또는 전용 컴퓨팅 장치가 필요하다. 이 장치는 GPU, NPU,

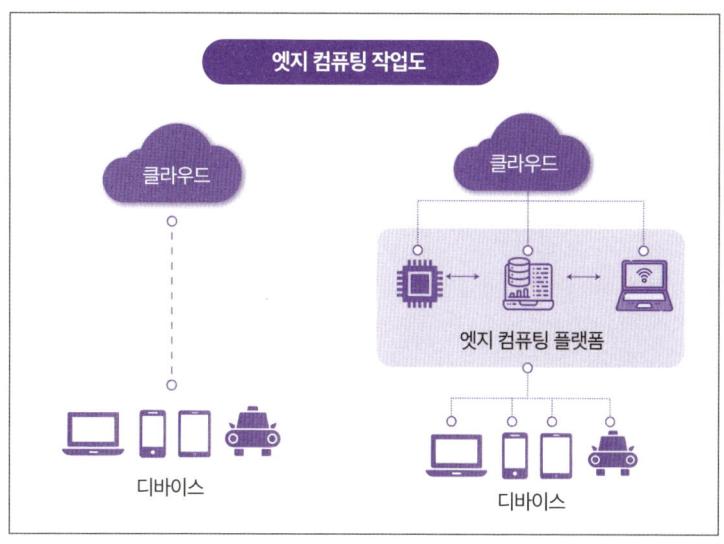

클라우드와 디바이스 사이의 엣지 컴퓨팅.

CPU 같은 고성능 컴퓨팅 자원을 갖추고 있어서 복잡한 AI 연산이나 데이터 분석도 현장에서 즉각 처리할 수 있다. 특히 5G 및 앞으로 도입될 6G 등의 초고속 네트워크와 결합하여, AI 기반의 영상 분석이나 AR$^{augmented\ reality}$(증강현실), VR$^{virtual\ reality}$(가상현실) 같은 실시간 상호작용이 중요한 서비스에 널리 활용된다.

이러한 엣지 컴퓨팅의 역할은 단순히 데이터 처리 속도 향상에서 그치지는 않는다. 네트워크 혼잡과 클라우드 서버의 부하를 줄이며, 기업의 보안 정보가 포함된 데이터를 원격으로 전송하지 않고 로컬에서만 처리하여 보안성을 강화하는 등 데이터 처리 전반의 효율성을 높인다. 결국 엣지 컴퓨팅은 클라우드와 사용자 디바이스 사이의 중요한 중간 지점으로, 클라우드가 해결할 수 없는 속도와 보안 문제를 해결하는 핵심 기술이다.

엣지 컴퓨팅의 가치와 전망

엣지 컴퓨팅은 앞으로 AI 서비스뿐 아니라 디지털 인프라 전반에서 큰 역할을 할 것이다. 첫 번째 가치는 바로 초저지연과 실시간 응답 능력이다. 산업용 로봇 제어, 스마트팩토리, 건설현장, 산업용 드론 등 초고속으로 실시간 처리를 해야 하는 분야에서는 데이터 전송 지연이 수밀리 초만 발생해도 서비스의 품질과 안전에 큰 문제가 발생할 수 있다. 이런 영역에서 엣지 컴퓨팅은 없어서는 안 될 관련 산업의 핵심 기술로 자리 잡을 것이다.

두 번째는 데이터 보안과 개인정보 보호다. 데이터가 로컬에서 처리되면 원거리 서버로의 데이터 전송을 줄일 수 있고, 이에 따라 개인정보 유출이나 해킹 위험도 크게 낮아진다. 헬스케어, 금융, 스마트홈 등 개인정보와 민감한 데이터를 많이 다루는 분야에서는 엣지 컴퓨팅이 개인정보 보호를 위한 핵심 전략이 될 것이다.

마지막으로, 엣지 컴퓨팅은 클라우드와 온디바이스 AI 간의 기술 격차를 해소하는 역할을 한다. 개인 디바이스가 직접 처리하기 힘든 복잡한 작업을 가까운 엣지 서버에서 수행하고, 필요시 클라우드와 연계하는 하이브리드 구조로 발전할 것이다. 특히 메타버스 같은 미래 서비스는 엣지 컴퓨팅이 없이는 원활한 사용자 경험을 제공할 수 없기 때문에, 관련 기업들이 빠르게 엣지 인프라를 구축하는 추세다.

이러한 이유로 엣지 컴퓨팅의 시장은 더욱 빠르게 성장할 것으로 예상된다. 이미 주요 클라우드 사업자(아마존, 마이크로소프트, 구글 등)들은 엣지 컴퓨팅 인프라 구축에 적극적으로 투자하고 있으며, 이동통신사(SK텔레콤, KT, 버라이즌 등)도 5G·6G 기반의 엣지 컴퓨팅 서비스를 확대하고 있다. 앞으로 AI, 자율주행, 메타버스 등 차세대 디지털 산업의 핵심 인프라로 자리 잡으며, 엣지 컴퓨팅 시장의 경쟁은 더욱 치열해질 것이다.

    기업은 엣지 컴퓨팅 기술을 전략적으로 활용하고 발전시켜 새로운 비즈니스 기회와 시장 경쟁력을 확보해야 할 것이다. 특히 AI 시대를 맞이해 AI의 구동 과정에도 이러한 기술의 중요성이 커지고 있으며, 이를 처리하기 위한 시스템을 엣지 AI 데이터센터라고 한다.

09

AI도 선생님이 필요하다
RAG와 프롬프트 엔지니어링

AI가 사람처럼 똑똑해지기 위해서는 단순히 좋은 모델만으로는 부족하다. 훌륭한 선생님이 학생의 능력을 높여주듯 AI 모델 역시 정확하고 신뢰도 높은 결과를 제공하려면 모델 자체의 성능뿐 아니라 이를 보강하는 운영체제 및 최적화 기술이 필수다. 특히 LLM 같은 대규모 AI 모델이 등장하면서 AI 모델의 정확성과 안정성을 높이는 LLMOps와 할루시네이션을 해결하는 기술, 그리고 프롬프트를 최적화하는 기술인 프롬프트 엔지니어링이 크게 주목받고 있다.

AI 모델을 보강하는 LLMOps

LLMOps^{large language model operations}(대규모 언어모델 운영)는 LLM을 운영하면서 성능을 높이고 효율적으로 관리하는 일련의 기술과 프로세스를 말한다. 쉽게 말하면 AI 모델을 더욱 똑똑하게 만들어 주는 운영자 역할의 기술이라고 할 수 있다. 특히 GPT-4, 제미나이, 클로드 같은 초대규모 AI 모델은 한 번 학습된 이후에도 지속적으로 새로운 데이터와 피드백을 기반으로 성능을 개선하고 안정적으로 운영하기 위한 별도의 관리 및 최적화 기술이 요구된다.

LLMOps는 크게 데이터 관리, 모델 파인튜닝, 모니터링 및 평가 단계로 나눌 수 있다. 첫째, 데이터 관리 단계는 AI가 학습하고 사용할 양질의 데이터를 선별하고 제공하여 모델이 최신 정보와 정확한 내용을 유지할 수 있도록 돕는다.

둘째, 모델 파인튜닝 단계에서는 새로운 데이터와 사용자 피드백을 바탕으로 모델을 주기적으로 미세조정하여 최신성과 정확성을 높인다.

마지막 모니터링 및 평가 단계에서는 AI가 실제 서비스 환경에서 어떻게 작동하는지 지속적으로 확인하며, 오류가 발생하거나 성능이 떨어지면 즉시 개선 조치를 시행한다.

LLMOps 기술 덕분에 기업들은 초대규모 모델을 더 쉽게 활용하고, 유지보수 비용을 낮추면서도 지속적으로 AI 서비스의 품질을 높일 수 있다. 최근에는 오픈AI, 앤스로픽, 코히어Cohere 같은 AI 기업과 구글, 마이크로소프트, 아마존 등의 클라우드 기업까지도 LLMOps를 적극 지원하며, 기업이 AI 모델을 손쉽게 운영하고 관리할 수 있는 솔루션을 제공한다.

할루시네이션을 줄여주는 RAG와 그 외의 솔루션

AI가 답변을 생성하는 과정에서 실제 존재하지 않는 정보를 사실인 것처럼 생성하는 것을 할루시네이션hallucination이라고 한다. 이는 LLM의 대표적인 한계점 중 하나로, AI의 신뢰성과 정확성을 떨어뜨리는 중요한 이슈다. 이를 해결하기 위한 가장 효과적인 방법 중 하나가 최근 급부상한 RAGretrieval-augmented generation(검색증강생성)

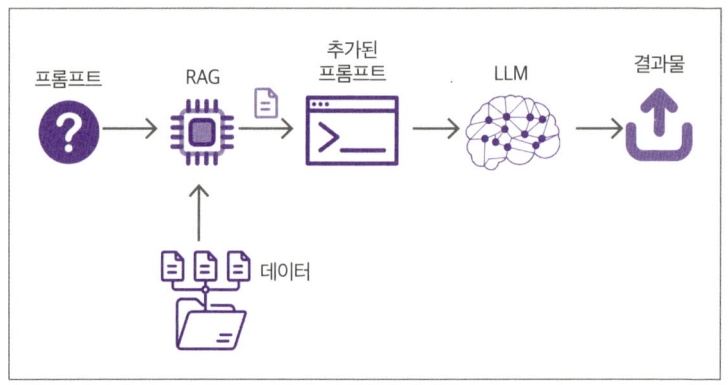

추가로 필요한 데이터를 RAG에서 꺼내어 프롬프트를 보강한 다음 LLM에 입력해 결과물을 출력하는 과정.

기법이다.

RAG는 AI가 답변을 만들기 전에 질문과 관련된 정확한 정보를 별도의 데이터베이스에서 검색retrieval한 뒤, 이를 기반으로 답을 생성generation하는 방식이다. 이 과정에서 AI는 직접적으로 신뢰할 수 있는 출처에서 정보를 가져오므로 할루시네이션 현상이 크게 줄어들고, 답변의 신뢰성과 정확성이 높아진다.

최근 퍼플렉시티Perplexity나 라이너Liner 등의 AI 서비스는 기존 FM을 사용하더라도 이 RAG 기법을 적극적으로 적용해 AI 서비스의 품질을 높이고 있다. 이를 위해 전문적인 데이터 확보와 자사만의 차별화된 데이터를 수집하는 것이 중요하며 이러한 데이터 확보 경쟁이 본격화하고 있다.

더 나아가 RAG 외에도 할루시네이션을 줄이는 다양한 솔루션으로는 AI가 답변을 생성할 때 여러 번 자체 검토를 거쳐 신뢰성을 높이는 자기점검self-consistency 기법, AI가 답변과 함께 자신이 참조한 근거 문서나 출처를 명확히 제시하도록 만드는 소스 인용source citation 기법 등이 있다. 이러한 다양한 기술을 통해 할루시네이션 문제는 점차 개선되고 있으며, 기업과 개인이 AI 서비스를 더욱 신뢰하고 안심하고 사용할 수 있는 환경이 만들어지고 있다.

찰떡같이 이해하도록 돕는 프롬프트 엔지니어링

AI와 대화할 때 모든 사용자가 항상 명확하고 구체적인 질문이나 지시를 하지는 않는다. 따라서 AI가 사용자의 의도를 정확히 파악하고, 원하는 결과물을 생성하도록 유도하는 기술이 필요하다. 이처럼 사용자의 질문이나 지시(프롬프트)를 AI가 잘 이해할 수 있도록 최적화하는 기술을 프롬프트 엔지니어링prompt engineering이라고 한다.

이는 사용자가 입력하는 프롬프트를 효과적으로 구성하거나 AI가 프롬프트를 잘 해석하도록 도와주는 다양한 기술적 방법을 말한다. 예를 들어 사용자가 모호하게 질문을 하더라도 AI가 자동으로 추가적인 질문을 던지거나, 사용자의 의도를 명확히 파악하기 위해 스스로 내용을 재구성하거나, 질문에 포함된 키워드를 다시 정의하여 명료한 답을 생성하게 돕는다.

최근 프롬프트 엔지니어링 기술이 더욱 정교해지면서, 사용자가 AI에 편하게 자연어로 질문해도 AI가 마치 사람인 것처럼 정확히 이해하고 원하는 결과물을 내놓는 수준으로 발전하고 있다. 이를 통해 AI 서비스의 사용성과 편의성이 크게 높아졌고, AI가 사용자의 요구 사항을 더 명확히 이해하면서 다양한 분야에서 더 효과적으로 활용될 전망이다.

향후 프롬프트 엔지니어링은 AI 서비스의 핵심 요소로 자리 잡을 전망이다. 특히 기업에서는 전문적인 프롬프트 엔지니어들을 통해 AI 서비스의 품질을 높이고, 더 넓은 사용층을 확보하는 전략을 적극적으로 추진할 것이다. 궁극적으로 프롬프트 엔지니어링은 사용자와 AI 간의 소통을 더욱 쉽고 명확하게 해 AI 기술이 일상 깊숙이 확산하는 데 결정적 역할을 할 것이다.

결국 AI의 성능은 모델 자체만으로 결정되는 것이 아니라, LLMOps를 통한 지속적인 관리와 개선, RAG 등의 신뢰성 향상 기술, 그리고 사용자와 AI 사이의 소통을 원활히 만드는 프롬프트 엔지니어링의 결합을 통해 비로소 완성된다. 기업들은 이러한 기술의 중요성을 인식하고 적극적으로 도입해 AI의 잠재력을 최대한 활용하도록 준비해야 한다.

10

웹과 앱을 넘어선
생성형 AI

산업혁명이 증기기관으로 시작되어 공장의 혁신을 이끌었듯이, 인터넷이 등장하면서 인류는 지난 30년간 웹과 앱이라는 두 가지 디지털 인터페이스를 통해 세상과 소통했다. 웹과 앱은 전 세계를 인터넷으로 연결하며 디지털 시대의 주인공으로 자리 잡았고, 포털 사이트부터 배달 앱까지 우리의 일상생활을 완전히 바꾸었다. 그러나 2023년 이후 우리는 이 두 가지를 넘어서는 새로운 혁명을 마주하게 되었다. 바로 생성형 AI의 등장이다. 웹이나 앱 인터페이스를 벗어나, AI가 인간처럼 대화를 나누며 스스로 작업을 수행하는 생성형 AI의 시대가 열리고 있다.

산업혁명, 디지털 혁명에 이은 생성형 AI 시대의 시작

증기기관과 전기를 활용한 1800년대의 산업혁명과 인터넷이 이끈 1990년대의 정보화 혁명은 인류의 생활을 근본적으로 변화시켰다. 그리고 빌 게이츠가 2023년 블로그를 통해 "AI 시대가 시작됐다"고 선언한 것처럼, 지금 우리가 경험하는 AI의 혁신은 인터넷 이상의 혁신을 의미한다. 그 혁신의 중심에는 바로 생성형 AIgenerative AI가 있다. 생성형 AI는 방대한 데이터를 학습한 파운데이션 모델FM 기반의 대규모 언어 모델LLM로 대표된다. 이런 모델들은 사람이 원하는 내용을 요청하면, 마치 사람처럼 의도를 이해하고 대화를 나누며 원하는 결과물을 즉시 생성한다는 특징을 지닌다.

과거 PC가 GUI(그래픽 사용자 인터페이스)를 통해 컴퓨터의 활용성을 획기적으로 개선했다면, 이제 AI는 CUI^{conversational user interface}, 즉 대화형 인터페이스를 통해 다음 단계로 진화하고 있다. 빌 게이츠가 챗GPT를 접하고 'AI 시대가 시작됐다'라고 선언한 이유는 바로 이 CUI 방식이 웹과 앱을 넘어 AI와 사람의 소통 방식을 근본적으로 바꿀 것으로 기대했기 때문이다.

웹과 앱을 넘어선 새로운 인터페이스, AI 에이전트

웹과 앱은 사용자가 직접 하나씩 화면을 클릭하거나, 정보를 입력하며 단계별로 상호작용을 해야 원하는 결과를 얻을 수 있었다. 반면 생성형 AI 기반의 서비스는 사용자가 요청하는 바를 AI가 지능적으로 파악하고, 복잡한 업무까지 알아서 처리하는 방식으로 진화하고 있다. 이와 같은 서비스 방식을 AI 에이전트라고 한다. AI 에이전트는 사람의 간단한 명령command만으로도 복잡한 작업을 수행할 수 있으며, 때로는 사용자가 요청한 것 이상의 가치를 제공하는 고도의 자동화된 서비스가 가능하다.

대표적인 사례로 오픈AI의 오퍼레이터가 있다. 사용자의 지시를 받아 인터넷에서 직접 필요한 작업을 대신 수행하는 서비스로, 사용자가 간단히 명령을 입력하면 웹사이트를 탐색하고, 항공권이나 호텔 예약, 쇼핑 주문, 업무 스케줄 관리 등 복잡한 프로세스를 자율적으로 처리한다. 즉 웹과 앱에서 반복적으로 수행해야 했던 단계를 사람이 아닌 AI가 대신 수행하여 더 쉽고 빠르게 원하는 결과를 얻을 수 있도록

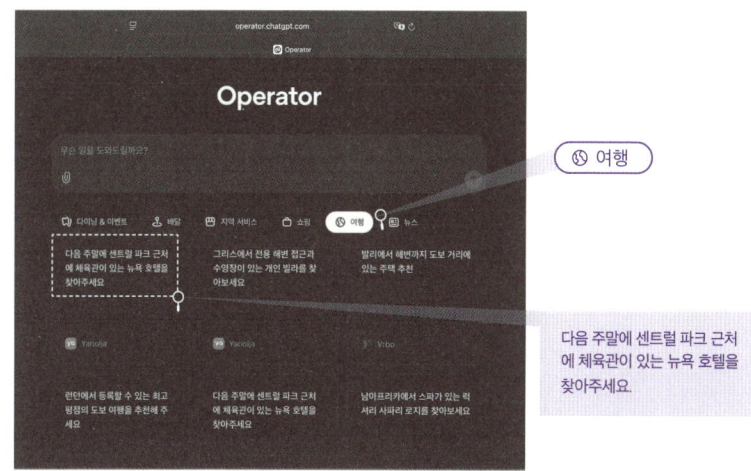

오픈AI가 발표한 에이전트, 오퍼레이터.

돕는다. 이처럼 웹과 앱 중심의 시대에서 명령 하나로 복잡한 프로세스가 자동으로 처리되는 AI 중심의 시대가 열리고 있다.

AI 에이전트 시대의 킬러앱과 새로운 비즈니스 기회

과거 웹이 야후와 네이버 같은 포털을, 앱이 카카오톡이나 우버 같은 모바일 서비스를 탄생시켰듯이 AI 에이전트 시대에도 이 기술을 활용한 새로운 킬러앱과 비즈니스 모델이 등장할 것이다. 지금까지 웹과 앱은 사용자가 직접 서비스에 접근해 여러 단계의 입력과 상호작용을 통해 필요한 작업을 처리하는 방식이었다. 그러나 AI 에이전트 시대에는 간단한 명령만으로 사용자의 요청을 이해하고, 즉시 완결된 서비스를 제공하는 방식으로 진일보할 것이다.

이미 글로벌 기업들은 AI 에이전트를 활용한 킬러앱 개발에 박차를 가하고 있다. 야놀자와 카카오 선물하기는 오픈AI 오퍼레이터

10 생성형 AI

와 협력하여 사용자의 여행 일정과 예산, 개인적 취향을 AI가 분석한 뒤, 항공권 예약과 호텔 예약, 현지 식당 예약까지 한꺼번에 처리하는 서비스를 준비하고 있다. 이 서비스는 기존의 여행 앱을 일일이 사용할 필요 없이, 사용자가 단지 원하는 바를 대화로 요청하기만 해도 AI가 알아서 모든 단계를 처리한다.

AI 에이전트의 등장은 기존 서비스의 구조를 완전히 바꾸는 동시에 새로운 비즈니스 기회를 열 것이다. 지금까지 앱스토어를 중심으로 수많은 성공 기업과 신흥 스타트업이 등장한 것처럼, AI 에이전트 시대에도 새로운 비즈니스 모델과 플랫폼이 등장할 것이다.

특히 AI 에이전트 기술을 활용해 업무 자동화, 콘텐츠 제작, 개인 비서 서비스 등 분야에서 혁신적인 비즈니스 모델을 선보일 수 있다. 법률, 의료, 금융 등 전문 분야에서도 AI 에이전트가 복잡한 분석이나 문서 작성 업무를 자동으로 수행하면서 비용 절감과 효율성 향상을 동시에 달성할 수 있다.

앞으로 10~15년간 AI 에이전트 기술은 디지털 비즈니스의 중심축으로 자리 잡을 것이다. 기업은 이 변화를 기회로 인식하고 기술 역량 확보와 함께 서비스 전략을 새롭게 설계해야 하며, 개인도 AI 중심의 시대가 만들 새로운 비즈니스 기회를 적극적으로 찾아야 한다.

생성형 AI 시대는 기존 웹과 앱에서는 상상하지 못한 새로운 산업과 직업, 투자 기회를 창출할 것이며, 이 흐름을 놓치지 않고 적극 대응하는 기업과 개인만이 앞으로의 디지털 경쟁에서 우위를 점할 수 있을 것이다.

11

플랫폼 다음의 AI
에이전트 이코노미

2015년부터 2020년대 초까지 주목받은 스마트 스피커에 탑재된 AI 어시스턴트가 더욱 똑똑해진 버전이 AI 에이전트다. 그 당시의 음성인식 기술이나 자연어 이해 등의 인공지능 기술과 현재의 인공지능은 그 수준에 차이가 있지만, 모두 사용자가 직접 사용하는 서비스이며, 기계학습, 딥러닝, LLM 등의 인공지능 기술이 품질을 결정한다. 전자의 서비스를 프론트엔드(frontend), 후자의 기술을 일반적으로 백엔드(backend)라고 한다. 이 같은 AI 에이전트가 보급되면 시장의 변화와 경쟁구도가 어떻게 펼쳐질지 전망한다.

AI 에이전트의 경험과 가치

AI 에이전트는 사람이 내린 명령command을 이해하고, 자율적으로 자원을 연결한 다음 실행하는 시스템을 말한다. 에이전트agent의 사전적 해석은 '대리인', 즉 사람을 대신해서 처리하는 집사 같은 서비스다. 그 이전에 AI 어시스턴트AI assistant가 사람의 요구 사항을 이해하고 정보를 찾고, 날씨나 뉴스를 알려주고, 전등과 청소기를 켜고 끄는 일 등을 대신해 주었지만, 그때의 AI 어시스턴트는 사람말을 잘 알아듣지 못하며, 할 수 있는 것도 제약이 많았다. 하지만 지금의 AI

는 과거보다 할 수 있는 것도 다양하다. 진화한 AI 기술 덕분에 더 똑똑한 AI 에이전트가 태동한 셈이다.

AI 에이전트는 사용처에 따라 크게 업무를 도와주는 B2B 에이전트와 일상에서 사용하는 B2C 에이전트로 구분할 수 있다. 업무용 B2B 에이전트는 단순히 회의록을 작성하거나, 메일 내용을 정리하는 수준을 넘어 더욱 완결적으로 업무를 수행한다.

예를 들어 "지난 분기에 진행한 광고 집행 내역을 집행부서, 투입 금액, 성과를 광고 집행 채널별로 정리하고, 광고 목적별로 관련된 상품의 실매출이 광고 집행 시작 시점부터 3개월간 어떤 추이를 보였는지 취합해, 그다음에 마케팅과 상품 영업 부서 담당 팀장들에게 메일로 송부하면서 다음 주 중에 담당자들과 회의 스케줄을 확정해"라는 복잡한 단계의 여러 작업을 회사의 각종 보고서와 내부 정보화 시스템, 이메일과 캘린더, 사내 조직도와 연락처 등을 참고해서 수행할 수 있다.

B2C 에이전트는 "오전 스케줄을 확인한 다음에 목적지까지 이동하는 데 걸리는 시간을 감안해서 카카오T에서 택시를 호출하고, 택시 도착 5분 전 즈음에 알람으로 알려줘. 그리고 이동 중에 확인할 수 있도록 미팅할 사람과 회사에 대한 최근 주요 뉴스나 이슈가 있는지 요약해서 내게 메일로 보내줘"처럼 일상에서 예약, 예매, 상담, 쇼핑, 재테크 등 여러 영역에서 생활의 편의를 높인다.

에이전트 생태계 성장의 필수요건

에이전트가 복잡한 일을 처리하기 위해서는 AI가 여러 시스템과 서

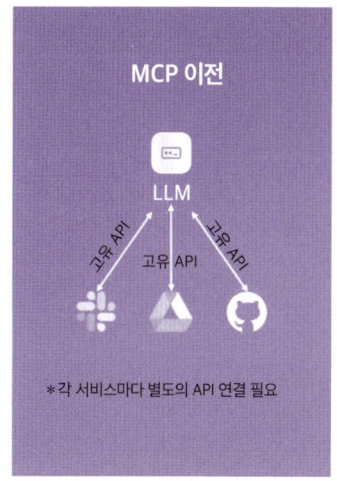 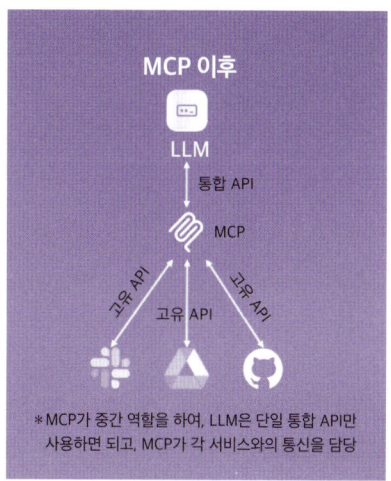

MCP는 LLM이 앱을 쉽게 호출해서 사용할 수 있게 하는 역할을 한다.

비스에 접근할 수 있어야 한다. 회사의 각종 보고서가 저장된 파일 시스템이나 매출 내역, 사내 주소록 시스템 등에 연결되어 자료를 열람하고 분석할 수 있어야 한다. 당연히 개인 캘린더와 브라우저, 이메일 서비스 등에도 AI가 접근할 수 있야 한다. 시스템과 서비스가 AI와 연결되어 데이터를 주고받으려면 공통의 프로토콜, 즉 AI가 데이터를 전송할 수 있는 표준 언어가 있어야 한다.

에이전트를 위한 대표적인 프로토콜이 앤스로픽이 공개한 MCP Model Context Protocol다. MCP 서버를 만들어 툴을 구비해 두면 에이전트가 회사 내의 각종 정보화 시스템과 서비스에 접근해서 필요한 자원을 사용할 수 있고, 에이전트가 필요한 툴을 선택해 작업의 완성도를 높일 수 있다.

또한 에이전트끼리 서로 호출하고 소통하며 필요한 것을 얻을 수도 있기에 공동 작업 시스템으로 할 수 있는 일은 더욱 많아질 것이다. 이를 위해서는 에이전트끼리 같은 언어로 소통해야 한다. 구글이 만든 A2A^{Agent to Agent} 프로토콜은 MCP를 보완하는 개방형 프로토콜로 에이전트 간에 직접 통신을 할 수 있다. 프로토콜을 사용하여 구축된 다른 에이전트와 연결 가능하며, 처리할 수 없는 일은 다른 에이전트를 호출해 다양하게 조합할 수 있다. 예를 들어 아이폰 시리 에이전트가 할 수 없는 일은 구글 제미나이 에이전트를 호출해서 일을 시키고, 그 결과를 시리를 통해 확인할 수 있다.

AI 에이전트 생태계가 커지기 위해서는 에이전트가 접근할 수 있는 시스템과 서비스가 많아야 하며 에이전트 간의 커뮤니케이션 지원이 잘 되어야 한다. 물론 좋은 성능의 AI 모델과 뛰어난 추론 성능도 중요하다. 그래서 추론모델이 좋아질수록 에이전트의 성능 또한 좋아진다. 또한 에이전트가 더 좋은 품질의 서비스를 제공하려면 사용자를 잘 알아야 한다. 기본적인 프로필 정보와 그간 주고받은 대화 내용 등이 더해진다면 더욱 좋은 서비스를 제공할 수 있다.

AI 경제계의 개막으로 인한 시장 변화

에이전트는 새로운 AI 시장을 열었다. 기존 앱으로는 불가능했던 새로운 경험을 제공하고, 새로운 에이전트를 만들려는 개인과 기업에는 새로운 사업 기회를 열어주고 있다. 물론 기존 기업 역시 이 기회를 잡고 경쟁에서 뒤처지지 않기 위해 에이전트를 기존에 운영하던 앱이나 사업에 연계시키고 있다. 아마존은 루퍼스^{Rufus} 에이전트를 아마존 쇼핑몰에 탑재해 필요한 물품의 정보를 확인할 수 있고, 뒤이어 구매까지 쉽게 할 수 있게 돕는다. 스포티파이는 AI DJ 에이전트를 통해 음악을 듣는 경험을 획기적으로 개선하고 있다.

물론 새로운 에이전트가 등장해 기존에 경험하기 어렵던 서비스로 시장 개척을 하거나 신흥 강자로 등극하기도 한다. 오픈AI의 오퍼레이터, 마누스Manus, 젠스파크Genspark 등의 새로운 개념의 서비스는 티켓 예매, 음식 주문, SNS에서 특정 주제에 대한 정보 수집과 분석 등 다양한 작업을 수행한다. 특히 젠스파크는 음성, 이미지, 텍스트 등의 다양한 정보를 처리해, 주어진 주제에 대해 정보를 탐색하고 발표 자료까지 만든다. 심지어 유튜브 영상을 참고해서 영상 속 내용 기반으로 보고서 자료를 생성하기도 한다.

에이전트가 더 보편화되면 이와 관련한 경제계가 새롭게 만들어질 것이다. 웹으로 인해 플랫폼 비즈니스가, 모바일로 인해 공유경제가 태동된 것처럼 에이전트 이코노미agent economy, 자율 경제autonomous economy 등의 새로운 경제가 열릴 것으로 전망한다. 사람이 아닌 AI가 정보와 데이터 등을 주고받으면서 가치 거래를 하는 과정에 새로운 마케팅과 수수료 등의 비즈니스 변화가 생길 것이다.

기존에는 사람이 직접 콘텐츠를 보면서 광고를 보고, 마우스를 눌러 상품을 구매하는 시대였다면, 앞으로는 AI가 광고를 보고 AI가 상품을 구매하기 때문에 그에 맞는 새로운 비즈니스 모델과 AI 경제 개념이 대두될 것이다.

12

스마트폰 다음의 AI홈

2015년경 AI 어시스턴트가 부상하면서 스마트 스피커에 전등, 도어락, 카메라 등 스마트홈 기기를 연결해 집에서 편리하게 생활하는 데 초점을 맞췄다. 하지만 말을 잘 알아듣지도 못하고, 어떤 기기를 어떻게 AI로 사용할 수 있는지 알기도 어려워 유명무실했던 것이 사실이다. 차라리 스마트폰 앱으로 조작하는 것이 더 나았다. 10년이 지난 지금은 AI 기술이 발전하면서 스마트홈도 새로운 가치를 만들어 낼 수 있게 되었다.

스마트홈에서 AI홈으로의 진화

스마트홈은 IoT 기술을 통해 다양한 기기를 인터넷으로 연결하고 스마트폰이나 음성 명령으로 제어해 가정 내 조명, 온도조절기, CCTV, 로봇청소기, 가전제품 등을 쉽고 편하게 사용할 수 있게 했다. 2015년경 빅테크 기업과 제조사들은 스마트홈 플랫폼 개발에 열중했고, 국내에서도 삼성전자, LG전자 등의 기업뿐만 아니라 네이버, 카카오, SK텔레콤, KT 등의 기업에서도 스마트홈 서비스를 본격적으로 보급했다. 여기에 적용된 AI는 사람 말을 인식하고, 사람처럼 말을 자연스럽게 하는 데 도움을 주었다.

10년이 지난 지금, 이 AI 기술이 한층 더 진일보했다. 단순히 말을 잘 알아듣는 수준이 아니라 내 상황과 기기의 용도와 특성 등을 잘 이해해 자동으로 작동되기도 한다. 스마트홈에서 AI홈으로의 진화는 이제 '명령을 기다리는' 기계가 아니라 '스스로 학습하고 예측하는' 더 나은 서비스를 실현해 준다.

예를 들어 평일 아침 7시에 하루를 시작하는 패턴을 학습한 AI는 사용자가 일어나기 전에 자동으로 블라인드를 열고, 조명을 밝게 켜고, 좋아하는 음악을 틀 수 있다. 즉 사용자의 생활 패턴을 이해하고 '알아서' 챙겨주는 지능형 공간으로 진화하는 것이다.

AI홈의 미래가 가져올 가치

이런 변화는 집 안의 수많은 IoT 센서와 AI 알고리즘이 결합했기에 가능하다. 사람의 위치, 움직임, 대화 내용, 습관 등을 파악하고 데이터로 분석해서 최적의 환경을 만들어 주는 것이 AI홈의 핵심이다. 그 과정에서 다양한 기기에 AI가 접근해 데이터를 분석하고 이들 기기를 제어할 수 있어야 한다. 집에 있는 기기의 제조사와 작동 방식이 다양하기 때문에 AI가 접근할 수 있게 상호호환과 표준 프로토콜을 마련하고, AI홈 서비스와 각종 기기가 이를 지원해야 한다. 더 나아가 AI는 이들 기기를 통해 수집된 정보를 기초로 사람이 언제, 무엇이, 왜 필요한지를 파악해 시의적절하게 서비스를 제공해야 한다.

예를 들어 문이 열리거나 창문이 흔들리는 패턴이 평소와 다를 경우, AI는 이를 위험으로 인식하고 바로 사용자에게 알림을 보낼 수 있다. 어린아이의 울음소리, 고령자의 낙상 움직임이나 소리를 감지해 가족에게 즉시 알려주는 것도 가능할 것이다. 집에 아무도 없으면

아마존이 발표한 AI홈 서비스 알렉사+. (출처 : 아마존)

자동으로 조명과 난방을 끄고 날씨에 따라 냉난방 강도를 조절할 수도 있다. AI가 반려동물의 상태를 모니터링하거나 혼자 사는 사람에게 일정을 상기시키고 말벗이 되어주는 등 물리적 환경 조절을 넘어서 감정적 케어도 할 수 있을 것이다.

이렇듯 AI홈의 가장 큰 차별점은 개인화된 맞춤형 서비스다. 어떤 가정은 아이가 많아 보안과 교육 중심의 AI가, 어떤 가정은 노인이 있어서 건강과 응급 대응 중심의 AI가 필요하다. 또 에너지 효율성과 외부 원격 제어 기능이 핵심이 되는 맞벌이 가정도 있다. 그래서 미래의 AI홈은 일률적인 시스템이 아니라 각 가정의 구성원과 생활 패턴에 맞춰 맞춤형 AI 집사로 작동할 것이다.

예를 들어 거실에서는 가족 전체를 위한 콘텐츠 큐레이션을, 아이 방에서는 학습 리듬을 파악한 학업 도움을, 주방에서는 요리 습관에 맞춰 레시피 추천과 식자재 관리를 해주는 방식이다.

이제는 말을 걸면 대답하는 수준보다는 먼저 말을 걸어오는 AI의 시대가 개막할 것이다. 스마트홈이 '연결'의 시대였다면 AI홈은 '이해와 케어'의 시대다. 우리의 삶과 함께 진화하는 집, 그것이 바로 AI홈의 미래다.

가정을 위한 홈 LLM과 AI 에이전트

나와 우리 집 맞춤으로 AI홈 서비스를 운영하려면 특화된 AI 모델이 있어야 하고, 지극히 사적인 데이터가 AI를 통해 처리된다. 사적 데이터를 클라우드에 보내는 것은 개인정보, 프라이버시 이슈가 있을 수밖에 없다. 그래서 집에서 데이터를 처리하고 보안 이슈를 해결해 줄 가정용 LLM이 필요하다. 또 이 모델을 통해 AI홈 서비스를 제공하기 위해서는 나만의 에이전트가 필요하다.

어떤 기기에서든 에이전트를 부르면 나를 가장 잘 아는 AI가 가정 내 LLM에서 구동되어 최적의 AI홈 서비스가 제공되는 것이다. 전자기기, 전기차 외에도 다양한 인터넷 서비스가 AI홈에 연결될수록 더 나은 서비스들이 세상에 나올 수 있다.

그러나 당장 AI홈을 위한 LLM이나 AI홈 에이전트가 상용화되지는 않을 전망이다. 대규모 기업조차 기업만의 LLM을 운영하기 어려운데, 개인LLM이 보급되는 것은 시기상조다. 에이전트 역시 테크 기업중심으로 일부 서비스에만 제공되고 있어 개인을 위한 개별 에이전트까지 제공되려면 상당한 시간이 걸릴 것이다. 하지만 집에서 OTT를 보고, 쇼핑하고, 소셜 서비스를 사용하는 만큼 AI홈 서비스에 대한 기대는 이어질 것이고, 미래는 한걸음 다가올 것으로 예상한다.

13

도로 위의 눈
자율주행과 컴퓨터 비전

자율주행차는 테슬라가 2015년경 오토파일럿을 공개하면서 주목받기 시작했고, 2020년부터는 운전자가 시스템의 요청 시 운전을 해야 하는 레벨3(조건부 자동화)가 본격 도입되기 시작했다. 자율주행차는 도심 교통을 더욱 효율적으로 운영할 수 있고, 이동 시간을 단축할 수 있을 뿐 아니라 운전자에게 자유를 선사한다. 한마디로 도시를 더욱 스마트하게 만들 수 있다. 자율주행기술과 이로 인한 미래 도시의 변화상을 전망한다.

컴퓨터 비전과 자율주행 기술로 재편되는 교통의 미래

자율주행 핵심 기술이자 그 중심에는 사람의 눈을 대신하는 컴퓨터 비전computer vision이 있다. 컴퓨터 비전은 카메라, 라이다LiDAR, 레이더Radar 같은 센서를 통해 수집된 시각 정보를 인공지능이 해석하여 주변 환경을 이해하는 기술이다. 예를 들어 자동차가 도로의 차선, 신호등, 보행자, 자전거, 앞차와의 거리, 표지판 등을 인식하고 판단하는 것은 모두 컴퓨터 비전의 결과다. 단 주변을 인식만 할 뿐이며, 해석해서 앞으로의 움직임을 예측하는 것은 다른 AI 기술이다. 그 AI 기술 덕분에 자율주행이 더욱 성능이 좋아지는 것이다.

0단계	비자동화	• 운전자가 모든 운전 작업(조향, 가속, 제동 등)을 직접 수행함	사람이 운전 환경을 감시하는 단계
1단계	운전자 보조	• 운전자가 상황을 파악하고 직접 운전함 • 차량에 크루즈 컨트롤 등 하나의 자동화 시스템이 탑재되어 있음	
2단계	부분 자동화	• ADAS(첨단 운전자 보조 시스템)가 차량의 조향과 가속·감속을 보조함 • 고속도로 주행 보조, 스마트 주차 보조 등	
3단계	조건부 자동화	• 운전자가 시스템의 요청 시 운전함 • 자동 시스템이 상황을 파악하고 대부분의 운전 작업을 수행함(환경 인식 기능 포함)	자동화 시스템이 운전 환경을 감시하는 단계
4단계	고도 자동화	• 차량이 특정 상황(지정된 지역 내 등)에서 모든 운전 작업을 수행함 • 자동 시스템이 감시하며, 운전자의 개입은 선택 사항	
5단계	완전 자동화	• 모든 조건에서 차량이 스스로 운전함	

자율주행의 6단계.

자율주행차는 이러한 인식 데이터를 바탕으로 주행 경로를 계획하고 속도와 방향을 조절하며 사고를 방지한다. 현재는 차량이 자율적으로 주행하다가 특정 조건(위험 상황 등)에서는 운전자의 개입이 필요한 레벨3 수준이다. 하지만 기술은 빠르게 발전 중이며, 완전 자율주행인 레벨5를 향해 나아가고 있다. 자율주행 기술이 상용화되면 교통사고는 줄고, 흐름이 더욱 매끄러워지며, 사용자는 이동 시간 동안 운전 외의 생산적인 활동을 할 여유를 얻을 것이다.

자율주행 레벨2까지는 운전 보조 기술에 가깝고 사람이 온전한 책임을 져야 한다. 운전자는 늘 운전대를 잡고 주행에 신경써야 한다. 레벨3는 조건부 자동화로 시스템이 요청할 때 운전에 개입하고 고속도로 등의 특정 조건에서 차량이 주행을 모두 수행한다. 레벨4는 고도 자동화로 특정 지역이나 상황에서는 차량이 완전자율주행을 한다. 시스템이 모든 상황에 대응할 수 있어 일부 예외 상황을 제외하면 운전자의 개입은 거의 필요 없다.

레벨5는 도로, 날씨, 조건 등에 상관없이 전 구간의 자율주행으로 운전대와 페달조차 필요 없을 것이므로 운전석이 없어도 된다. 레벨5가 미래형 자율주행의 최종 목표다. 현재 미국의 로보택시(테슬라의 도심 자율주행 택시 서비스)가 레벨4 수준이다.

스마트시티와 하늘을 나는 차

자율주행차가 본격화하면 도시의 교통 시스템도 함께 바뀔 것이다. 기존에는 사람이 운전하는 자동차가 중심이었지만, 앞으로는 스스로 움직이는 차량 인프라 중심의 교통 구조가 만들어진다. 이를 통해 신호체계, 교차로 설계, 주차 공간, 도로망 등이 새롭게 재편된다. 도시는 단순히 건물과 도로의 집합체가 아니라 데이터를 기반으로 스스로 상황을 판단하고, 대처하며, 생각하는 도시, '스마트시티'로 진화하게 된다.

또 하나의 중요한 변화는 하늘 위를 나는 자동차 'UAM^{urban air mobility}'이다. 하늘을 나는 택시는 교통 체증을 피하고 도심 사이를 빠르게 연결해 준다. 이미 미국의 조비항공^{Joby}, 독일의 볼로콥터^{Volocopter}, 한국의 현대자동차 슈퍼널^{Supernal} 같은 기업이 사업을 진행하고 있으며 2030년 전후로 도심 상공에서 짧은 거리의 이동 서비스를 제공하는 것이 목표다. UAM은 교통의 공간적 한계를 넘어서는 새로운 교통 패러다임이다.

SK텔레콤이 선보인 하늘을 나는 택시, UAM. (출처 : SK텔레콤)

UAM, 지능형 교통, 스마트 모빌리티가 그리는 도시 혁신

자율주행, UAM, 전기차, 공유 차량 등으로 대표되는 스마트 모빌리티는 도시 생활을 근본적으로 바꾸고 있다. 이러한 기술들을 통합적으로 관리하고 운영하는 시스템을 '지능형 교통 시스템ITS, intelligent transportation system'이라고 한다. ITS는 교통량을 예측하고 사고를 미리 방지하며, 각종 교통수단을 연결해 최적의 이동 경로를 제안한다.

예를 들어 자율주행차가 도로 상황을 실시간으로 분석해 다른 차량과 정보를 공유하고 UAM과 연계해 '하늘길 + 땅길 통합 경로'를 자동 추천하는 서비스로 실현될 수 있다. 스마트폰 앱 하나로 자율주행차 호출, UAM 연계, 공유 킥보드 대여까지 한 번에 연결하는 시대가 도래할 것이다.

이렇게 되면 교통체계는 더욱 안전하고 효율적이며 환경오염도 줄어든다. 에너지 소비는 줄고, 도로 혼잡도는 감소하며, 시민의 삶의 질은 높아진다. 단순한 기술의 진보를 넘어서 도시 자체가 살아 숨 쉬는 유기체처럼 변화하는 것이다. 스마트 모빌리티는 단지 교통수단의 진화가 아닌, 도시와 사회의 패러다임을 바꾸는 촉매제다.

14

공장을 자동으로, 스마트하게
디지털 트윈

18세기 후반(1760~1840년대) 영국에서 산업혁명이 시작되면서 수공업 중심의 생산이 기계식 공장 생산으로 바뀌었다. 증기기관의 등장으로 사람이나 소, 말이 아닌 석탄으로 작동하는 강력한 기계식 동력을 얻게 되었다. 방적기, 방직기의 발명으로 사람이 직접 실과 천을 뽑아내던 생산 방식에 일대 변화가 일어났고, 섬유산업이 크게 성장했다. 또한 증기기관 덕분에 철강을 녹이고 가공하게 되면서 더 견고한 기계와 설비가 만들어졌다. 한마디로 대량생산이 가능한 공장 시대가 개막한 것이다. 이제는 공장이 AI와 만나 스마트팩토리로 탈바꿈하게 되었다.

스마트팩토리에 적용된 기술

스마트팩토리smart factory는 '지능형 공장'이다. 단순한 자동화 수준을 넘어, 데이터를 통해 스스로 상태를 파악하고 생산 공정을 최적화하는 시스템을 갖춘 공장을 말한다. 공장을 구현하기 위해서는 다양한 기술이 필요하다. 대표적으로 사물인터넷, 인공지능, 클라우드 컴퓨팅, 엣지 컴퓨팅, 빅데이터, 5G, 디지털 트윈, 자동화 로봇 기술 등이다.

공장의 기계나 설비에는 온도, 진동, 전류, 유량 등을 측정할 수 있는 센서가 부착되어 있다. 이들 센서는 실시간으로 데이터를 수집하며, 특정 설비의 진동이 평소보다 증가하면 고장을 예측할 수 있고, 설비가 과열되면 자동으로 작동을 멈추게 하는 등 공장의 운영 상태를 파악하는 데 핵심역할을 한다.

수집된 데이터는 AI 기반 알고리즘을 통해 분석된다. 이 과정에서 공정의 이상을 탐지하거나 생산 속도와 품질의 상관관계를 파악할 수 있다. AI는 과거의 데이터를 학습해 미래 상황을 예측하며 공장 운영의 효율성을 극대화하는 일에 기여하는데, AI는 설비의 고장을 예측하여 정비 시점을 알려주는 '예지 정비' 기능을 수행한다.

생산 계획, 자재 공급, 품질 검사 등도 자동화되고 있다. 자율주행 물류 로봇AGV, automated guided vehicle, AI 품질 검사기, 자동 창고 관리 시스템WMS, warehouse management system 등은 사람의 개입 없이도 원자재 입고부터 제품 출고까지 전 공정을 자동으로 연결한다. 이런 통합 자동화는 불필요한 낭비를 줄이고, 불량률을 최소화하며, 인력 운영 비용까지 절감하는 효과가 있다.

디지털 트윈으로 진화하는 공장

디지털 트윈digital twin이란, 현실 세계에 존재하는 공장을 가상 공간에 똑같이 복제한 것이다. 단순한 3D 모델링이 아니라 실시간 데이터를 연동해 실제 공장이 현실의 '쌍둥이twin'처럼 디지털 공간의 가상 공장이 동시에 움직이는 개념이다. 디지털 트윈은 크게 세 가지 요소로 구성된다.

첫째는 물리적 대상인 실제 공장이나 설비, 둘째는 이를 가상으로 구현한 디지털 모델, 셋째는 두 세계를 연결하는 실시간 데이터 연동 시스템이다. 이 시스템 덕분에 공장 운영자는 언제든지 가상 공간에서 실제 공장의 상태를 모니터링하고, 시뮬레이션을 통해 의사결정을 내릴 수 있다.

가장 큰 장점 중 하나는 새로운 시도를 현실 공장에 적용하기 전에 디지털 트윈에서 먼저 실험해 볼 수 있다는 것이다. 생산량을 늘리는 공정 변경, 설비 배치를 바꾸는 시나리오, 새로운 로봇을 투입하는 실험 등을 디지털 트윈에서 실행해 보고 최적의 결과를 도출한 뒤 실제 공장에 적용하면 시행착오를 줄일 수 있다.

디지털 트윈은 공장 설비의 이상 징후를 사전에 감지하고 고장이 발생하기 전에 미리 정비 일정을 안내한다. 이를 통해 생산 중단 시간과 불필요한 비용을 줄일 수 있다. 또한 에너지 사용량을 실시간으로 분석해 낭비구간을 찾아내고, 최적의 에너지 효율을 유지할 수 있도록 돕는다.

로봇이 바꿀 미래의 무인 공장

공장의 자동화는 로봇 없이 설명할 수 없다. 스마트팩토리의 중요한 구성 요소로 다양한 형태의 로봇이 도입되고 있으며, 단순한 반복작업을 넘어 점점 더 복잡하고 창의적인 업무까지 수행하고 있다. 기존의 산업용 로봇은 안전상의 이유로 사람과 분리된 공간에서 작동했지만, 협동 로봇은 사람과 같은 공간에서 함께 작업할 수 있다.

조립 라인에서 사람과 로봇이 나란히 작업하며, 로봇은 반복 작업을 담당하고 사람은 정밀한 판단을 요구하는 공정을 맡는 방식을

테슬라의 휴머노이드 로봇, 옵티머스. (출처 : 테슬라)

활용할 수 있다. 이는 생산성과 안전성을 동시에 만족시킬 수 있는 방법이다.

이제 로봇은 단순히 프로그래밍된 작업만 수행하지 않는다. 센서와 AI 기술이 접목하면서 주변 환경을 인식하고 스스로 경로를 조정하거나 작업 순서를 결정할 수 있게 되었다. 예를 들어 자율주행 물류 로봇은 창고 내의 장애물을 피해 가장 빠른 경로로 자재를 운반하고, 자동 창고 시스템은 AI가 재고 상황을 분석해 입·출고 순서를 조절한다. 로봇과 디지털 트윈이 결합된 미래 공장은 완전한 무인화를 향해 나아가고 있다. 야간에도 공장이 돌아가고 인건비나 교대조를 운영해야 하는 부담 없이 365일 생산을 실현할 수 있다. 이미 일부 전자제품 제조사나 반도체 공정에서는 완전 자동화 라인을, 일본이나 독일의 제조 대기업은 무인화 기술을 앞다퉈 도입하고 있다.

물론 무인 공장이 늘어나더라도 인간의 역할은 여전히 중요하다. 현장 작업자에서 '운영 관리자', '분석가', '디지털 엔지니어'로 바뀔 뿐이다. 스마트팩토리를 구축하고 유지하기 위한 데이터 해석 능력, AI 알고리즘 조정, 설비 유지보수 등의 고차원적인 기술이 필요하기 때문이다. 즉 단순 노동은 줄어들고 디지털 지식 기반의 고부가가치 일자리는 늘어난다.

디지털 트윈은 더 이상 미래의 개념이 아니다. 현실의 공장이 디지털 세계로 들어오고 있으며, 그 안에서 수많은 시뮬레이션과 자동화가 새로운 생산혁명을 이끌고 있다. 증기기관이 인간의 팔과 다리를 대신했다면 디지털 트윈과 AI는 인간의 '두뇌'를 대신하고 있는 셈이다. 이제 공장은 더 이상 기계의 집합이 아니다. 데이터를 읽고 판단하며, 스스로 발전하는 하나의 생명체로 진화하고 있다.

15

모두의, 모두에 의한, 모두를 위한
오픈소스 AI

오픈소스란 소프트웨어를 만드는 설명서인 소스 코드가 누구에게나 공개되고 누구든 자유롭게 사용하며 수정해서 재배포할 수 있는 방식을 말한다. 1970년대부터 IT 역사에서 오픈소스는 기술 발전의 마중물 역할을 맡았다. 정보화와 인터넷 보급, 위키피디아, 소셜 네트워크 등의 다양한 자유 소프트웨어 서비스로 이어지며 IT 발전을 이끌었다.

오픈소스와 집단지성의 역사

오픈소스open source의 역사는 1970년대 컴퓨터 과학자들의 협업에서 출발한다. 이전에는 대부분의 소프트웨어는 함께 연구하고 함께 개선하는 공개된 형태였지만, 1980년대 들어 상업용 소프트웨어가 확산하면서 소스코드를 감추기 시작했다. 이에 반발해 등장한 인물이 바로 리처드 스톨만이다. 그는 1983년 'GNU 프로젝트'를 시작하고 1985년 '자유 소프트웨어 재단FSF, free software foundation'을 설립해 누구나 자유롭게 소프트웨어를 보고, 고치고, 다시 배포할 수 있는 권리를 주장했다.

그의 철학은 '소프트웨어의 자유는 인류의 자유'로 요약된다. 이

운동은 오픈소스 라이선스의 원형인 GPL^{GNU, general public license}로 이어졌고, 수많은 개발자가 함께 코드를 개선하는 문화의 씨앗이 되었다. 그리고 1991년, 핀란드의 대학생이던 리누스 토발즈가 공개한 리눅스^{Linux} 커널은 오픈소스가 단순한 이상이 아니라 실제 기술 경쟁력을 갖춘 현실임을 보여주었다. 수천 명의 개발자가 함께 리눅스를 키워냈고, 오늘날 구글의 안드로이드, 클라우드 서버, 슈퍼컴퓨터 등 수많은 시스템의 뼈대가 되었다.

이후에도 아파치 웹서버^{Apache HTTP Server}, 모질라 파이어폭스^{Mozilla Firefox}, 위키피디아^{Wikipedia}, 워드프레스^{WordPress}, 블렌더^{Blender}, 마인크래프트 모드^{mod} 등 수많은 오픈소스 기반 프로젝트가 등장하면서 단순한 기술 방식이 아니라 '협력하는 방식의 패러다임'으로 자리 잡았다.

AI 시장에 부는 오픈소스의 바람

AI 시대에도 오픈소스는 다시 한번 중심 무대로 돌아왔다. 몇 년 전까지만 해도 AI는 구글, 오픈AI, 메타 같은 일부 거대 기업의 독무대처럼 보였지만 현재 사정은 다르다. AI 시장에서도 오픈소스가 급부상하고 있다. 대표적인 사례는 메타의 라마 시리즈다. GPT-3.5, GPT-4가 상업적으로 폐쇄되어 있는 것과 달리 라마는 학계와 기업이 자유롭게 활용할 수 있도록 소스코드를 공개했다. 이 모델을 바탕으로 미스트랄, 믹스트랄^{Mixtral}, 알파카^{Alpaca}, 비쿠나^{Vicuna}, 오픈챗^{OpenChat}, 딥시크 등의 파생 모델이 등장해 다양한 특화 모델 개발로 이어졌다.

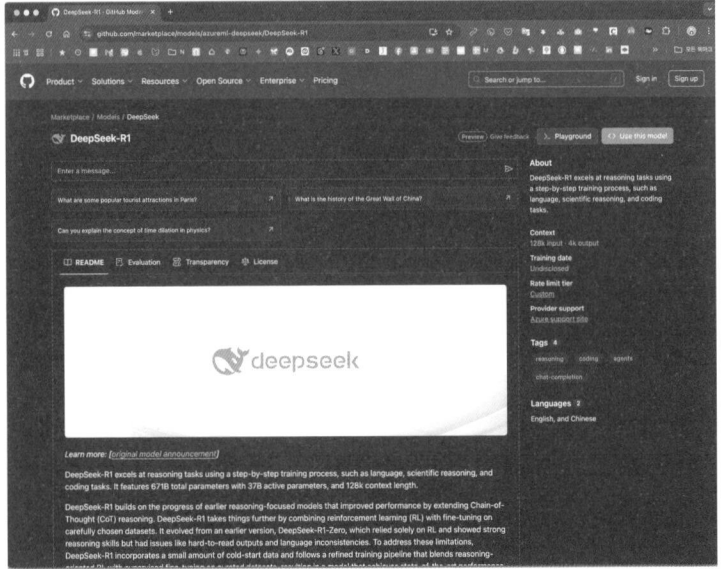

깃허브에 오픈소스로 공개된 딥시크 R1.

중국의 바이두Baidu, 텐센트Tencent, 화웨이Huawei, 알리바바Alibaba 등도 각각의 오픈소스 모델을 발표하며 기술 격차를 좁히려 하고 있고, 특히 딥시크 R1 같은 고성능 추론 특화 모델은 연구자들과 오픈 커뮤니티를 중심으로 빠르게 개선되고 있다. 또 다른 주목할 사례는 앤스로픽이 주도하는 MCP다.

이는 대규모 언어모델이 다양한 툴과 통신할 수 있도록 설계된 오픈 인터페이스 프로토콜로, 누구나 다양한 기능을 확장하고 연동할 수 있게 했다. 이는 AI 모델 자체뿐 아니라 모델을 중심으로 한 '에이전트 생태계' 전체를 오픈소스로 풀어가는 시도라 할 수 있다.

이러한 흐름은 GPT-4o 같은 거대 상용 모델과는 다른 길을 걷는다. 오픈소스 AI는 더 가볍고 빠르고 실험적이며 현장 밀착형이다. 폐쇄형 AI가 제공하지 못하는 유연성, 로컬 실행 가능성, 커스터마이징 능력 덕에 다양한 산업과 스타트업이 오픈소스 AI에 몰리고 있다.

오픈 이노베이션으로 인한 기술 혁신

오픈소스의 진짜 힘은 단지 '무료'만이 아니라 오픈 이노베이션 open innovation을 촉진한다는 데 있다. 오픈 이노베이션이란 한 조직이 외부의 지식과 아이디어를 적극 수용하면서 내부의 아이디어도 외부에 공유하는 방식으로, 혁신을 촉진하는 전략이다. 구글이 텐서플로우 TensorFlow를 오픈하면서 AI 학습 프레임워크 시장을 장악한 것도, 테슬라가 자율주행 관련 특허를 공개하며 생태계 확장을 노린 것도 같은 맥락이다.

오픈소스를 통해 더 많은 사람이 기술에 기여하고, 실험하고, 피드백을 주고받으며 개선의 속도는 기하급수적으로 빨라진다. 기업은 경쟁자와 코드를 공유한다는 것이 두려울 수 있지만, 오픈소스는 '공유하면 시장이 커지고 시장이 커지면 기술을 선도한 기업이 더 이익을 본다'는 것을 증명해 왔다. 특히 AI 분야에서는 모델 하나를 만드는 데 수백, 수천억 원 이상의 비용이 드는 만큼 오픈 협력은 리스크를 줄이고 혁신을 앞당기는 현명한 전략이 된다.

AI는 앞으로 점점 더 복잡해지고 더 많은 도메인 지식을 요구하게 될 것이다. 그럴수록 혼자서는 절대 만들 수 없는 AI, 즉 모두가 함께 만드는 AI가 주류가 될 것이다. 앞으로의 오픈소스는 기술을 널리 쓰이게 하고, 협업의 문화를 만들고, AI 혁신을 가속화하는 가장 강력한 방법이다. AI 시대의 진짜 경쟁력은 '혼자 잘하는 능력'이 아니라 '함께 만드는 힘'이다.

16

차고, 쓰고, 입는 모든 사물의 인터넷화
웨어러블과 IoT

웨어러블 컴퓨팅은 몸에 착용하고 지속적인 컴퓨팅 환경을 제공하는 기술로 1960년대 MIT에서 블랙잭 게임의 승률을 높이기 위해 만든 기기가 최초 사례다. 이후 1980년대 스티브 만의 연구로 몸에 착용해서 사용하는 컴퓨팅 개념이 정립되었고, 2000년대부터 무선통신과 소형 센서 기술 덕분에 스마트밴드, 스마트워치 등 손목에 차는 웨어러블 기기가 시장에 본격 등장한다. 또한 얼굴에 쓰는 안경이나 헬멧과 같은 형태의 기기도 웨어러블 기기로 주목받았으며, 이렇게 인터넷에 연결되어 사용되는 사물을 총칭해서 IoT(사물인터넷)라고 한다.

스마트밴드, 스마트워치의 등장과 발전

웨어러블 컴퓨팅의 대중화는 손목에서 시작되었다. 2010년대 초반, 핏빗Fitbit 같은 스마트밴드는 간단한 걸음 수 측정 기능으로 시작해 전 세계적으로 빠르게 인기를 끌었다. 이후 애플워치, 삼성전자 갤럭시워치 등 스마트워치 제품이 등장하면서 웨어러블 시장은 단순한 피트니스에서 벗어나 진정한 '스마트'의 길로 들어서기 시작했다.

    이들 기기의 핵심 가치는 '건강 정보의 실시간 수집'이다. 단순히 운동량만 측정하는 것이 아니라, 심박수, 수면 질, 산소 포화도, 스트레스 지수, 심지어는 심전도ECG, 체온 등 사용자의 건강상태를 더욱 자세히 파악하고 이상 징후를 빠르게 감지할 수 있다. 실제로 애플워치가 사용자의 심박 이상을 탐지해 심장질환을 조기 발견하는 사례가 보고되기도 했다.

스마트워치는 스마트폰의 확장 기기로도 기능한다. 전화, 문자, 앱 알림 수신뿐 아니라, 음악 재생, 음성 명령은 물론 NFC 기능으로 간편결제 기능도 지원한다. 특히 팬데믹 이후 비접촉식 기기의 수요가 증가하면서 손목에서 모든 것을 해결하는 경험은 더욱 중요해졌다.

이제는 건강보험사와 병원도 웨어러블 데이터를 기반으로 서비스 개선을 시도하고 있다. 사용자가 스마트워치를 착용하고 건강 데이터를 지속적으로 측정하면, 그 데이터를 기반으로 보험료를 할인해 주는 상품이 나왔고, 의사도 환자 모니터링을 위한 하나의 의료 데이터로 활용하고 있다.

스마트글래스와 헬맷의 가치

스마트워치가 손목에 밴드를 감아 피부에 붙이는 기기라면 스마트글래스는 눈이라는 감각기관과 밀접하게 연동된다. 이 기기는 정보의 '보는 방식'을 바꾸며 새로운 인터페이스의 가능성을 제시하고 있다. 2013년 구글 글래스는 미래를 보여주는 듯했다.

눈의 움직임과 방향으로 촬영하고 음성으로 명령하며 화면 대신 눈앞의 HUD head-up display(헤드업 디스플레이)를 통해 정보를 실시간으로 보여주는 개념은 가히 충격이었다. 하지만 기술력은 미완성이었고, 주변 사람들의 사생활을 침해한다는 비판에, 시대를 너무 앞서

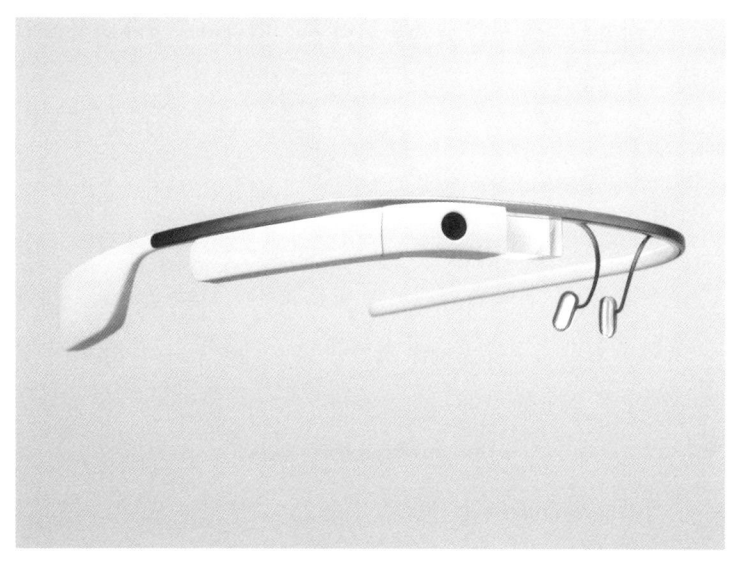

새로운 컴퓨팅 장비로 소개되었던 구글 글래스. (출처 : 구글)

갔다는 혹평을 받으며 결국 일반 소비자용 판매는 중단되었다.

    소비자 시장에서는 실패했지만, 산업용 시장에서는 오히려 스마트글래스의 활약이 돋보인다. 물류 창고에서는 제품 위치를 표시하거나 재고 정보를 실시간으로 보여주는 데 활용되며, 제조업에서는 복잡한 조립 과정을 시각화하여 숙련도가 낮은 작업자의 효율을 높이는 데 쓰인다. 의료 현장에서도 스마트글래스를 쓴 의사가 수술 중 영상자료를 보거나 멀리 있는 전문의의 자문을 실시간으로 받는 일이 가능해졌다.

    또한 구글은 개발자 콘퍼런스 'I/O 2025'에서 삼성전자와 XR 헤드셋 '프로젝트 무한'을 개발 중이라고 발표했다. 또 한국 안경 기업 젠틀몬스터와 협업해 스마트안경을 만든다고 밝혔다. 이들 안경에는 제미나이 라이브Gemini Live가 탑재되어 AI가 우리가 보고 듣는 것을 인식해서 안경을 통해 정보를 보여주고, 대화 내용이나 음성을 인식해 자동으로 번역하고 서비스를 제공할 것이다.

건설, 에너지, 방위 산업에서는 헬멧과 결합한 웨어러블이 핵심 기기로 사용된다. 마이크로소프트의 홀로렌즈HoloLens는 작업 현장의 구조를 3D로 인식해 설계도와 비교하거나 위험 구역을 표시한다. 특히 위험한 작업 환경에서 실시간 경고 기능은 안전사고를 줄이는 데 중요한 역할을 한다.

스마트글래스는 이제 'XR eXtended reality(확장현실)' 기반의 공간 컴퓨팅 기기로 진화 중이다. 애플의 비전 프로Vision Pro, 메타의 퀘스트 3Quest 3, 소니의 기업용, 크리에이터용 XR 헤드셋처럼 시각 정보와 현실 공간을 연결하는 기기가 새로운 컴퓨팅 패러다임을 만들고 있다. 이들은 단순히 보는 기기가 아니라, 공간 전체를 인터페이스로 만드는 장치다. 미래에는 일상에서 눈을 통해 작업하고, 회의하고, 쇼핑하고, 게임을 하는 시대가 펼쳐질 것이다.

사물인터넷의 종류와 트렌드

웨어러블은 개인 중심의 IoT다. 사물인터넷은 생활과 환경 속의 모든 사물을 연결하는 기술로, 센서와 네트워크, 클라우드가 AI와 결합하면서 IoT는 단순한 연결을 넘어 '스마트 서비스 생태계'를 형성했다. 스마트홈이 IoT의 대표적인 사례다. 스마트 조명은 사람이 방에 들어오면 자동으로 켜지고, 냉난방기는 외출 시 전원이 꺼지며, 도어락은 스마트폰으로 제어된다. AI 스피커와 연동되어 "불 꺼줘", "에어컨 틀어줘" 같은 음성 명령이 일상에서 자연스러워졌다. 삼성 스마트

싱스나 LG 씽큐 같은 플랫폼을 통해 다양한 가전을 하나의 앱으로 통합, 제어할 수 있다.

산업용 IoT는 생산 현장의 기계, 센서, 로봇, ERP 시스템 등을 연결해 생산 효율을 높이는 데 활용된다. 대표적으로 스마트팩토리는 IoT를 통해 실시간 모니터링, 에너지 절감, 불량률 감소를 달성한다. 도시 단위에서는 스마트시티 기술로 확장되어 교통 신호 제어, 에너지 사용 최적화, 범죄 예방 등 공공 서비스의 혁신에도 기여하고 있다.

5G, Wi-Fi 6, 저전력 광역통신LPWAN(LoRa, NB-IoT 등이 LPWAN에 속하는 기술이다)의 등장은 IoT 확산을 가속화했다. 예전에는 전력과 네트워크 비용이 문제였지만, 이제는 초저전력 통신 모듈로 작은 센서 하나도 수년간 배터리 없이 작동할 수 있다. 이에 따라 농업용 토양 센서, 스마트 미터기, 환경 감지기 등 다양한 영역에서 IoT 기술이 도입되고 있다.

IoT의 다음 단계는 데이터를 수집하는 것을 넘어 AI가 실시간으로 분석하고 판단해 행동하는 시스템인 AIoT다. 예를 들어 공장에서 AI가 온도 이상 징후를 감지하면 자동으로 장비를 중단시켜 사고를 막고, 병원에서는 환자의 상태 데이터를 분석해 응급조치를 제안한다. AIoT는 데이터 중심 사회에서 인간의 개입을 줄이고 더 빠르고 정확한 결정을 도와주는 기반이 될 것이다.

17

보고, 듣고, 말하는 AI로의 진화
멀티모달

정보나 지식의 전달보다 어려운 것이 감정과 감성의 전달이다. 제아무리 인공지능이 발전해도 인간 같은 감정과 감성으로 마음을 표현하는 것은 한계가 있다는 시각이 중론이다. 하지만 인류의 기술 발전을 향한 노력과 열정에는 제약이 없다. 그 어떤 동물보다 섬세한 오감을 가진 인간의 시각, 청각, 후각, 미각, 촉각을 인식할 수 있는 센서가 발전하고 AI를 통해 복합적 해석 기술이 날로 좋아진다면, 인간의 감성까지도 이해하는 인공지능이 출현할 수 있지 않을까?

오감을 인식하는 센서

AI가 인간의 감정을 제대로 이해하려면, 먼저 인간의 오감을 잘 인식해야 한다. 최근 수십 년간 기술 발전 덕분에 인간의 오감을 감지하는 다양한 센서가 개발되었고, 이를 해석하는 인공지능도 크게 발전했다.

가장 먼저 두각을 나타낸 분야는 시각과 청각이다. 카메라 센서 기술이 빠르게 발전하면서 컴퓨터 비전 기술로 사람의 얼굴, 표정, 사물까지도 구분할 수 있게 되었다. 예를 들어 메타의 SAM은 이미

지를 보고 원하는 영역을 정확히 식별하며, 중국 센스타임SenseTime
의 AI는 사람의 얼굴을 구분하고, 나이와 성별을 판단하는 것을 넘어
정확히 누구인지까지 인식할 수 있다. 알리바바의 EMO 같은 기술
은 이미지를 실제처럼 움직이고 말하게 만들 수 있다.

청각 기술도 크게 진일보했다. 음성 인식 기술 덕분에 음악을 듣
고 곡을 찾는 것은 물론, 사람의 목소리를 듣고 누구인지 구별할 수
있다. 시끄러운 환경에서도 특정 사람의 목소리를 식별할 수 있으며,
고객의 감정 상태를 목소리로 알아내 고객 응대에도 활용하고 있다.

반면 촉각, 후각, 미각은 상대적으로 발전 속도가 느렸다. 이는 감
각의 측정이 어렵고 데이터의 양도 적었기 때문이다. 하지만 최근 센
서 기술이 발전하면서 이 분야들도 조금씩 개선되고 있다.

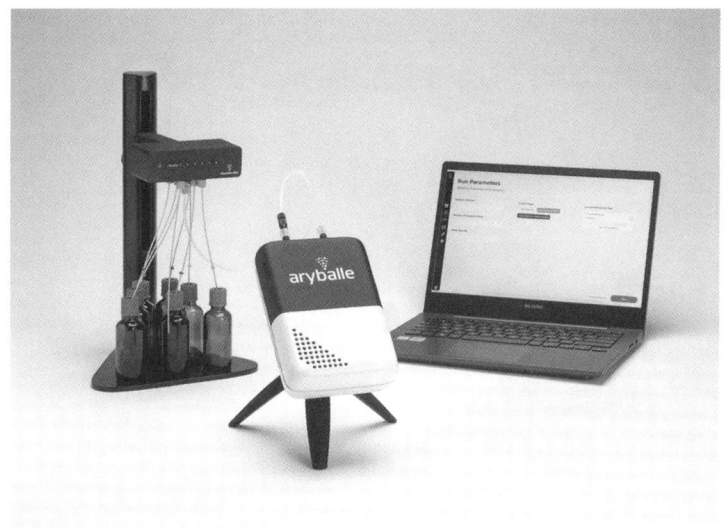

냄새를 구분하는 전자 코. (출처 : 아리발)

후각 분야에서는 '전자 코' 센서가 1980년대부터 개발되어 왔다. 그러나 사람마다 냄새를 다르게 느끼기에 정량화하기가 어렵다. 최근 AI를 이용해 냄새 분자를 분석하고, 이를 데이터화해 객관적인 기준을 만드는 연구가 활발히 이루어지고 있다. 프랑스 테크 기업 아리발Aryballe은 AI를 통해 냄새를 정확하게 분석하는 솔루션을 제공하고 있다.

미각 역시 '전자 혀' 기술 덕분에 다양한 맛을 구별할 수 있게 되었다. 하지만 맛에 대한 개인차가 커서 표준화가 어렵다. 이를 극복하기 위해 대학과 기업들이 AI 기술을 활용하여 맛에 대한 데이터를 더 정교하게 분석하고 정량화하는 연구를 계속 진행 중이다.

촉각은 우리가 물체를 만질 때 가장 빠르게 반응하는 감각이다. 최근 인공 피부와 햅틱 센서 기술 덕분에 AI도 다양한 촉감을 구별할 수 있게 되었다. 덕분에 스마트폰 화면에서 진동으로 촉감을 전달하거나, 로봇이 달걀처럼 약한 물체도 안전하게 잡을 수 있게 되었다.

이렇게 인간의 오감을 닮은 센서와 AI 기술이 발전하면, 기계와 인공지능이 인간의 감정을 더 잘 이해하고, 사람과 자연스럽게 상호작용을 할 수 있는 미래가 다가올 것이다.

데이터로 키우는 육감

AI가 사람의 감정을 깊이 이해하려면 단순히 오감 데이터를 인식하는 것만으로는 부족하다. 사람의 감정을 파악할 때는 목소리의 톤과 표정, 눈빛, 몸짓 등 여러 가지 정보를 종합적으로 고려해야 하기 때문이다. AI 역시 다양한 센서를 통해 입력된 여러 데이터를 함께 분석하여 더 정확히 사람의 감정을 읽을 수 있다. 기술의 발전 덕분에

AI는 사람보다 더 정교하게 감정을 이해할 수 있게 되었다.

예를 들어 사람은 인지하기 어려운 미세한 뇌파, 피부 온도, 땀, 심전도 데이터 등을 AI는 정확하게 수집하고 분석한다. 또한 AI는 데이터를 장기간 보관하고 분석하여 감정의 변화를 읽어낼 수도 있다. 마치 영화 〈마이너리티 리포트〉 속 초능력자처럼 범죄사건 등을 예측하는 수준의 육감을 AI가 지니게 될 수도 있다.

감성 AI로 인한 변화 전망

이렇게 사람의 감정을 더 깊게 이해하는 감성 AI는 다양한 산업 분야에서 활용될 수 있다. 의료 분야에서는 환자의 정신 건강 상태를 파악하거나 원격으로 환자의 감정 상태를 실시간 모니터링해 적절한 대처를 할 수 있다. 교육 분야에서는 학생의 감정 상태를 분석해 맞춤형 학습 콘텐츠를 제공하고 학습 효과를 높일 수 있다. 교통 분야에서는 운전자의 피로와 스트레스를 실시간으로 감지하여 안전 운전을 도울 수도 있다.

직장 내에서도 감성 AI는 직원의 감정을 분석하여 업무 환경을 개선하고 성과를 높이는 데 사용될 수 있다. 소비자의 감정 상태를 정확히 읽어 맞춤형 제품 추천과 개인화된 광고에도 효과적으로 활용할 수 있다. 엔터테인먼트 산업에서도 AI가 사용자의 감정 상태에 따라 게임, 음악, 영화 등 다양한 콘텐츠를 추천해 더욱 몰입감 있는 경험을 제공할 수 있을 것이다.

하지만 가장 획기적인 변화는 휴머노이드 로봇이나 AI 에이전트와의 상호작용에서 일어날 것이다. AI가 사람의 감정을 인식하고 표현하는 능력을 갖추게 되면 로봇과 사람 간의 관계가 한층 더 깊어질 수 있다. 예를 들어 메타버스에서는 AI가 사용자의 감정을 읽고 최적의 정보를 제공하거나 공감과 위로를 주는 서비스까지 확장될 수도 있다.

지금까지의 스마트폰과 컴퓨터가 인간 생활의 편의를 높이는 도구였다면, 감성 AI는 우리의 감정까지 이해하고 교류할 수 있는 존재로 새로운 시대를 열 것이다. AI가 우리 마음을 이해하고, 위로와 치유까지 해주는 초개인화된 서비스 시대가 가까워지고 있다.

18

디지털 트랜스포메이션의 NEXT
AX

2011년경 경쟁 전략 전문가인 마이클 포터는 저서 《디지털 시대의 경쟁 전략》을 통해 디지털 트랜스포메이션의 중요성을 강조했다. 같은 해 마크 P. 맥도날드와 앤디 로우는 《하버드 비즈니스 리뷰》에 기고한 글에서 디지털 기술이 프로세스를 자동화하는 수단을 넘어 비즈니스 모델 자체를 변화시키는 동인이 되고 있으며, 기업이 데이터 분석을 전략적으로 활용해 사업 혁신을 꾀하는 것이 중요한 경쟁 전략임을 강조했다. 이후 2015년부터 글로벌 기업이, 2020년부터 국내에서도 대기업 중심으로 디지털 트랜스포메이션 바람이 불었고, 2025년부터 챗GPT로 AX(AI 기반의 디지털 트랜스포메이션)에 대한 기대가 커졌다.

디지털 트랜스포메이션 다시보기

2015년 클라우스 슈밥이 세계 경제포럼에서 4차 산업혁명을 언급하며 디지털 트랜스포메이션^{DT, digital transformation}이 기업의 중요한 혁신 도구로 인식되었고, 이후 10여 년간 여러 전통기업의 디지털 트랜스포메이션이 사업 혁신의 성과 창출 본보기로 주목받았다. 4차 산업혁명은 클라우드, 빅데이터, IoT, 모바일과 인공지능 기술 기반으로 산업 전반에 자동화, 지능화된 사업 혁신이 이루어지며 산업 간 경계가 붕괴되는 것을 말한다.

지난 10년의 산업은 디지털 기술이 모든 영역에 걸쳐 혁신을 만들었고, 그 과정에서 밸류체인value chain(가치사슬)이 와해되고 새롭게 정의되었으며, 그 과정에서 산업 간 융합으로 기존에 분명했던 경계는 무너져 무한 경쟁이 시작되었다. 그렇게 기업은 디지털 기술로 사업 혁신을 꾀해왔고 이로 인해 4차 산업혁명이 본격화되었다.

여러 학자와 리서치 기관은 2014년부터 본격적으로 디지털 트랜스포메이션의 중요성을 설파했다. 2014년 11월 캡제미니와 MIT 슬로안 매니지먼트 리뷰가 공동 발간한 〈The Digital Advantage〉 보고서는 버버리, 스타벅스, 나이키 등의 디지털 트랜스포메이션을 모범 사례로 소개하며 디지털 성숙도가 높은 기업일수록 매출과 수익성 측면에서 경쟁사와 대비해 우위를 점한다는 것을 데이터로 입증했다.

이듬해에는 IDC를 비롯한 IT 리서치 기관이 디지털 트랜스포메이션 시장 전망치를 잇달아 발표하면서 전 산업에 걸친 변혁의 물결에 관심이 고조되기 시작했다. 이 무렵 GE, 포드, 월마트, DBS은행 등 전통기업의 디지털 혁신은 언론에 자주 소개되며 주목받았다. 이런 기업들 대부분의 디지털 트랜스포메이션은 클라우드를 기반으로 유연한 IT 인프라를 구축해 확장성을 확보하고, 경영 과정에 수집된 각종 데이터를 축적하는 방식이었다. 이를 분석해 프로세스를 자동화하고 운영 효율화를 꾀하는 작업도 이루어졌다.

그 과정에서 머신러닝 기술의 발전 덕분에 데이터 분석의 효율과 효과가 극대화되면서 실질적 성과 창출을 얻은 기업이 디지털 트랜스포메이션을 경영 전략의 중요한 수단으로 도입하기 시작했다. 거기에 2020년 팬데믹으로 인한 비대면 경제 가속화와 비용 절감의 필요성이 증대되면서 디지털 트랜스포메이션의 속도와 범위는 한층 확장되었다.

팬데믹과 엔데믹의 영향

팬데믹 기간에 많은 기업이 비대면 고객 서비스를 강화하고 협업 툴을 전사적으로 도입했으며, 클라우드로의 전환도 가속화했다. 그러나 엔데믹으로의 전환은 팬데믹 기간 중 경험하고 투자한 디지털 전환의 효과를 유지하면서도 기존 사업과 운영 방식의 효율성을 회복해야 하는 새로운 과제를 낳았다. 실제로 생성형 AI는 자동 번역과 통역, 실제 문서를 작성하고 코드를 생성하는 등 업무 자동화의 효율과 효과를 모두 챙긴다.

2022년 엔데믹과 2023년 생성형 AI의 등장은 디지털 트랜스포메이션에 새로운 전기를 마련했다. 기업들은 비대면·원격 업무 환경의 장점과 기존 업무방식의 강점을 결합한 하이브리드 업무 프로세스를 구축하고, 디지털 기반의 업무 연속성을 확보하는 데 주력하고 있다. 여기에 생성형 AI는 단순히 업무 자동화와 효율화를 넘어 제품과 서비스의 혁신, 신규 비즈니스 창출에 실질적인 기여를 할 것으로 기대된다.

지난 10년 넘게 클라우드에 쌓인 방대한 데이터를 실시간으로 분석하고 인사이트를 도출해, 신속하고 정확한 의사결정을 뒷받침할 수 있도록 하는 것도 생성형 AI다. 이것이 바로 디지털 트랜스포메이션의 한 긍정적인 측면이다. 특히 생성형 AI 기술 덕분에 디지털 트랜스포메이션의 적용 영역이 회사 내의 업무 생산성 향상이나 공장의 효율성 제고를 넘어 고객 경험을 개선하는 데 적용될 수 있다는 점도 큰 변화 중 하나다. 생성형 AI는 대화 기반의 챗봇을 통해 소비자(고객)가 필요한 질문이나 상담에 즉각 개인 맞춤형 서비스로 제공할 수 있도록 한다. 덕분에 회사 직원의 업무 생산성을 향상시키는 것을 넘어, 외부 소비자 고객의 경험을 높일 수 있다.

더 나아가 사용자 니즈를 분석해 상품 아이디어를 도출하고, 더 편리한 기능과 편의성을 제공하는 방안을 제시해 제품과 서비스 개발에 소요되는 시간과 비용을 단축시킬 수 있다.

AX로의 대전환

생성형 AI는 지난 10년 간의 디지털 트랜스포메이션을 한 단계 올리는 기폭제 역할을 하고 있다. 지난 10년의 디지털 트랜스포메이션이 주로 인프라의 클라우드화와 빅데이터 중심이었다면, 앞으로는 생성형 AI로 인해 비즈니스 모델의 디지털화와 더 나은 프론트 엔드(고객접점)의 경험을 제시하는 영역까지 확대될 것이다. 이처럼 디지털 트랜스포메이션의 여정은 끊임없이 진화하고 있다.

생성형 AI는 단순히 업무 효율성을 높이는 것을 넘어, 제품과 서비스 혁신, 고객 경험 향상, 새로운 비즈니스 모델 창출 등 기업 경쟁력의 본질을 변화시키고 있다. 이러한 변화의 물결 속에서 기업은 디지털 트랜스포메이션을 단순한 기술 도입이 아닌, 지속 가능한 혁신과 성장의 기회로 바라봐야 한다. 또 일회성 이벤트가 아니라 끊임없는 진화와 적응의 과정이며, 이를 주도하는 리더십과 조직문화가 무엇보다 중요하다.

AX를 활용한 혁신 기업으로 최근 주목받고 있는 대표적 사례는 쉬인Shein과 팔란티어 테크놀로지스Palantir Technologies다. 쉬인은 글로벌 이커머스 시장에서 급부상하며 미국, 캐나다, 한국 등 주요 국가의 패션 시장을 뒤흔들고 있다. 쉬인의 강점은 일시적인 이벤트성 할인이 아닌 지속 가능한 초저가 전략에 있다. 이 전략이 가능한 배경에는 글로벌 소비자 기반을 통한 강력한 협상력과 AI 기반의 공급망 관리SCM가 있다.

또 생성형 AI를 활용해 소비자의 선호도를 정확히 파악하고, 의류 디자인부터 생산 및 배송까지 전 과정을 고도로 자동화했다. 그 결과, 기존 패션 브랜드가 3개월 이상 걸리는 상품 개발 및 출시를 단 8~12일로 단축했으며, 재고율도 10% 미만으로 낮출 수 있었다. 쉬인은 2021년 5월 아마존 앱 다운로드 수를 넘어섰고, 2022년 12월에는 자라Zara를 제치고 세계에서 가장 인기 있는 패션 브랜드로 등극했다. 매출 역시 2019년 31억 달러에서 2022년 300억 달러로 10배 가까이 증가했다.

팔란티어 테크놀로지스는 데이터 분석과 시각화 분야에서 글로벌 정부 기관 및 기업을 대상으로 서비스를 제공하는 소프트웨어 기업이다. 과거 팔란티어 솔루션은 뛰어난 분석 성능에도 불구하고 가격이 비싸다는 단점이 있었다. 솔루션 구축 과정에서 팔란티어의 엔지니어FDE가 수개월간 현장에 상주하여 시스템을 최적화하는 과정에서 비용과 시간이 많이 소요되었기 때문이다.

그러나 2023년 4월, 팔란티어는 생성형 AI를 기반으로 한 AIP라는 새로운 플랫폼을 출시했다. AIP는 기존의 복잡한 구축 작업을 몇

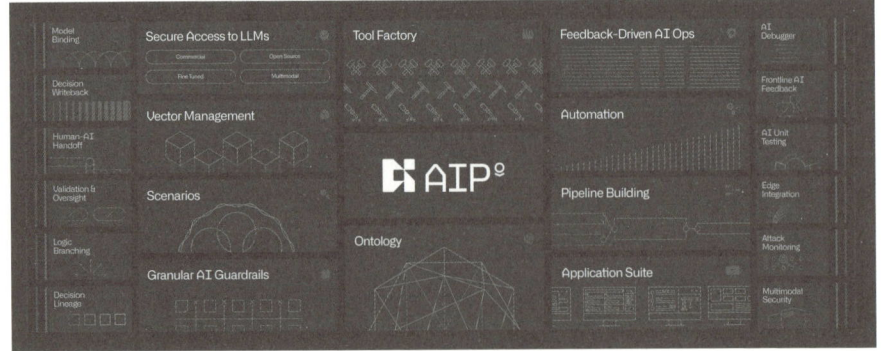

팔란티어 테크놀로지스에서 개발한 AIP. (출처 : 팔란티어 테크놀로지스)

시간 내로 단축하며, 고객에게 보다 빠르고 효율적인 데이터 분석 및 의사결정 환경을 제공했다. 그 결과는 2023년 4분기 실적에서 전년 동기 대비 매출이 20% 증가한 6억 달러, 영업이익은 200% 증가하는 등 놀라운 성과로 이어졌다. 덕분에 팔란티어의 주가는 2023년 1월 대비 2024년 2월까지 4배 이상 급등했다.

쉬인과 팔란티어는 생성형 AI를 전략적으로 도입하여 각자의 분야에서 경쟁 우위를 확보하며 급성장 중이다.

5차 산업혁명, 생성형 AI가 앞장선다

2023년 챗GPT의 등장으로 AI 기술은 급격히 발전하며 중요한 변곡점을 맞이했다. 기존 디지털 기술들이 융합되어 새로운 차원의 기술 혁신이 펼쳐지고 있다. 특히 챗GPT의 핵심 기술인 대규모 언어모델 LLM은 더욱 발전해 이제는 대규모 멀티모달모델LMM, large multimodal model로의 진화하여 이미지, 영상, 음성 등 다양한 데이터 포맷을 다루게 되었다. 여기에 현실 세계와의 상호작용을 높이는 임바디드 AI

기술까지 등장하며 로봇, 자율주행, 스마트 제조와 같은 분야에서 행동 계획 및 실행을 자율적으로 수행하는 대규모 행동모델LAM, larger action model로의 발전이 기대된다. AI는 단순히 데이터를 처리하는 수준을 넘어 실제 현실에서의 물리적 작업까지 수행할 수 있는 기술로 진화하고 있다.

이러한 발전과 함께 개별 산업의 문제를 해결하는 데 특화된 소규모 언어모델SLM이 다양하게 출시되고 있으며, 자동차, 스마트폰, 로봇 등 다양한 디바이스에 탑재되는 온디바이스 AI의 확산도 가속하고 있다. 이로 인해 AI는 일상적으로 사용하는 대부분의 기기에 기본 기능으로 자리 잡을 것이다.

이 같은 기술 발전은 산업의 구조적 변화를 넘어 새로운 산업 생태계를 형성하고 있다. 현실과 디지털이 완전히 통합된 새로운 혼합 세계가 열리고 있으며, 이는 기존의 물리적, 가상적 경계를 넘어 제3의 세계를 형성할 것이다. 이 새로운 생태계에서는 국가 간 경계, 산업 간 구분, 인간과 기계의 구별이 더욱 모호해지고 있으며, 4차 산업혁명을 뛰어넘는 5차 산업혁명이 등장하고 있다.

5차 산업혁명의 특징은 단순한 기술 통합이 아니라, 인간 중심의 혁신과 지속 가능한 발전이다. 기술은 인간과 협력하여 창의적이고 혁신적인 솔루션을 제공하는 능동적 파트너로 변모하며, 인간 중심 가치관과 윤리적 기준이 더욱 중요해질 것이다. 교육, 의료, 엔터테인먼트 분야에서는 맞춤형 서비스가 정착하고, AI가 인간의 감성을 이해하고 소통하는 새로운 서비스가 등장할 것이다.

따라서 앞으로 사회는 AI 활용에 있어 법적, 윤리적 기준을 새롭게 설정해야 한다. 데이터 프라이버시 보호, AI의 윤리적 사용, 지식 재산권 문제는 더욱 복잡해지고 국제적 협력과 표준화가 필수로 자리 잡을 것이다. 일자리 변화에 대응한 교육 및 새로운 직업군 창출 또한 중요한 과제다.

5차 산업혁명 시대는 인간의 삶의 질 향상과 사회적 문제 해결에 기술이 적극 기여하는 방향으로 나아가야 한다. 단순한 기술적 혁신을 넘어, 인간다움과 사회적 가치의 회복, 지속 가능한 발전이라는 관점에서 혁신을 바라보고 접근해야 할 시기다.

19

똑똑한 AI로 학습시켜 주는
합성 데이터

AI는 데이터를 에너지 삼아 학습한다. 양질의 데이터가 있으면 더 뛰어난 AI를 만들 수 있다. 챗GPT는 전 세계 인터넷상의 수많은 공개데이터를 기반으로 학습했다. 게다가 유튜브와 SNS에 등록되는 데이터는 모두 AI를 똑똑하게 만드는 양분이나 다를 바 없다. 하지만 그런 데이터조차 말라가기 시작한다. AI를 위한 데이터를 만들어서 학습에 활용하도록 하는 것을 합성 데이터라고 한다. 이렇게 데이터는 진화하고 있다.

AI를 위한 훈련 데이터의 중요성

데이터는 AI의 화석 연료나 마찬가지다. 인터넷과 스마트폰의 발전으로 우리 일상과 산업 곳곳에 모든 것들은 계측되고 수집되며 이를 날로 축적한다. 이렇게 쌓인 데이터는 정점에 도달했고, 이로 인해 AI가 태동할 수 있었다. 그런데 2000년부터 본격적으로 수집되어 온 이 디지털 데이터에 최근 특이점이 왔다.

글로벌 시장 조사기관 포춘 비즈니스 인사이트Fortune Business Insights의 보고서에 따르면 최근 2년간 AI 학습 데이터 사용량은 기하급수적으로 증가하고 있으며, 2024년부터 2032년까지 연평균

24.7%의 성장률을 보일 것으로 예상된다. 특히 이미지 인식, 자연어 처리, 음성 인식 등 다양한 분야에서 AI 기술이 발전하면서 더욱 많은 데이터가 필요한 실정이다. 예를 들어 자율주행 자동차 개발에는 도로 상황, 표지판, 보행자 등 방대한 양의 이미지 데이터가 필요하다.

AI 학습 데이터 수요는 급증하고 있지만, 실제로 활용할 수 있는 데이터는 부족한 상황이다. 특정 AI 모델 학습에 필요한 특정 데이터셋이 부족하거나, 데이터 품질이 저하되어 AI 성능에 부정적인 영향을 미치는 경우도 발생하고 있다. 자동차 번호처럼 시간에 따라 변화하는 이미지 정보를 학습하는 AI 모델의 경우, 최신 데이터가 부족하면 성능이 저하될 수 있다.

또 부정확하거나 오래된 데이터를 사용하면 AI 모델의 활용도가 급격히 떨어질 수 있다. 한마디로 AI가 학습하는 데 도움이 되는 데이터가 한계점에 도달한 것이다. 더 나은 AI를 위해서는 기존에 수집하지 못했던 새로운 데이터나 AI가 생성한 합성 데이터가 필요하다. 앞으로 AI를 학습시킬 에너지 자원인 데이터를 어디에서, 어떻게 확보해야 할까?

2000년대 초반부터 본격적으로 시작된 디지털 데이터 축적은 인터넷 사용과 스마트 기기의 보급으로 폭발적인 성장을 이루었다. 소셜 미디어, 전자상거래, IoT 기기, 다양한 디지털 플랫폼은 매일 엄청난 양의 데이터를 생성해 왔다. 그러나 이러한 데이터의 양적 증가가 AI의 질적 발전으로 이어지는 데 한계가 있음을 최근 연구가 보여 준다.

특히 AI 학습에 필요한 고품질 데이터의 부족 문제가 점점 더 부각되고 있다. 2022년 기준으로 AI 모델의 학습을 위해 사용된 데이터셋 중 약 70%가 기존의 공공 데이터셋이나 구조화된 데이터였으나, 이는 이미 다수의 AI 모델에 활용된 데이터로 추가 학습 효과가 제한적이라는 지적이 있다.

AI를 위해 새로 추가한 현실 데이터와 가짜로 만든 합성 데이터

AI의 지속적 발전을 위해서는 기존 데이터의 한계를 넘어설 새로운 데이터가 필요하다. 여기에는 두 가지 주요 방향이 있다.

첫째, 기존에 계측되지 않았거나 접근하기 어려웠던 새로운 형태의 데이터를 수집하는 일이다. 바이오 헬스케어 데이터, 물리적 센서 데이터를 활용한 환경 데이터 등이 이에 해당한다. 기존에 측정할 수 없거나 반만 계측되던 것을 더 정밀하게 측정해 새롭게 데이터를 수집하는 것이다. 정밀 센서는 온도, 습도, 압력, 가속도 등 다양한 환경 정보를 더 자세하게 수집할 수 있으며, 이는 스마트팩토리, 스마트시티 등의 분야에서 AI 모델 학습에 활용될 수 있다.

또 스마트폰, 스마트 TV, 웨어러블 기기 등의 새로운 기기에서 실시간 데이터를 수집하는 것이다. 물론 데이터 증강(이미지 회전, 크기 조정, 색상 변환 등을 통해 새로운 데이터를 생성하는 기술)을 활용해 기존 데이터를 변형하거나, 전이 학습(이미 학습된 모델을 다른 분야에 적용하여 학습 데이터 부족 문제를 해결하는 기술)을 통해 다른 분야의 데이터를 활용하는 방법도 있다. 제한된 수의 의료 영상 데이터를 회전하거나 좌우 반전시켜 데이터셋의 크기를 늘리는 방식으로 AI 모델 학습에 활용할 수 있다. 이미지넷 데이터셋으로 학습된 이미지 인식 모델을 의료 영상 분석에 활용하여 질병 진단의 정확도를 높일 수 있다.

둘째는 AI가 자체적으로 생성하는 합성 데이터synthetic data를 활용하는 일이다. 합성 데이터는 AI 모델이 학습을 위해 생성하는 가상 데이터로, 현실 데이터를 보완하거나 대체하는 역할을 한다. 특히 개인정보 보호와 윤리적 문제를 해결하기 위한 대안으로 주목받고 있다.

최근 2년간의 사례를 보면, 데이터 부족이 AI 연구와 상업적 응용에 큰 도전 과제가 되고 있다. 오픈AI의 GPT-4 같은 대규모 언어 모델은 수백 테라바이트TB의 텍스트 데이터를 활용하여 학습되었지만, 대부분 이미 인터넷에 공개된 텍스트나 구조화된 데이터다. 그러나 새로운 데이터에 접근하는 데 한계가 있어, 추가적인 성능 향상을 위한 새로운 데이터 자원이 필요해졌다.

이에 오픈AI와 구글은 합성 데이터를 활용하여 일부 AI 학습 과정을 대체하거나 보완하고 있다. 합성 데이터를 활용하여 의료 영상 데이터를 보강하거나, 드물게 발생하는 금융 사기의 사례 데이터를 생성해 학습 효과를 높이는 시도가 이루어지고 있다.

합성 데이터, 미래 데이터의 원천이 될까?

생성 모델, 시뮬레이션 등을 통해 실제 데이터와 유사한 합성 데이터를 생성하여 AI 학습에 활용할 수 있다. 생성 모델은 GANgenerative adversarial networks(적대적 생성 신경망. 인공지능 분야에서 사용되는 딥러닝 모델) 같은 기술을 사용하여 실제 데이터와 유사한 이미지, 텍스트, 음성 등을 생성한다.

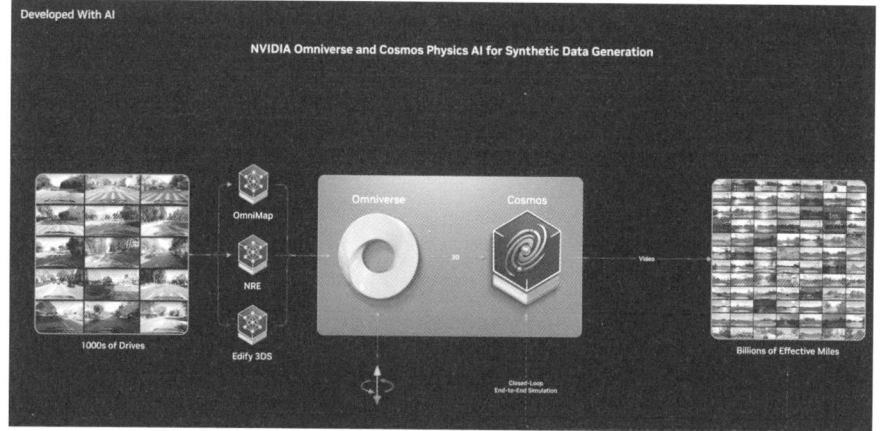

엔비디아의 로봇 시뮬레이터 플랫폼, 코스모스. (출처 : 엔비디아)

시뮬레이션은 가상 환경에서 실제와 유사한 데이터를 생성하는 기술로, 자율주행 자동차 훈련, 로봇 제어 등에 활용될 수 있다. 엔비디아는 로봇 시뮬레이터 플랫폼 코스모스Cosmos로 현실 데이터를 수집해 옴니버스Omniverse(메타버스 시뮬레이션 플랫폼)를 통해 합성 데이터를 생성한다. 이를 통해 자율주행차나 디지털 트윈에 활용할 수 있는 기술을 선보이기도 했다.

의료 분야에서는 환자의 개인 정보를 보호하면서 질병 진단 및 치료에 필요한 데이터를 확보하기 위해 합성 데이터를 활용할 수 있다. 자율주행 시스템 개발의 경우, 사고 상황과 같은 극단적인 상황을 실제 도로에서 재현하기 어렵기 때문에 합성 데이터를 통해 다양한 상황을 연출하고 안전하게 시스템을 훈련시킬 수 있다.

이처럼 합성 데이터는 실제 데이터 부족 문제를 해결하고, 개인 정보보호 문제를 완화하며, 데이터 수집 비용을 절감할 수 있다는 장점이 있다. 특히 AI 기술이 더욱 발전하고 데이터 요구량이 증가함에 따라 합성 데이터는 AI 학습의 주요 데이터 원천이 될 가능성이 높다.

그러나 명확한 한계와 리스크도 존재한다. 합성 데이터는 현실 데이터를 기반으로 생성되기 때문에 근본적으로 원본 데이터의 편향과 오류를 내포할 수 있고, 이러한 데이터로 학습된 AI 모델은 예기치 못한 결과를 초래할 가능성이 있다. 이에 실제 수집되는 산업 현장과 우리 일상의 데이터를 통한 보정은 필수이며, 데이터의 신뢰도를 높이려는 노력은 수반되어야 한다.

또한 합성 데이터의 사용이 특정 영역에서 개인정보 보호 문제를 완전히 해결하지 못할 수도 있다. 합성 데이터를 활용하는 기업은 데이터의 품질과 윤리적 문제를 면밀히 관리해야 한다.

미래의 먹거리, 기업 국가의 경쟁 자산인 데이터

데이터는 단순한 자원이 아니라 전략적 자산이다. 데이터를 기업의 중요한 자산으로 인식하고, 데이터 자산화 전략을 수립하여 가치를 극대화해야 한다. 데이터를 가공, 분석하여 새로운 데이터 상품을 개발하고, 데이터 거래 시장을 통해 수익을 창출할 수 있다. 또 데이터를 확보하기 위해 산업 내 협력을 통한 데이터 공유 플랫폼을 구축하는 장을 만들어 AI 소버린(국가의 AI 영향력)을 지키는 것도 정부 정책으로 추진해야 한다. 여러 기업과 연구 기관이 데이터를 공동으로 활용하여 데이터 부족 문제를 해결하고 AI 주권을 지켜가야 한다.

기업, 연구기관, 정부 등 다양한 주체들이 데이터를 협력하고 공유하는 오픈 데이터 플랫폼을 구축하여 AI 학습 데이터 확보 문제를 해결할 수 있다. 데이터 거래 시장을 활성화하여 데이터를 안전하게 거래하고, 데이터 활용 가치를 높이는 것도 중요하다. 정부는 공공 데이터를 개방하고, 기업은 자체 보유 데이터를 API 형태로 제공하여 데이터 생태계를 조성할 수 있다. 또 블록체인 기술을 활용하여 데이터 거래의 안전성과 투명성을 확보할 수 있다.

결론적으로 AI 시대의 데이터는 전기와 같은 필수 에너지 자원이다. 기업과 연구 기관은 데이터의 중요성을 인식하고, 기존 데이터의 한계를 넘어서는 새로운 데이터 수집과 활용 전략을 수립해야 한다. 동시에 합성 데이터의 가능성과 리스크를 신중히 평가하며 데이터 기반 비즈니스를 구축해야 한다. 데이터 확보와 활용의 경쟁에서 선도적인 위치를 차지하는 것이 미래 AI 기술의 성패를 결정할 것이다. 더 나아가 데이터 사용과 관련된 윤리적 문제, 개인정보 보호 문제, 데이터 편향 문제 등을 해결해야만 AI 기술이 사회에 긍정적인 영향을 미칠 수 있음을 잊지 말아야 한다.

데이터를 책임감 있게 활용하고, 데이터로 인해 발생할 수 있는 사회적 문제들을 예방하기 위한 노력 또한 필요하다. 데이터 윤리 및 사회적 책임에 대한 논의를 활성화하고, AI 개발 및 활용 과정에서 윤리적 가이드라인을 준수해야 한다. 이러한 노력을 통해 데이터 중심 AI 시대의 잠재력을 최대한 활용하고, 인간 중심적인 AI 사회를 구축할 수 있을 것이다.

20

뛰어난 AI를 위한
파인튜닝, 지식 증류, 프롬프트 엔지니어링

AI가 더 '똑똑해진다'는 말은 단지 계산 능력이 좋아진다는 뜻만은 아니다. 같은 데이터를 학습했더라도, 어떤 기술을 활용해 어떤 방식으로 다듬느냐에 따라 AI의 성능은 달라진다. 그 핵심에는 파인튜닝, 지식 증류, 프롬프트 엔지니어링 등 세 가지 기술이 있다. 기존에 이미 학습된 LLM을 더 실용적이고 빠르며 경제적으로 사용하는 방법으로, 이미 만들어진 모델을 '현실에 맞게' 잘 다듬는 것이다.

특정 도메인에 최적화된 AI를 위한 파인튜닝

파인튜닝fine-tuning은 기본적인 언어 능력을 이미 학습한 대형 AI 모델에 특정 분야의 데이터를 추가로 학습시켜 도메인 특화 모델을 만드는 방법이다. 마치 교양 수업을 마친 학생에게 전공 수업을 듣게 해 전문성을 갖추게 하는 것과 비슷하다. 챗GPT는 일상 대화에 능숙하지만, 의료 자문, 법률 문서 분석, 기술 매뉴얼 작성처럼 전문성이 필요한 영역에서는 정확도가 떨어질 수 있다. 이때는 해당 분야의 데이터를 모아 모델을 추가로 훈련시킨다. 이 과정을 거치면 기존보다 더 정확하고 맥락에 맞는 답변을 한다.

최근에는 메타, 구글, 오픈AI뿐 아니라 국내의 네이버도 파인튜닝 기술로 하이퍼클로바HyperCLOVA를 개발해 사내 AI를 구축하고 있다. 또 오픈소스 AI 모델인 라마, 미스트랄, 오픈챗, 구글의 젬마Gemma 등도 파인튜닝의 주요 대상이다. 허깅페이스Hugging Face 같은 플랫폼에서는 사용자가 직접 파인튜닝할 수 있도록 인터페이스와 데이터셋을 제공한다.

교사 AI의 가르침으로 학생 AI를 만드는 지식 증류

지식 증류knowledge distillation는 큰 모델이 학습한 지식을 더 작은 모델에 전수하는 방식이다. 대형모델을 그대로 쓰기에는 너무 비싸거나 무거운 경우, 이보다 작은 모델을 따로 훈련해 비슷한 성능을 내게 만드는 기술이다. 이때 대형 모델은 교사teacher 역할을 하고, 작은 모델은 학생student 역할을 한다. 훈련 방식은 조금 특별하다. 학생 모델은 기존처럼 정답 데이터를 기반으로 학습하는 것이 아니라 교사 모델이 만든 답변을 그대로 따라 하도록 학습한다. 이를 통해 학생 모델은 기존 데이터셋에서는 배울 수 없는 더 풍부한 맥락과 표현을 습득할 수 있다.

지식 증류는 특히 모바일 디바이스나 엣지 컴퓨팅 환경처럼 연산 자원이 제한된 곳에서 유용하다. 예컨대 스마트폰 속의 AI 비서, 차량용 AI 내비게이션, 스마트워치의 음성 인식 기능 등은 모두 이와 같은 작은 모델이 활용되는 대표적인 예다. 또한 LoRALow-Rank Adaptation(사물인터넷 통신을 위해 만들어진 통신규격), QLoRAQuantized LoRA(LLM을 효율적으로 파인튜닝하기 위한 기술) 같은 경량화 기법과 함

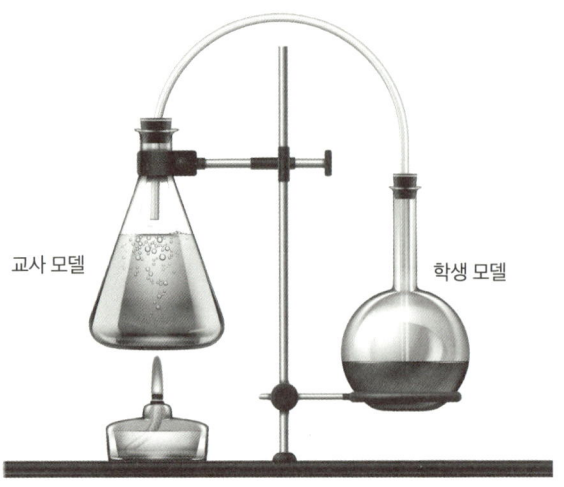
지식 증류의 모습.

께 사용되기도 한다. 이들 기술은 모델의 파라미터 수를 줄여 메모리 사용량을 줄이면서도 성능을 유지하게 해준다. 최근 들어서는 LoRA와 지식 증류를 결합한 하이브리드 방식도 연구되고 있다.

프롬프트를 설계하고 조정하는 프롬프트 엔지니어링

프롬프트 엔지니어링은 AI가 '어떻게' 답을 할지 설계하는 기술이다. AI는 기본적으로 사용자가 던진 질문(프롬프트)에 따라 답을 한다. 그런데 같은 AI 모델이라도 질문 방식에 따라 전혀 다른 답변을 내놓는다. 단순히 "지속 가능한 에너지에 대해 알려줘"라고 묻는 것보다 "지속 가능한 에너지의 개념과 종류, 그리고 한국 산업계에 미치는 영향을 3단 구성으로 요약해 줘"라고 지시하는 것이 훨씬 구체적이고 실용적인 답을 얻을 수 있다.

프롬프트 안에 역할 설정("너는 이제부터 AI 컨설턴트야"), 출력 형식 조건("결과를 표로 정리해 줘"), 맥락 설정("다음 텍스트를 기반으로") 등을 포함하면 AI의 반응이 훨씬 더 구조화되고 명확해진다. 이 과정을 연쇄 사고 프롬프트Chain-of-Thought prompting, 역할 기반 프롬프트role-based prompting, 퓨샷 프롬프트few-shot prompting 등으로 분류하기도 한다. 프롬프트 엔지니어링은 단순한 기술이 아니라, AI를 도구처럼 잘 쓰기 위한 언어적 기획 능력이다. 그래서 점점 더 많은 기업에서 프롬프트 전문가를 채용하거나 교육 프로그램을 도입하고 있다. 특히 반복적인 업무 자동화, 보고서 요약, 분석 포맷 정리 등에 매우 유용하다.

결국 AI가 얼마나 똑똑한지는 '기본 모델이 얼마나 크냐'보다 '어떻게 쓰느냐'에 달려 있다. 같은 AI도 파인튜닝을 하면 전문화되고, 지식 증류를 거치면 가벼워지며, 프롬프트를 잘 짜면 똑같은 질문에도 훨씬 나은 결과를 도출한다. 이러한 기술은 단지 AI 개발자만의 도구가 아니다. AI를 활용하는 기업, 공공기관, 심지어 개인 사용자에게도 중요한 역량이 되고 있다. AI와 함께 일하는 시대에는 'AI를 어떻게 잘 활용하느냐' 자체가 경쟁력이 되는 것이다.

앞으로는 더 많은 사람들이 이 기술들을 익히고, 자신의 업무에 AI를 연결해 보려는 시도를 해야 한다. AI는 단순히 질문하면 답해주는 존재가 아니라, 설계하고 다듬어야 비로소 제대로 활용할 수 있는 새로운 파트너. 그리고 그 파트너를 더욱 똑똑하게 만드는 힘은 결국 사람에게 달려 있다.

21

새로운 AI 훈련 방법
메타학습, 퓨샷러닝, 바이브 코딩

데이터가 충분하지 않은 영역에서 AI의 탁월한 품질을 보장하기 위해서는 새로운 훈련 방법이 필요하다. 희귀 질병을 진단하는 의료 분야에서는 기본적으로 데이터가 적을 수 밖에 없다. 또한 소멸 위기에 처한 언어나 기록조차 존재하지 않는 사라진 언어 역시 데이터가 충분하지 않다. 가사 로봇을 개발해 AI를 적용하고자 할 때도 국가별, 문화별, 개인별 데이터가 디지털로 정의되어 있지 않아 AI를 훈련시키기가 어렵다. 이때 유용한 AI를 위한 학습방법론이 메타학습과 퓨샷러닝이다.

처음 보는 문제도 빨리 풀 수 있게, 메타학습

메타학습은 흔히 '학습을 학습하는 방법'이라고 불린다. 즉 여러 종류의 문제를 학습하면서 문제 해결 전략 자체를 익히는 것이다. 일반적인 AI는 하나의 문제에 맞춰 학습한다. 예를 들어 고양이와 개를 구분하는 모델은 그 문제만 잘 해결할 뿐 새와 곤충을 구분하는 문제에는 전혀 쓸 수 없다. 반면 메타학습 모델은 다양한 문제를 경험하면서 '어떻게 학습해야 빠르게 적응할 수 있는지' 학습한다.

학생 A는 수학 문제를 여러 번 반복해서 풀어 암기하듯 공부하고, 학생 B는 다양한 유형의 문제를 접하면서 문제 해결 전략 자체를 익힌다. 이후 처음 보는 어려운 문제를 줬을 때 B는 전략을 바탕으로 유추하며 푼다. AI에 B와 같은 접근법을 가르치는 게 바로 메타학습이다.

메타학습을 하기 위해 대표적으로 사용되는 알고리즘 중 하나가 MAML^{model-agnostic meta-learning}이다. 이 방식은 여러 작업을 빠르게 해결할 수 있도록 모델의 초기 상태를 잘 설정해서 새로운 작업이 주어졌을 때 조금만 파라미터를 조정해도 성능이 좋아지게 한다. 메타학습은 특히 다양한 병을 구분해야 하지만 환자 수가 적은 희귀 질환 진단하거나 처음 가보는 환경에서도 빠르게 적응해 움직여야 하는 로봇 산업에 적용하기에 적합하다.

한두 번 보면 찰떡같이 안다, 퓨샷러닝

퓨샷러닝^{few-shot learning}은 말 그대로 '적은 샘플^{few shot}'만으로도 학습하거나 추론하는 방식이다. 특히 GPT 같은 대규모 언어모델이 나오면서 유명해진 학습방법이기도 하다. 기존 AI 모델은 사전 학습^{pre-training} 이후에도 별도 데이터로 다시 학습^{fine-tuning}해야 했지만, GPT는 대량의 사전 학습을 통해 축적된 지식을 바탕으로 몇 개의 예시만 주면 새로운 작업을 수행할 수 있게 되었다.

예를 들어 "영어 문장을 프랑스어로 번역해 줘"라는 작업을 지시할 때, GPT에 아래와 같이 몇 개의 예시를 제시하면 된다.

English : I love you. → French : Je t'aime.

English : Good morning. → French : Bonjour.

English : Thank you. → French : Merci.

English : Where are you? →

이후 모델이 자동으로 "Où es-tu?"라는 정답을 출력한다. 이게 바로 퓨샷러닝이다.

퓨샷러닝은 실제 세계의 다양한 상황에 매우 유용하다. 예를 들어 사라진 언어 번역으로 문헌이 거의 없는 언어라도 몇 개의 예시만 있으면 해석할 수 있다. 또한 개인화된 로봇 동작에도 사용자의 패턴 몇 번만 보면 적응 가능하다. 사용자의 취향 예시가 적어도 맞춤형 추천 서비스를 제공하는 데도 적합하다.

현재는 퓨샷을 넘어서 제로샷$^{zero-shot}$, 즉 아예 예시도 없이 과제를 수행하는 능력까지 발전하고 있다. 이는 사전 학습의 범위가 매우 광범위하고 일반적인 AI 모델이 탄생했기에 가능한 일이다. 특히 챗GPT나 클로드, 제미나이, 라마 등의 LLM이 이 방식을 채택하면서 퓨샷러닝은 AI 진화의 상징처럼 여겨지고 있다.

누구나 프로그래머가 된다, 바이브 코딩

퓨샷러닝과 메타학습은 단순히 AI의 학습방법만 바꾼 게 아니라 사람들의 일하는 방식까지 바꾸고 있다. 대표적인 사례가 바로 코딩의 대중화다. GPT를 기반으로 한 코딩 도우미들이 등장하면서 프로그래밍을 배운 적 없는 사람도 자연어로 몇 마디만 입력하면 복잡한 코드를 자동으로 만들어 준다. 이를 가리켜 '바이브 코딩^{vibe}

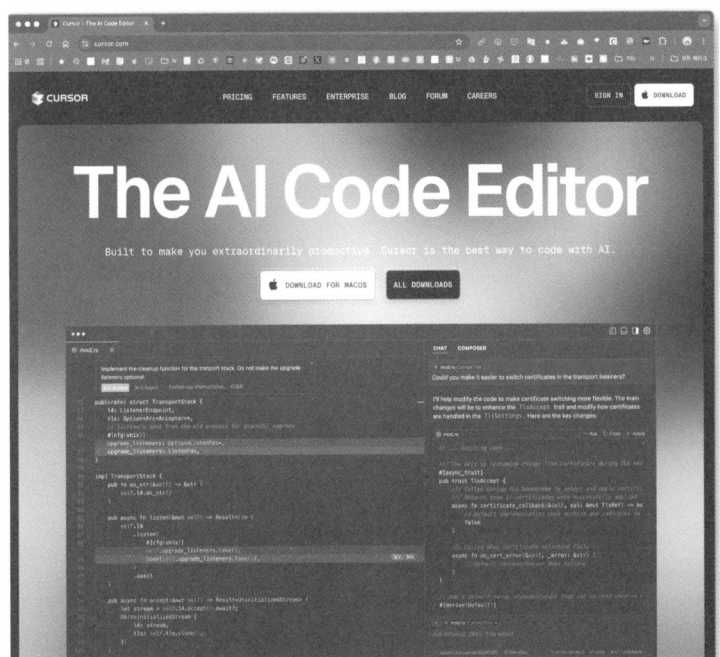

바이브 코딩을 돕는 커서AI.

coding' 또는 '프롬프트 코딩prompt coding'이라고 부른다.

예를 들어 "간단한 홈페이지를 만들어 줘. 사이트 이름은 '나의 첫 웹사이트'고, 배경은 파란색, 글씨는 하얀색으로 해줘"라고 입력하면, GPT는 자동으로 HTML과 CSS 코드를 생성한다. 개발자가 아니더라도 몇 번의 예시만 입력하면 스스로 웹앱을 만들 수 있는 시대가 된 것이다. 이처럼 AI가 적은 데이터와 예시만으로도 잘 작동하면, 개발자는 더 빠르게 프로토타입을 만들 수 있고, 비개발자도 코딩에 입문할 수 있으며, 기업은 개인 맞춤형 서비스를 더 손쉽게 제공할 수 있다.

결국 메타학습과 퓨샷러닝은 AI의 훈련방식을 바꾸는 기술이면서 인간의 역량을 증폭시키는 지능형 도구의 핵심 기술이기도 하다. 이 기술들은 향후 교육, 의료, 산업, 콘텐츠 제작 등 거의 모든 분야에서 사람과 AI의 협업을 더욱 빠르고 깊게 만들 것으로 보인다.

22

구글, 네이버를 대체한다
AI 검색

우리는 무엇이든 찾고 싶은 것이나, 알고 싶은 것이 있으면 검색창에 입력한다. 지도 앱에는 가려는 곳, 쇼핑 앱에는 사고 싶은 것, 배달 앱에는 먹고 싶은 것 등 검색어 목록을 보면 우리의 욕망을 읽을 수 있다. 그런데 이 검색창이 챗GPT 시대에 들어서면서 점차 바뀌고 있다. 이제 우리는 AI에 뭐든 묻고 있다. 즉 검색에서 그 패러다임이 질문으로 바뀌고 있다.

구글의 대항마로 자리매김하는 퍼플렉시티

챗GPT, 미드저니, 젬마 등 다양한 생성형 AI 서비스가 나오면서 다양한 업무에 AI가 큰 도움을 주고 있는 것은 사실이다. 하지만 얼마나 많은 사람이 자주, 오래 사용하고 있는지 살펴보면 네이버나 다음 뉴스, 유튜브 수준에는 턱없이 부족하다.

소비자 데이터 플랫폼 오픈서베이가 2024년 2월 14일에서 15일까지 1000여 명을 대상으로 한 서베이 자료에 따르면 검색 순위 1위는 네이버로 87%였고, 그다음은 유튜브 79.9%, 챗GPT는 17.8%로 8위에 불과하다. 생성형 AI 서비스의 성능에 대한 기대와 대중의 관심을 따져보면 아직 실제 일상에는 널리 보급되지는 않았다.

왜일까? 챗GPT는 아직 검색을 대신해 사용하기에는 부족함이 많은 데다 무료 서비스는 속도가 느리고, 최신 뉴스나 정보 검색은 제한적이기 때문이다. 또 대부분의 생성형 AI 서비스는 문서 생성이나 그림, 영상 등의 콘텐츠 작성 등의 특별한 업무를 할 때만 사용하기 때문에 대중적으로 사용하지는 않는다. 그렇다면 앞으로도 생성형 AI 서비스는 제한적으로만 사용될까?

퍼플렉시티 AI는 오픈AI 출신의 엔지니어들이 2022년 8월 설립한 스타트업으로 차세대 구글을 목표로 하고 있다. 대규모 기업에 비해 업력은 짧지만 거물급 IT 인사와 빅테크 기업의 투자를 받으면서 기업가치가 상승하고 있다. 2024년 4월에는 6300만 달러의 자금을 조달하면서 10억 달러 이상으로 평가받기도 했다. 2025년 초 실제 성과를 내면서 3개월 전과 대비 기업가치가 2배나 상승했다. 퍼플렉시티의 강점은 매일 인터넷을 크롤링하여 최신 정보를 제공해 실시간 정보를 기준으로 질문에 대한 답을 찾아주고 정리한다는 점이다. 챗GPT도 최신 정보를 검색해서 답변하지만, 퍼플렉시티만큼 정교하지는 못하다.

사실 챗GPT는 검색 대용으로 사용하기에는 부족한 점이 많다. 생성형 AI는 기존의 정보를 조합해 새로운 콘텐츠를 생산하기에는 적합해도 사실fact을 찾아 이를 요약, 정리하는 기능은 약하다.

무엇보다 퍼플렉시티가 검색 대용으로 사용하기 적합한 이유는 답변을 정리하면서 출처를 표기하고, 답변과 관련된 이미지나 유튜브 동영상 등을 검색하기 때문이다. 기존 검색엔진을 사용할 경우에 결과물을 일일이 확인하고 추가로 유튜브 검색 등을 이용해야 하는데,

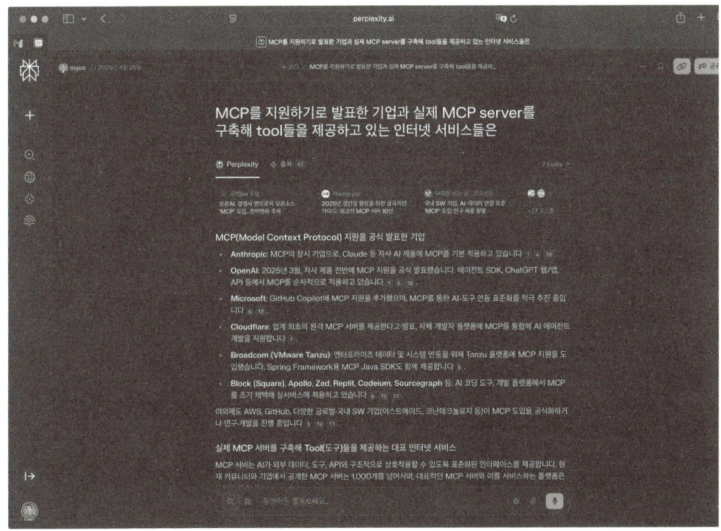

구글의 대항마로 자리 잡아가는 퍼플렉시티.

퍼플렉시티는 한 곳에서 모든 것을 확인할 수 있다는 특징이 있다.

AI 검색, 다양한 LLM으로 성능 고도화

특히 퍼플렉시티는 자체 LLM을 기반으로 사용자의 프롬프트를 해석하고 추가해(프롬프트 증강) 더욱 좋은 결과물을 얻게 한다. 그리고 RAG에 최신 정보를 입력해 정확한 답변을 하고, 답을 정리하는 과정에 사용되는 LLM은 자체 모델 외에도 오픈AI, 앤스로픽 등의 모델을 선택할 수 있다. 이미지 생성 역시 달리3, 스테이블 디퓨전, 플레이그라운드Playground 같은 외부 모델을 선택할 수 있는 등 퍼플렉시티 하나에서 대표적인 LLM을 바꿔가며 사용할 수 있다.

　AI 기반의 검색 서비스는 기존의 검색엔진을 대처할 만큼 새로운 사용자 경험과 가치를 제공하고 있다. 구글이나 네이버가 AI 기술을 활용해 검색 서비스를 개선하지 않으면 마치 2000년대 초 야후와 라이코스, 알타비스타, 엠파스, 심마니 등의 검색엔진이 시장을 선점하고도 후발주자에 뒤처진 것처럼 역사의 뒤안길로 사라질 수 있다. 이에 따라 네이버는 AI 검색 서비스 큐Cue:를 통합 검색에 적용하고, 구글은 AI 오버뷰AI Overviews를 출시해 기존 검색의 편의성을 높이고 있다.

물론 오픈AI 역시 검색과 뉴스 등의 콘텐츠 기반의 서비스 강화에 주력하고 있다. 이를 위해 주요 언론사의 콘텐츠로 챗GPT를 학습하고 검색 품질을 높이는 데 활용하기 위한 전략적 제휴를 추진 중이다. 젠스파크도 퍼플렉시티처럼 '타도 구글검색'을 외치며 새로운 AI 시대의 검색과 뉴스탐색 서비스를 제공하고 있다. 젠스파크는 스파크페이지Sparkpage 기능을 통해 특정한 프롬프트 기반으로 페이지를 생성해서 관련된 뉴스와 정보를 요약해서 보여줄 뿐 아니라 관련 정보를 실시간으로 스크랩한다. 특정한 주제의 뉴스를 관리하며 한 곳에서 지속적으로 볼 수 있다.

퍼플렉시티도 사용자가 원하는 정보에 대한 결과물을 뉴스 등의 출처만 표기하는 것을 넘어, 유튜브와 쇼핑 등의 다양한 카테고리로 확장 중이다. 이제 생성형 AI는 새로운 콘텐츠 생성과 더불어 기존의 검색, 뉴스, 미디어와 쇼핑 등의 서비스 영역으로 침투해 새로운 인터넷 시장의 변화를 견인할 것이다.

비즈니스 모델, 유료화와 거래수수료로 바뀐다

기존의 검색엔진은 검색 결과에 광고를 배치해 수익을 얻는 비즈니스 모델을 구축해 왔다. 네이버와 구글 모두 검색 결과 상단에 광고를 노출하고 광고 클릭 수에 따라 과금하는 CPC$^{cost\ per\ click}$ 방식이 핵심 수익원이었다. 하지만 AI 기반 검색 서비스는 단순히 키워드 기반의 결과를 나열하는 것이 아니라 질문자의 의도에 맞춰 요약된 답변을 제공하므로 기존의 방식대로 광고를 삽입하기 어렵다. 다시 말해 AI가 대신 요약한 결과에는 검색 광고가 개입할 틈이 좁아진다.

이로 인해 퍼플렉시티나 젠스파크 같은 AI 검색 서비스는 새로운 비즈니스 모델을 도입하고 있다. 첫 번째는 '프리미엄 유료 모델'이다. 보다 정밀한 분석, 고급 정보 제공, 다양한 LLM 선택 기능, 이미지 생성 기능 등은 무료 버전과 차별화된 유료 서비스로 제공한다.

두 번째는 '추천 상품 연계형 수수료 모델'이다. 사용자가 특정한 제품군이나 여행지, 서비스 등을 검색할 경우, 관련된 쇼핑 정보나 예약 플랫폼과 연결되며 이 과정에서 트래픽 기반의 수수료 수익을 올리는 구조다. 이는 기존의 광고가 아닌 '거래 기반 수익'이라는 점에서 플랫폼 수익 구조의 큰 전환을 의미한다.

검색이 광고 기반 무료 서비스에서 '유료 정보 서비스' 혹은 '상거래 연계형 수익모델'로 전환되면서 사용자 경험은 더 정교하고 개인화된 방식으로 진화한다. 단지 검색엔진이 바뀌는 수준이 아니라 인터넷의 근본적인 수익 구조와 서비스 방식이 달라지는 전환점을 의미한다. AI 검색은 단지 검색창의 진화가 아니라, 정보 접근 방식과 인터넷 경제의 판도를 바꾸는 대격변의 시작이다.

그런 이유로 구글도 I/O 2025에서 'AI 모드'를 발표해 기존의 구글 검색과 차세대 AI인 제미나이를 긴밀하게 통합한다고 밝혔다. AI

모드에는 제미나이 2.5가 탑재되어 단순히 검색 결과를 하이퍼링크로 제공하는 기존 방식에서 벗어나, 제미나이가 대신 검색하고 정보를 취합해 재정리해 준다.

특정 행사의 가장 저렴한 티켓을 찾아달라고 하면 수백 개의 티켓을 판매하는 예매 사이트를 검색하고, 최저가를 찾아서 예매 방법을 정리해 알려준다. 게다가 퍼플렉시티에는 제공되지 않는 맞춤형 차트와 인터랙티브 그래픽을 생성하는 기능, 차세대 쇼핑 기능이 제공된다. 내 사진을 업로드하면 내게 어떤 옷이 어울리는지 가상으로 입혀서 보여주고, 장바구니에 담아둔 상품이 원하는 가격에 할인 판매될 때를 알려주기도 한다. 이처럼 앞으로 차세대 검색은 새로운 경험과 비즈니스 모델로 대전환을 맞이할 것이다.

23

또 다른 세상
메타버스와 가상 현실

2020년 코로나와 함께 부상한 메타버스는 코로나가 사그라지면서 함께 자취를 감추었다. 사실 그 이전부터 구글 글래스부터 삼성 갤럭시 기어에 이르기까지 다양한 AR, VR 디바이스가 출시되면서 장밋빛 미래를 그렸다. 거기에 더해 출근도 못하고 콘서트장에도 갈 수 없는 사회적 거리 두기 시행과 함께 메타버스의 필요성에 대한 기대감은 더욱 커졌다. 하지만 메타버스 기술의 미성숙은 서비스의 완결성을 해쳤고 코로나가 불식되면서 대중의 관심은 자연스럽게 멀어졌다. 그러나 AI도 수많은 시도 끝에 개화한 것처럼 메타버스 역시 인내의 시간이 필요할 뿐 차세대 IT 플랫폼으로 모바일 다음의 패러다임을 주도할 것이다.

메타버스를 위한 AR, VR, MR 기기

메타버스metaverse라는 개념은 단순히 소프트웨어 서비스로 완성될 수는 없다. 현실과 가상의 경계를 연결하는 기기가 필수이기 때문이다. 이를 위한 핵심 기기는 바로 AR augmented reality(증강현실), VR virtual reality(가상현실), MR mixed reality(혼합현실) 디바이스다. 이들 기기는 각각의 방식으로 사용자의 시야와 공간 인식을 재구성하며, 디지털 세계에 대한 몰입감을 극대화한다.

메타의 새로운 메타버스 기기, 오리온. (출처 : 메타)

VR 기기는 사용자로 하여금 현실을 차단하고, 완전한 가상 공간에 몰입하게 만든다. 대표적인 예로 메타의 퀘스트 시리즈가 있으며, 퀘스트3는 더욱 가벼운 착용감과 고해상도 디스플레이로 VR의 몰입도를 높이고 있다. 하지만 VR의 한계는 현실과의 단절이다. 물리적 움직임에 제약이 생기고, 오랜 시간 사용 시 피로감이 높아진다.

반면 AR 기기는 현실 위에 디지털 정보를 겹쳐 보여주는 방식이다. 스마트폰을 통해 포켓몬고를 즐기는 것이 초기 AR의 대표적인 활용 사례였다. 하지만 진정한 AR은 안경 형태의 디바이스를 통해 현실의 시야와 자연스럽게 융합되어야 한다. 애플의 비전 프로나 구글이 준비 중인 오리온Orion 프로젝트가 이를 지향하고 있다.

MR은 이 두 가지를 결합한 기술이다. 현실 공간을 3D로 인식하고, 그 위에 가상 객체를 자연스럽게 배치해 사용자와 실시간으로 상호작용이 가능하다. 마이크로소프트의 홀로렌즈가 대표적인 초기

MR 디바이스였지만, 가격과 무게 문제로 대중화에는 실패했다. 그러나 애플과 메타의 신제품, 그리고 삼성과 소니, 화웨이 등 후발 주자들의 가세로 MR 시장은 2025년부터 본격적인 경쟁 체제로 들어설 것이다.

여기에 핵심 기술이 되는 것이 바로 SLAM^{simultaneous localization and mapping}(동시적 위치추정 및 지도작성), 공간 인식 센서, 고해상도 마이크로 OLED 디스플레이, 저지연 무선통신이다. 이 기술들이 얼마나 정교하고 저전력으로 구현되느냐에 따라, 메타버스 디바이스의 성공 여부가 결정된다. 결국 메타버스는 기술이 아니라 '경험'의 문제다. 기술은 이를 가능하게 하는 수단일 뿐이다.

입체적인 몰입감을 주는 메타버스 서비스

팬데믹 시절, 갑작스럽게 촉발된 비대면 전환 속에서 우리는 줌^{Zoom}, 팀즈^{Teams}, 슬랙^{Slack} 같은 서비스로 업무와 일상을 유지했다. 이들 서비스는 효율적이고 실용적이었지만, 몰입감과 감정 교류에는 한계가 있었다. 마치 실제 공연장의 열기와 TV 중계의 차이처럼, 현실적 체험의 부재는 '진짜 경험'을 갈망하게 했다.

이 틈새를 메울 솔루션으로 부상한 것이 메타버스였다. 네이버의 제페토^{ZEPETO}, SK텔레콤의 이프랜드^{ifland} 같은 서비스는 사용자가 아바타를 통해 회의나 콘서트, 모임에 참여할 수 있도록 했고, 글로벌에서는 로블록스^{Roblox}, VR챗^{VRChat}, 포트나이트^{Fortnite} 등이 공간 중심의 메타버스 플랫폼으로 주목받았다. 하지만 현실로의 복귀와 함께 이들 서비스의 필요성이 줄어들었고, 콘텐츠와 기기의 한계, 지속 사용할 동기의 부재로 관심도도 떨어졌다.

이 실패는 '대체재로서의 메타버스'가 지닌 구조적 약점에서 비롯된다. 현실을 복제하거나 흉내 내는 데 그칠 경우, 현실이 복원되는 순간 그 가치는 사라진다. 반면 줌은 물리적 제약을 초월하는 시간과 공간의 압축이라는 고유한 가치를 제공했기에 지금까지도 살아남을 수 있었다. 메타버스는 원래 '현실과 가상을 자유롭게 오갈 수 있는 3차원의 세계'를 의미한다. 하지만 코로나 시대의 메타버스는 사실상 가상 세계만 존재했던 반쪽짜리 시스템이었다. 진정한 메타버스는 현실과 가상이 융합된, 완전히 새로운 경험을 주는 공간이 되어야 한다.

따라서 메타버스가 진정한 미래 플랫폼이 되기 위해서는 현실의 복제나 대체를 넘어서야 한다. 현실에서 불가능한 경험, 감각의 확장, 존재의 분신 같은 새로운 경험의 영역을 열어야 한다. 단순히 게임처럼 생긴 SNS가 아니라, 일과 학습, 놀이, 소비가 유기적으로 연결된 다차원적 생태계를 제공해야 한다.

그러려면 MR, 즉 혼합현실을 구현하는 새로운 디바이스가 필요하다. 앞으로는 스마트폰이나 PC가 아니라 얼굴에 착용하는 안경 형태의 디바이스가 그 중심에 서게 될 것이다. 비전 프로, 퀘스트, 오리온 등이 그 예다. MR 디바이스를 통해 진짜 현실과 가상 세계가 연결되면, 비로소 메타버스가 완성되는 것이다. 그렇기에 5년 전 유행했던 메타버스는 완전한 메타버스라고 보기 어렵다.

세 번째 세상을 열 현실과 가상의 융합체, 메타버스

메타버스의 다음 단계는 스마트폰 이후의 플랫폼 패권 경쟁과도 맞닿아 있다. 스마트폰이 연 모바일 시대가 앱 생태계를 키우고 산업 구조를 재편했던 것처럼, MR 디바이스 기반의 메타버스는 새로운 킬러앱과 함께 전 산업에 변화를 촉발했다.

2025년부터는 가격과 무게, 배터리 용량과 수명, 생태계 구축 등에서의 기술적 진전과 함께 대중화가 이루어질 것이다. 삼성전자, 애플, 메타, 화웨이, 구글 등 글로벌 테크 기업은 서로 다른 접근으로 MR 시장을 겨냥하고 있다. 특히 삼성전자는 XR 기기와 갤럭시 생태계를 결합한 전략을 강화하고 있으며, 애플은 프리미엄 MR 기기인 비전 프로를 통해 고급 경험 시장을 선도하려 한다.

여기에 AI 에이전트는 메타버스를 더 매력적인 공간으로 만든다. 사용자는 메타버스 안에서 단순한 NPC가 아니라, 나만을 돕는 AI 친구와 비서를 만날 것이다. 이들은 단순 명령 수행뿐만 아니라, 사용자의 감정과 취향을 이해하고, 함께 일하거나 놀 수 있는 존재로 진화할 것이다. 챗GPT, 캐릭터 AI$^{Character.ai}$, 파이^{Pi} 같은 AI 서비스는 이러한 '감정적 에이전트'의 가능성을 보여주고 있다.

결국 메타버스는 다음 세 가지가 맞물릴 때 완성된다. 첫째, 현실과 가상의 연결을 위한 기기(MR 디바이스). 둘째, 그 공간 안에서 쓸 수 있는 고유의 서비스와 콘텐츠(킬러앱). 셋째, 사용자를 이해하고 도와주는 인공지능 에이전트. 이 세 가지가 통합되는 순간, 메타버스는 단순한 유행이 아닌 '제3의 인터넷 시대'를 여는 문이 될 것이다.

24

글로벌 금융 혁신을 도울
블록체인

블록체인은 비트코인의 등장과 함께 금융 산업을 포함한 여러 분야에 혁신적인 변화를 불러왔다. 초기에는 탈중앙화된 암호화폐로 주목받았고, 이후 스테이블코인을 통해 실물 경제와 결합하며 발전했다. 특히 최근에는 탈중앙화 금융과 자율 운영 조직이 전통 금융을 대체하거나 보완하는 모델로 부상하면서 금융 시스템의 근본적인 변화가 시작되고 있다. 블록체인의 발전과 가치 창출, 향후 핀테크가 블록체인을 기반으로 어떻게 변할 것인지 전망한다.

암호화폐로서의 블록체인

블록체인block chain은 2009년 비트코인의 출현 이후 여러 차례의 부침을 겪으며 발전했다. 처음에는 암호화폐로 주목받으며 탈중앙화 기반의 신뢰기술로 주목받았고, 이후 스마트 계약과 디앱dApp, decentralized application(탈중앙화 애플리케이션)을 통한 탈중앙화 서비스로 활용 범위를 확장했다.

이후 코로나 시기인 2020년대 들어서면서 NFT를 기반으로 디지털 창작물에 대한 거래 방식으로서 금융과 자산 거래 서비스가 시도되었다. 이후 팬데믹이 끝난 2023년부터는 제도권 아래의 기존 금융 시스템과 결합하기도 하고, 새로운 글로벌 금융 서비스로의 가능성을 보이며 블록체인 2.0 시대를 열고 있다.

2008년 사토시 나카모토가 저서 《비트코인 백서》를 통해 블록체인의 개념을 만들었고, 2009년 첫 블록이 생성되면서 본격적인 분산원장 기술이 세상에 등장했다. 이후 비트코인은 블록체인 1.0의 대표주자로 이중지불 문제를 해결하고 P2P 디지털 화폐를 구현한 혁신 도구로 주목받았다. 2013년과 2017년 두 차례에 걸쳐 비트코인 가격이 폭등하면서 암호화폐 열풍이 불었고, 수많은 알트코인이 등장하며 시장이 확대되었다. 이 과정에서 ICO로 인한 무분별한 투기가 성행하고, 인간의 과도한 욕망이 투영되면서 블록체인 기술이 오용되며 평가 절하되기도 했다.

하지만 핀테크의 연장선상에서 금융 혁신을 시도하는 여러 기관이나 스타트업은 암호화폐를 새로운 자산군의 부상이라는 관점에서 주목했다. 각국 정부와 중앙은행은 2013~2015년 사이에 비트코인 거래소 규제 도입, 과세 방안 검토 등 규제 대응을 시작했고, 암호화폐 시장은 급등락을 반복하며 불안정한 상황 속에서도 꾸준히 사라지지 않고 명맥을 유지해 왔다.

거래 솔루션으로의 확장

2015년 이더리움이 등장하면서 블록체인은 2세대 플랫폼 시대로 접어들었다. 이더리움은 스마트 계약과 디앱을 블록체인에서 실행할 수 있도록 설계되었고, 이를 통해 암호화폐 외에도 금융, 무역, 물류,

부동산, 공공 서비스 등 다양한 영역으로 활용 범위를 넓혔다.

2017년 런던 블록체인 엑스포에서는 블록체인이 정부 행정, 법률, 에너지, 부동산 거래, IoT, 공유경제 등 다양한 분야에서 실질적인 변화를 불러올 것이라고 발표했다. 실제로 2018년 HSBC와 ING 은행은 세계 최초로 블록체인을 활용한 무역금융 거래를 성공적으로 수행하면서, 블록체인이 거래 비용 절감과 속도 개선에 실질적인 효과를 낼 수 있음을 입증했다.

부동산 분야에서도 블록체인이 본격적으로 활용되었다. 2017년에는 우크라이나 키이우에서 스마트 계약을 활용해 아파트를 구매한 사례가 등장했고, 이후 여러 국가에서 블록체인을 활용한 부동산 거래 시스템을 시도했다. 금융권 역시 블록체인 컨소시엄을 결성하고, 공급망 관리 등의 분야에서 파일럿 프로젝트를 운영하면서 기술 투자를 늘렸다.

정부 차원에서도 초기에는 암호화폐를 경계하는 태도를 보였으나, 점차 블록체인의 기술적 가능성에 주목하면서 토지대장 관리, 금융결제 시스템 등에 블록체인을 시험 도입하는 움직임을 보였다.

다만 지나친 기대 속에서 시행된 여러 시범사업이 현실적 한계를 드러내면서 조정기를 거치기도 했다. 그럼에도 이 시기는 블록체인이 화폐를 넘어 실물 거래 영역으로 확장되며, 금융 혁신의 기반 기술로 자리 잡는 중요한 국면이었다.

NFT 붐으로 급부상

2020년대 들어 블록체인은 NFT$^{non\text{-}fungible\ token}$(대체불가능토큰) 열

비플의 NFT 작품, 〈매일 : 첫 5000일〉. (출처: 비플)

풍을 통해 새로운 국면을 맞이했다. NFT는 2017년 크립토펑크, 크립토키티 등의 프로젝트를 통해 처음 등장했고, 2021년 초 디지털 아티스트 비플의 NFT 작품 〈매일 : 첫 5000일〉이 크리스티 경매에서 6930만 달러에 낙찰되면서 전 세계적으로 관심을 불러모았다.

이후 2021년은 'NFT의 해'로 불릴 만큼 시장이 폭발적으로 성장했고, 시장 규모가 전년도 1억 달러 수준에서 249억 달러 이상으로 급증했다. NFT는 예술품, 게임 아이템, 디지털 부동산 등의 형태로 거래되었고, 글로벌 브랜드와 엔터테인먼트 산업에서도 NFT를 새로운 비즈니스 모델로 채택하기 시작했다.

금융 시장의 반응은 엇갈렸지만, 한편으로는 NFT를 디지털 자산 소유권의 혁신으로 평가하며 메타버스 경제 기반으로 보고 기대하는 목소리가 컸다. 반면 실물 가치를 지닌 자산이 아니라는 이유로 투기적 거품이라는 비판도 나왔다. 나이키는 2021년 가상 운동화를 NFT로 만들었다. 이 NFT를 구매하면 비슷하게 생긴 실물 운동화를 보내줬고, 한정판 효과 덕분에 가격이 1300만 원을 넘을 정도로 인기를 끌기도 했다. 하지만 이후 2년간 NFT 운동화 구매자가 줄어 평균 14.4달러(약 19만 원)로 하락했다. 그 영향으로 2025년 4월, NFT 사업부 폐쇄를 발표했고, 나이키 NFT를 산 사람들은 집단소송을 했다. 비플의 작품 낙찰 이후 작가의 다른 작품은 1억 원이 채 되지 않는 가격에 거래되고 있을 정도다. 이는 처음 가격의 1000분의 1 수준으로 급락했다.

2022년 들어서면서 NFT 거래량은 감소하고 가치도 급락했다. 하지만 블록체인 기술의 대중화와 활용 범위를 확장하는 데 크게 이바지했다. 향후 메타버스가 본격화되면 가상의 자산이나 실물 자산을 디지털화하여 NFT 기반으로 거래하는 시대가 도래할 것이다. 특히 생성형 AI가 생성한 콘텐츠들에 대한 인증이나 거래 등에 있어서도 NFT가 효과적인 가치 거래의 수단으로 작동될 수도 있을 것이다.

25

신금융시장의 시작
디파이와 DAO

2021년 이후 블록체인은 거품 붕괴를 겪으면서도 근본적인 기술혁신 가치를 증명하고 있다. 2025년 3월 기준 암호화폐의 총 자산가치는 약 2.71조 달러이며, 향후 5년 이내에 9조 달러까지 성장할 것으로 전망한다(씽킹 크립토의 토니 에드워드의 주장). 실제 비트코인은 2월 기준으로 시가총액이 약 1.7조 달러를 넘어섰다. 이런 변화로 인해 기존 금융 기관도 관련 상품을 출시하거나 핀테크 기업을 인수하며 블록체인 시장에 적극적으로 참여하고 있다. 이렇게 이더리움을 비롯한 블록체인 2.0 플랫폼이 확산되면서 탈중앙 금융과 DAO가 금융 시장에서 실질적인 가치를 창출하고 있다.

제도권 금융과 결합된 디파이

기존 금융 시스템에서는 은행, 증권사, 카드사 같은 기관이 금융 서비스의 중개 역할을 했다. 하지만 디파이DeFi, decentralized finance(탈중앙화 금융)는 스마트 계약을 활용해 중개기관 없이도 대출, 예금, 거래, 파생상품 거래 등을 운영할 수 있는 탈중앙화 금융 생태계를 만들었다. 실제로 2024년 이더리움 기반의 디파이프로토콜에서 운용되는 총 예치금TVL, total value locked은 2140억 달러를 넘어서며(크립토티비

플러스Cryptotvplus의 〈DeFi TVL 보고서〉 기준), 신뢰할 수 있는 금융 시스템으로 자리 잡아가고 있다.

유니스왑Uniswap 같은 탈중앙 거래소DEX는 중앙화 거래소와 비슷한 규모의 거래량을 기록하고 있으며, 메이커 DAO MakerDAO, 컴파운드Compound, 에이브Aave 같은 대출 및 예금 프로토콜은 글로벌 금융 시장에서 실질적인 대안으로 제시되고 있다.

거기에 더해 디파이가 불러오는 가장 큰 변화는 자금 운용 방식이다. 기존 금융 시스템에서는 은행이 고객의 예금을 관리하고, 이를 바탕으로 대출을 실행하여 이자 수익을 창출하는 구조였다. 하지만 디파이에서는 이러한 역할을 스마트 계약이 수행한다. 사용자는 자신의 자산을 예치하면 필요한 사람이 자동으로 대출받을 수 있으며, 이 모든 과정이 블록체인 네트워크에서 투명하게 기록되고 탈중앙화된 방식으로 운영된다.

또한 기존 금융보다 더 높은 수익률과 개방성을 제공하면서도, 국가 간 금융 장벽을 허물고 있다. 디파이를 통해 국경을 초월한 금융 거래가 실현되면서, 금융 서비스의 접근성이 크게 확대되고 있다.

신뢰 기반의 탈중앙화 자율조직 DAO

디파이와 함께 주목받는 또 하나의 요소는 DAO decentralized autonomous organization(탈중앙화 자율조직)의 부상이다. 기존 금융 시스템에서는 금융 상품과 서비스가 정부나 금융기관의 정책에 의해 운영되었지만, DAO는 스마트 계약과 커뮤니티 기반 거버넌스를 통해 자율적으로 금융 시스템을 운영하며 새로운 모델을 제시하고 있다. DAO

는 이미 디파이 프로토콜의 거버넌스 모델로 자리 잡았으며, 유니스왑, 메이커DAO, 컴파운드 등의 프로젝트는 DAO를 통해 정책을 결정하고, 유동성 공급자와 이용자들이 투표를 통해 의사 결정을 내리는 구조를 도입하고 있다.

DAO는 단순히 금융 서비스 운영을 넘어 투자 펀드, 벤처캐피털, 크라우드펀딩, 탈중앙화 보험 등으로 확장되고 있다. 예를 들어플레저DAO^{PleasrDAO}는 예술품 및 희귀 자산을 공동으로 소유하는 모델을 만들었고, 플라밍고DAO^{FlamingoDAO}는 NFT 투자 펀드를 운영하며, 컨스티튜션DAO^{ConstitutionDAO}는 미국 헌법 초판을 공동 구매하려는 시도를 했다. 아쉽게도 4700만 달러를 모금했지만, 헤지펀드 억만장자가 낙찰받아 구매에는 실패했다. 하지만 짧은 시간에 무려 한화 600억 원 이상의 자금을 모아 DAO를 활용한 크라우드펀딩의 가능성을 보여주었다.

이러한 DAO 모델은 기존 금융 시스템이 해결하지 못한 투명성과 민주적 의사 결정을 보장하며, 개인들이 직접 투자 및 금융 운영에 참여할 수 있는 새로운 방식을 제시하고 있다.

탈중앙화 자율조직은 블록체인 기반에서 스마트 계약을 통해 운영되는 조직 구조로 전통적인 기업이나 협회와 달리 중앙 관리자 없이 커뮤니티 구성원들의 투표로 의사결정을 내리는 방식을 따른다. DAO의 개념은 이더리움이 출시된 후 본격적으로 등장했고, 2016년 'The DAO'라는 최초의 대형 DAO 프로젝트가 출범하며 주목받았다. 벤처캐피털 펀드를 탈중앙화해 스마트 계약으로 자동 운영하는 실험이었지만, 해킹 사건 탓에 실패하면서 한동안 DAO 개념은 사라

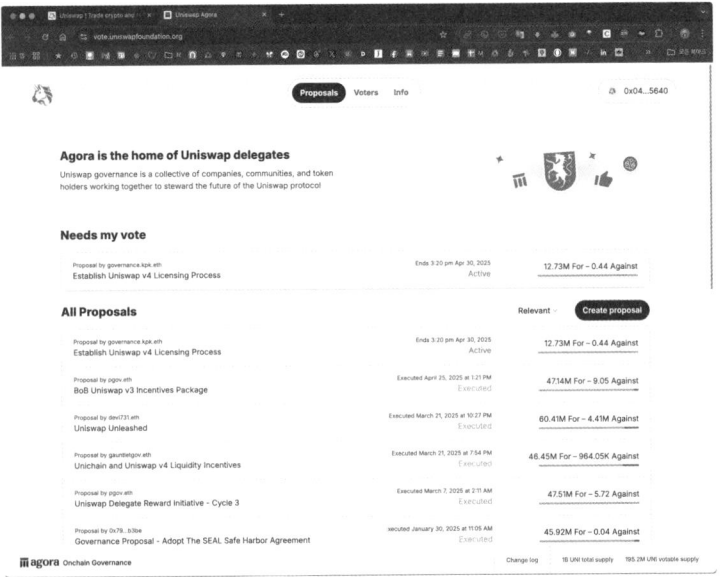

유니스왑 DAO에서는 다양한 주제의 자율 조직이 투표해서 의사결정을 함께 내릴 수 있다.

지는 듯했다. 하지만 2020년 이후 디파이의 성장과 함께 DAO 거버넌스가 다시 주목받기 시작했다.

특히 디파이 프로토콜에서는 거의 모든 프로젝트가 DAO 형태로 운영되고 있다. DAO의 핵심 가치는 투명한 의사결정과 참여형 거버넌스다. 기존 기업에서는 경영진이 주요 결정을 내리지만 DAO에서는 커뮤니티가 직접 투표로 정책을 결정한다. 예를 들어 유니스왑DAO는 수수료 구조 변경이나 새로운 기능 추가 여부를 토큰 보유자들의 투표를 통해 결정하며, 메이커DAO 역시 DAI(중앙화 기관의 개입 없이 안정성을 유지하는 코인)의 금리 정책을 거버넌스 투표로 정한다.

전통 금융권도 DAO의 개념을 점점 수용하고 있다. 일부 금융기관은 DAO 모델을 활용한 디지털 펀드를 실험하고 있으며, 2022년 미국 와이오밍주는 DAO를 공식적인 법인 형태로 인정하는 법안을 통과시키면서 법적 지위를 부여하기 시작했다. 앞으로 DAO는 기업 거버넌스, 협동조합, 벤처투자, 커뮤니티 운영 등 다양한 영역으로 확대될 가능성이 크다.

DAO는 탈중앙화 거버넌스를 제공하며 금융, 기업 운영, 투자 등의 분야에서 새로운 가능성을 열고 있지만, 아직 해결해야 할 여러 한계를 가지고 있다. 첫째, 의사결정의 비효율성으로 인해 신속한 대응이 어렵고, 일부 대형 토큰 보유자에게 권한이 집중될 위험이 있다. 둘째, 법적 지위와 규제 문제가 불명확하여, 기존 금융법과의 충돌이 발생할 가능성이 크다. 셋째, 스마트 계약의 보안 취약성으로 인해 해킹 위험이 지속되고 있으며, 넷째, 참여자 지속성 문제로 인해 커뮤니티 기반 운영을 장기적으로 유지하기 어렵다.

이를 극복하기 위해 DAO는 위임 거버넌스, 법적 프레임워크 구축, 보안 강화, 지속적인 인센티브 제공 등을 도입하며 발전하고 있다. 향후에는 AI 자동화, 스마트 계약 최적화, 하이브리드 DAO 모델 등을 통해 효율성을 높이고 전통 금융 및 기업 운영과 융합되면서 보다 실용적인 형태로 자리 잡을 것으로 전망한다.

디파이와 DAO가 주는 금융의 가치

탈중앙화 금융[DeFi]은 전통적인 금융기관 없이도 대출, 예금, 거래를 가능하게 만들었으며, 탈중앙화 자율조직[DAO]은 커뮤니티 기반의 금융 거버넌스를 구현하면서 기존 금융 시스템과 차별화된 운영 방식을 제시하고 있다.

하지만 디파이는 해결해야 할 문제도 많다. 스마트 계약의 보안 취약점, 높은 담보 요구, 시장 변동성 등으로 인해 일반 대중이 쉽게 접근하기 어렵다는 점이 한계로 지적된다. 특히 2021년 이후 몇 차례 대규모 해킹 사고가 발생하며 보안 문제에 대한 우려가 커지는 상황이다. 이러한 문제를 해결하기 위해 디파이 프로토콜은 보안성을 강화하고, 보다 직관적인 UX를 제공하는 방향으로 발전하고 있다.

블록체인 2.0 시대의 디파이는 기존 금융 서비스의 중개 비용을 줄이고, 글로벌 금융 접근성을 확대하며, 개인이 자신의 자산을 더욱 자유롭게 운용하게 할 것이다. 그 영향으로 DAO는 전통 금융의 폐쇄적인 거버넌스 구조를 탈피하여, 참여형 금융 모델을 만들 것이다.

현재까지 블록체인의 금융 혁신은 기술적 발전과 규제의 변화를 동시에 경험하면서 진화했다. 여전히 해결해야 할 보안 문제, 규제 대응, 사용자 경험 개선 등의 과제가 남아 있지만, 디파이와 DAO가 기존 금융 시스템을 재편하고 있는 것은 분명한 사실이다. 앞으로 블록체인 2.0은 금융 시장에서 더욱 깊이 자리 잡으며, 신금융시장의 성장과 함께 새로운 가치 창출의 중심이 될 것이다.

그 과정에서 새로운 금융 시스템을 설계하는 핵심 요소로 작용하면서 기존 금융 시스템의 효율성을 높이고, 중앙화된 금융 구조에서 벗어나 보다 개방적이고 투명한 금융 생태계를 조성하는 데 기여할 것으로 예상한다.

26

핀테크는 더 발전할 수 있을까?
블록체인 2.0

지난 10여 년간 모바일 핀테크는 송금, 결제, 투자 등 다양한 금융 서비스를 스마트폰으로 실행해 접근성과 편의성을 크게 높였지만, 이는 기존 금융 시스템의 인터페이스 개선에 머무른 변화였다. 은행이나 카드사처럼 중앙화된 기관이 여전히 핵심 역할을 하며 거래를 중개하고 자금을 운용하는 구조는 유지되었다. 반면 블록체인 2.0은 금융의 백엔드 인프라 자체를 탈중앙화된 네트워크와 스마트 계약으로 대체하며 자동화된 방식으로 거래를 검증하고 실행하게 한다. 비용 절감과 신뢰 구조의 재편이 이루어지고 특히, AI 에이전트 기반의 자율 경제가 본격화될 미래에는 소액결제의 기반 기술로 블록체인 2.0이 핵심 역할을 할 것으로 기대된다.

블록체인이 변화시킬 개인 금융 경험

블록체인 기술이 본격적으로 금융 서비스에 도입되면 개인 사용자의 금융 경험도 지금과는 완전히 다른 모습으로 변화할 것이다. 가장 큰 변화는 금융 주권의 개인화다. 기존 금융 서비스에서는 은행 계좌를 개설하고 신용평가를 받아야 대출을 받을 수 있으며, 국가 간 송금을 하려면 복잡한 절차와 높은 수수료를 감수해야 했다. 하지만 블록체인에서는 개인이 암호화폐 지갑을 통해 직접 금융 서비스를 이

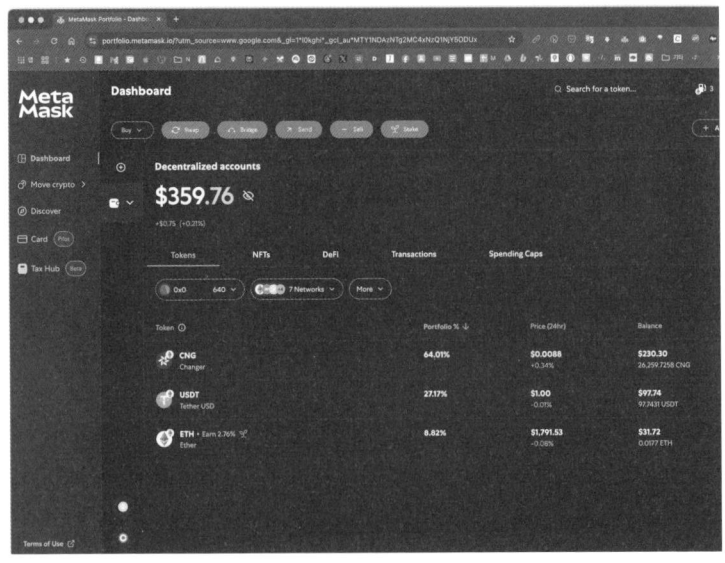

자유롭게 개설해 전 세계인과 송금할 수 있는 암호화폐 지갑, 메타마스크.

용할 수 있다. 계좌 개설 과정이 필요 없으며, 디파이 프로토콜을 통해 누구나 대출을 받고, 예금을 하고, 자산을 거래할 수 있다.

이러한 변화는 금융 접근성이 낮은 개발도상국에 더 큰 의미가 있다. 전통 금융 시스템이 발달하지 않은 지역에서는 은행 계좌조차 만들기 어려운 경우가 많지만, 스마트폰과 인터넷만 있다면 블록체인 기반 금융 서비스에 누구나 접근할 수 있다. 이는 단순한 금융 서비스 확대를 넘어, 전 세계적으로 금융 포용성을 높이고 경제적 기회를 창출하는 계기가 될 것이다.

또 거래 속도와 비용 절감도 블록체인 기반 금융의 중요한 특징이다. 기존 국제 송금 시스템은 여러 중개 은행을 거쳐야 하며, 이에 따른 높은 수수료와 시간이 소요되지만, 블록체인 네트워크를 이용하면 몇 초 만에 거래가 완료되며, 중개 비용이 대폭 줄어든다. 실제로 스테이블코인(법정화폐와 일대일로 연동된 암호화폐)은 국경 간 송금 수단으로 빠르게 자리 잡고 있으며, 글로벌 기업들도 블록체인 결제 시스템을 도입해 비용을 절감하고 있다.

또 다른 중요한 변화는 금융 시스템의 투명성 강화다. 기존 금융기관에서는 거래 내역이 기관 내부 시스템에 기록되고, 사용자는 자신의 데이터에 접근하는 데 제한이 있었다. 하지만 블록체인에서는 모든 거래가 공개 원장에 기록되며, 누구나 이를 검증할 수 있다. 이는 금융기관의 신뢰도를 높이는 동시에, 금융 사기와 부정행위를 줄이는 효과를 가져온다. 한편 프라이버시 보호기술도 함께 발전하고 있어, 사용자는 공개된 네트워크에서 신원을 노출하지 않으면서도 안전하게 금융 서비스를 이용할 수 있는 환경이 마련되고 있다.

한 예로 2020년 미국에서 런칭한 암호화폐 기반 예측 플랫폼인 폴리마켓Polymarket은 전 세계 투자자들이 경제 지표, 날씨, 정치 및 입법 결과 등 다양한 미래 이벤트에 배팅할 수 있다. 폴리마켓에서 이더리움 등의 암호화폐를 USDC라는 스테이블 코인으로 환전해서 특정 이벤트에 배팅하는 것이다. 정해진 날짜가 되어 결과가 나오면 내가 배팅한 만큼 수익(혹은 손해)을 볼 수 있다. 전 세계인이 참여하는 플랫폼에 블록체인 기술과 암호화폐가 활용된 것이다. 실제 2025년 대한민국 대통령 선거에서 누가 당선될 것인지 예측하는 이벤트가 올라오기도 했다.

기업의 역할과 블록체인 기반의 금융 혁신

이 과정에서 금융 기업과 핀테크 스타트업의 역할도 중요해지고 있다. 특히 전통 금융기관은 블록체인의 도입을 통해 자체적인 혁신을 꾀하고 있으며, 핀테크 기업들은 블록체인 기반의 새로운 금융 서비스를 실험하고 있다.

글로벌 은행들은 중앙은행 디지털화폐CBDC 개발과 스테이블코인을 활용한 결제망 개선을 추진하고 있다. 현재 중국, 유럽연합EU, 미국 등 여러 국가에서 CBDC 발행을 위한 연구가 진행 중이며, 이를 통해 금융의 디지털화를 더욱 가속하려는 움직임이 보인다. 기존 은행도 블록체인을 활용해 송금과 결제 시스템을 개선하고 있으며, 일부 대형 은행은 블록체인 기반 채권 및 주식 거래 플랫폼을 구축하는 실험을 진행 중이다.

핀테크 기업도 블록체인을 적극적으로 도입하고 있다. 기존에는 카드 결제, 모바일 송금 등의 서비스를 제공하는 데 집중했다면, 이제는 디파이 기반의 투자 상품, NFT 담보 대출, 스마트 계약 기반의 보험 상품 등 블록체인의 특성을 활용한 새로운 금융 모델을 개발하고 있다. 또한 크라우드 펀딩, 탈중앙화 보험, 투자 조합 등을 DAO 형태로 운영하며, 기존 금융과 차별화된 구조를 만들고 있다.

블록체인의 금융 혁신이 지속될수록, 기업들은 점점 더 중앙화된 금융과 탈중앙화된 금융이 공존하는 구조를 만들게 될 것이다. 초기에는 전통 금융기관과 핀테크 스타트업이 경쟁하는 듯 보였지만, 점차 블록체인과 전통 금융이 융합되는 하이브리드 금융 모델이 등장할 가능성이 크다. 은행은 블록체인 기술을 활용해 비용을 절감하고 효율성을 높이며, 핀테크 기업들은 기존 금융이 해결하지 못한 문제를 혁신적인 서비스로 대체하면서 새로운 시장을 개척할 것이다.

결국 블록체인 2.0은 금융 시스템을 기존의 중앙화된 신뢰 구조에서 탈중앙화된 자동화 시스템으로 변화시키며, 핀테크 기업과 전통 금융 기관이 함께 진화하는 방향으로 나아가게 될 것이다. 향후 몇 년 안에 블록체인이 금융 시장에서 차지하는 비중은 더욱 커질 것이며, 특히 신속한 거래, 낮은 비용, 투명한 시스템을 요구하는 글로벌 금융 환경에서 중요한 역할을 하게 될 것이다.

개인 사용자는 블록체인을 통해 더 빠르고 자유로운 금융 서비스를 경험하게 될 것이고, 기업은 이 새로운 금융 환경에서 기회를 포착하여 새로운 비즈니스 모델을 창출할 것이다. 과거 모바일 핀테크가 금융 서비스의 접근성을 혁신했던 것처럼, 블록체인 2.0은 금융의 본질을 변화시키는 새로운 패러다임을 만들어 갈 것이다.

블록체인은 디지털 화폐에서 출발했지만, 이제는 금융 시스템을 근본적으로 변화시키는 기술로 자리 잡고 있다. 디파이와 DAO는 금융 서비스의 개방성과 자율성을 높이고 있으며, 기존 금융기관도 블록체인의 혁신을 적극적으로 받아들이고 있다. 앞으로 블록체인은 금융뿐만 아니라 다양한 산업에서 더 깊이 활용되며, 중앙화된 시스템과 탈중앙화된 시스템이 공존하는 새로운 금융 생태계를 만들것이다.

AI 에이전트 경제 시대의 금융

블록체인 2.0의 발전은 단순히 사람 중심의 금융 구조를 재편하는 데 그치지 않고, 앞으로 도래할 AI 에이전트 경제AI agent economy의 기반 인프라로 확장될 것이다. 생성형 AI 기술의 급속한 진화와 함께 사람을 대신해 판단하고 거래를 수행하는 AI 에이전트가 실제 경제활동의 주체로 등장하고 있다. 이러한 에이전트는 특정 사용자의 의도를 바탕으로 투자 전략을 실행하거나, 보험 상품을 비교하고 가입해 실시간으로 유동성 풀에서 자산을 교환하는 등의 역할을 수행할 수 있다.

AI 기반 거래 시스템은 인간의 행동보다 훨씬 더 빨리, 더 자주, 더 작은 단위로 금융 거래를 수행하기 때문에, 기존의 중앙 집중형 인프라로는 감당하기 어렵다. 바로 이 지점에서 블록체인과 스마트 계약 기반의 디파이가 탁월한 대안으로 부상한다. 스마트 계약은 에이전트가 조건에 따라 즉시 거래를 체결할 수 있도록 지원하며, 블록체인 기반 네트워크는 거래의 신뢰성과 투명성을 담보한다.

또한 AI 에이전트 간 거래는 사람 간 거래보다 훨씬 더 정교한 신뢰 관리와 인증 체계를 요구하는데, 이는 DID decentralized identifier(탈중앙화 자기주권 신원 인증)와 토큰 기반 권한 구조를 갖춘 블록체인 생태계에서 더욱 자연스럽게 구현될 수 있다. AI가 지갑을 보유하고, 자산을 관리하며, 프로토콜에 참여해 DAO의 일원이 되는 구조는 이제 기술적으로 가능할 뿐 아니라, 실제 구현 사례도 나타나고 있다.

이처럼 AI와 블록체인의 융합은 단순한 기술 결합이 아니라, 금융의 행위 주체가 사람에서 알고리즘으로 확장되는 구조적 전환을 의미한다. 향후 AI 에이전트가 개인을 대신해 금융 결정을 내리는 시대에는 자동화와 신뢰, 보안, 투명성, 효율성을 동시에 충족시키는 블록체인 기반의 금융 인프라가 핵심이 될 것이다. 지금의 블록체인 2.0은 바로 그 미래 금융 구조를 준비하는 전환기의 기술적 초석이라 할 수 있다.

27

분산형 데이터 시대의 핵심
하이브리드 엣지 컴퓨팅

디지털 기술의 발전은 중앙 집중화와 분산화라는 두 축을 오가며 진화했다. 1970년대에는 중앙 메인프레임을 중심으로 터미널을 통해 작업이 이루어졌고, 1980년대부터는 PC 보급과 함께 사용자 컴퓨터에서 데이터를 직접 처리하는 분산형 클라이언트-서버 모델이 확산했다. 이후 2000년대 들어 클라우드 컴퓨팅이 등장하며 대규모 데이터와 애플리케이션 처리가 중앙 데이터센터에서 이루어졌고, 2010년대부터는 실시간 처리를 위한 클라우드와 엣지의 결합으로 중앙화와 분산화가 공존하는 하이브리드 구조가 자리 잡기 시작했다.

클라우드와 PC의 중간, 엣지 컴퓨팅

2000년부터 시작해 2010년 본격적으로 모바일 시대를 맞이하며 더욱 확대되기 시작한 클라우드 컴퓨팅은 데이터를 중앙에서 처리하는 효율성을 주었다. 반면 스마트폰 이외에 전기차와 드론, 수많은 IP 카메라를 포함한 공장 속의 센서 등에서 폭발적인 데이터 증가와 실시간 처리 요구로 인해 새로운 기술에 대한 요구가 커졌다.

바로 데이터가 생성되는 지점 가까이에서 처리하는 엣지 컴퓨팅이다. 이는 단순한 기술 혁신을 넘어, 빠른 의사결정, 비용 효율화,

데이터 보안의 진화를 의미한다. 기술이 발전할수록 다양한 IoT 기기가 클라우드에 연결되어 작동한다. 그 과정에 서버-클라이언트 중간에서 효율과 효과를 높일 수 있는 새로운 연결고리로 엣지 컴퓨팅의 역할이 커지고 있다.

사실 지난 25년간 클라우드 컴퓨팅은 데이터를 중앙 데이터센터에서 처리하는 방식으로 IT 혁신을 이끌었다. 20년이 훌쩍 넘었음에도 클라우드는 매년 성장을 지속했다. 하지만 클라우드도 해결하지 못하는 과제가 있다. 바로 지연latency, 대역폭 비용, 그리고 데이터 주권data sovereignty이다. 인터넷 속도가 빨라진 것은 사실이지만 제조공장이나 생산시설, 교통, 의료, 우주 등의 특정 산업 분야에서 클라우드에 연결하더라도 데이터를 주고받으며 처리하는 과정에 절대적 시간이 필요할 수밖에 없다. 게다가 네트워크를 경유하고, 클라우드를 사용하는 과정에서는 그만큼의 비용과 데이터 보안에 대한 희생이 있기 마련이다.

특히 지난 10여 년간 전통기업의 디지털 트랜스포메이션이 가속화되면서 수많은 산업 현장과 공공 영역에서 클라우드의 사용이 늘고 있다. 또한 인터넷에 연결되어 작동되는 기기의 끊임없는 등장으로 데이터는 폭증하고 있으며, 이 데이터를 더욱 빠르고 효율적으로 처리하는 것이 기업의 경쟁력이 되었다. 이를 클라우드에 100% 의존하기에는 앞서 지적한 지연 속도 문제와 비용, 데이터 보안의 한계가 명확하다. 엣지 컴퓨팅은 이와 같은 문제를 해결하기 위해 중앙과 말단의 중간에 위치하며, 데이터 생성 지점에서 실시간으로 처리할 수 있다. 덤으로 비용과 보안 문제까지 해결된다.

엣지 컴퓨팅의 본질은 클라우드와 로컬 디바이스의 장점을 결합한 하이브리드 모델이다. 클라우드의 강력한 처리 능력과 로컬 디바이스의 실시간성을 동시에 제공하며, 마치 도시 내의 분산형 물류센터처럼 데이터 흐름의 허브 역할을 한다. 대형 중앙 물류센터가 효율적인 운영을 지원하고, 분산된 로컬 허브가 소비자에게 즉각적인 서비스를 제공하듯, 엣지 컴퓨팅은 중앙 클라우드의 확장성과 로컬 기기의 즉시성을 균형 있게 통합하는 방식으로 발전하고 있다. 이를 통해 기업은 고도화된 디지털 트랜스포메이션을 달성하며 데이터 중심 시대의 경쟁력을 확보할 수 있다.

앞으로 엣지 컴퓨팅은 단순한 기술의 발전을 넘어, 데이터 중심 시대의 새로운 패러다임을 열 것으로 기대된다. 클라우드와 로컬 디바이스의 장점을 결합해 효율성과 즉시성을 극대화해 기업과 산업 전반의 경쟁력을 재정의하고 있다. 이 기술은 단순히 클라우드의 보완재가 아니라, 중앙-말단 데이터 생태계의 균형과 진화를 이끄는 핵심 동력이다. 미래의 IT 환경은 엣지와 클라우드가 조화를 이루며 진화하고, 이는 기업의 디지털 혁신과 시장에서 생존을 위한 필수 요소로 자리 잡을 것이다.

그런 엣지 컴퓨팅은 데이터센터와 엔드 디바이스(PC, IoT 기기) 사이의 중간층으로 각 엔드 디바이스(로컬 디바이스)의 인접 지역에 위치한다. 공장, 산업시설, 공공기관, 농장이나 목장, 병원 등의 각 주요 산업 시설 인근, 기업의 전산실, 서버 등이 인접한 위치, 로컬 디바이스들이 네트워크에 많이 연결되는 도심의 주요 기지국 근처에서 작동할 것이다.

엣지 컴퓨팅의 효용 가치와 활용방안

엣지 컴퓨팅의 실질적 가치는 데이터 처리의 속도와 효율성을 혁신하고, 새로운 비즈니스 모델과 사용자 경험을 창출하며, 각 산업의 경쟁력을 높이는 데 기여한다. 이를 통해 크게 속도, 비용 절감, 보안 및 데이터 주권이라는 세 가지 축에서 새로운 가치를 창출하고 있다.

첫째, 속도 측면에서 실시간 데이터 처리의 혁신을 주도한다. 엣지 컴퓨팅은 클라우드로 데이터를 전송하고 다시 받는 과정을 최소화해 실시간으로 데이터를 처리한다. 이는 지연을 획기적으로 줄여야 하는 생산 공장이나 의료, 도시 교통 분야에서 필수적인 기술로 자리 잡았다.

스마트 팩토리에서는 엣지 컴퓨팅을 활용해 제품의 결함을 실시간으로 감지하고, 문제를 즉시 교정할 수 있다. 예컨대 자동차 제조업체는 생산 라인의 센서 데이터를 엣지 디바이스에서 분석하여 결함 있는 부품을 조기에 발견해 품질과 생산성을 동시에 향상시키고 있다. 또한 웨어러블 디바이스는 환자의 심박수, 산소 포화도 등 생체 데이터를 실시간으로 분석해 이상 징후를 발견하면 즉각 경고한다. 이를 통해 응급 상황에서 빠른 대처가 가능하며, 병원 방문 전 단계에서 이미 중요한 데이터를 확보할 수 있다.

교통 시스템에 엣지 컴퓨팅을 도입해 도로 상황과 신호 제어를 실시간으로 최적화함으로써 교통 혼잡을 줄이고 사고를 예방하는 것 또한 스마트시티에서 광범위하게 활용되고 있다.

둘째, 엣지 컴퓨팅은 데이터를 클라우드로 전송하지 않고 현장에서 처리하며 대역폭과 스토리지 비용을 절감한다. 제조 현장에서 발생하는 막대한 센서 데이터나 비디오 스트림은 중앙 클라우드로 모두 전송할 경우 비용이 기하급수적으로 증가하지만, 엣지에서 필요한 데이터만 추출하고, 나머지는 로컬에서 저장하거나 폐기할 수 있어 비용을 최적화할 수 있다.

소매업에서는 매장 내 IoT 센서가 수집한 고객 행동 데이터를 엣지에서 분석하여 클라우드로 보낼 데이터의 양을 줄인다. 이를 통해 클라우드 사용료를 절감하면서도, 데이터 기반의 실시간 개인화 서비스를 제공할 수 있다.

마지막으로 엣지 컴퓨팅은 데이터가 발생하는 지점에서 처리됨으로써 민감한 데이터가 외부 네트워크로 전송되지 않도록 한다. 이는 국방과 의료 등 산업별로 보안과 데이터 주권문제를 해결한다. 환자의 개인정보는 현장에서 암호화된 상태로 처리되고, 중요한 정보만 클라우드로 전송되어 데이터 유출 위험을 줄인다. 군사 작전이나 국가 안보와 관련된 데이터는 로컬 환경에서 처리되어 보안을 유지하고, 데이터 주권 문제를 준수한다.

스마트 공장에서 엣지 컴퓨팅은 실시간 데이터 분석을 통해 결함을 조기에 발견하고, 유지보수 시점을 예측하는 데 사용된다. GE의 프레딕스Predix 플랫폼은 엣지 컴퓨팅 기술을 활용하여 항공기 엔진이나 터빈의 상태를 실시간 모니터링하고, 이상 데이터를 사전에 감지해 사고를 방지한다.

다양한 영역으로 확장하는 엣지 컴퓨팅

이 같은 기술적, 산업적 관점 외에도 공급자와 소비자 관점에서 볼

지멘스의 인더스트리얼 메타버스. (출처 : 지멘스)

때 엣지 컴퓨팅의 실질적인 활용 방안도 확대되고 있다. 기대만큼 성과를 창출하지는 못했지만 프레딕스와 실제 성공적인 사업 가치를 만들고 있는 지멘스Siemens의 디지털 트윈, 산업용 메타버스인 인더스트리얼 메타버스Industrial Metaverse는 엣지 컴퓨팅 기반으로 전통 기업의 생산 공장에 적용되어 제조업체에 새로운 사업 기회를 창출하고 있다. 생산 공장 인근에서 작동되는 엣지 컴퓨팅 덕분에 빠른 속도로 생산 공정을 효율화하고 자동화하는 데 도움을 준다. 뿐만 아니라 생산된 제품에 적용된 센서 네트워크를 통해 수집된 데이터를 기반으로 제품 사용과 관리 및 고장 예측에 대한 다양한 정보와 부가 서비스를 제공하면서 새로운 부가 가치를 창출하기도 한다.

엣지 컴퓨팅에 연결된 디지털 기기의 최종 소비자에게 자율주행과 스마트홈, 증강현실 게임, 메타버스, 키오스크 등의 다양한 분야에서 클라우드나 네트워크 비용 부담에서 벗어나 보다 빠르고 안전한 서비스를 누릴 수 있는 경험을 제공한다. 마트나 시장 같은 매장 내 IoT 센서는 고객의 행동 데이터를 수집하고 분석해, 고객이 좋아할 만한 제품이나 프로모션을 실시간으로 키오스크나 고객의 스마트폰에 즉시 제안할 수 있다.

실제 아마존 고Amazon Go 매장은 엣지 컴퓨팅을 활용하여 무인 계산 시스템을 구현했다. 매장 내에 설치된 수많은 카메라와 센서가 고객의 동작과 상품 이동을 실시간으로 감지하고, 이 데이터는 현장에서 즉시 처리된다. 이를 통해 고객은 상품을 선택한 후 별도의 계산 과정 없이 매장을 떠날 수 있으며, 구매 내역은 자동으로 고객의 아마존 계정에 청구된다.

엣지 컴퓨팅의 대표적인 활용 사례로 데이터가 생성되는 지점에서 즉시 처리되어 지연 시간을 최소화하고, 네트워크 대역폭 사용을 줄이며 실시간으로 고객 경험을 높인다. 아마존 고의 성공은 소매업 분야에서 엣지 컴퓨팅의 잠재력을 보여주는 사례로 평가받고 있다.

이렇게 하이브리드 엣지 컴퓨팅은 단순한 기술을 넘어 데이터 중심 시대의 필수 인프라로 자리 잡고 있다. 이는 실시간 데이터 처리와 비용 절감, 보안 향상을 통해 산업 전반의 경쟁력을 강화하며 기업이 디지털 트랜스포메이션을 성공적으로 이끌어 갈 수 있는 핵심 도구 역할이다. 앞으로 엣지와 클라우드의 협력적 진화는 새로운 비즈니스 모델과 혁신적인 사용자 경험을 만들어 내며 기업과 소비자 모두에게 실질적인 가치를 제공할 것이다.

28

AI 구동의 핵심 인프라
엣지 AI 데이터센터

AI는 2023년에 챗GPT, 2024년에 GPU의 해였다고 해도 무방하다. 2025년은 AI 에이전트가 주도할 것이다. 그렇다면 2026년, 2027년은 어떤 기술이 자리 잡을까? AI 기술의 발전 속도와 파급력이 워낙 빠르기에 매년 무엇이 화두가 될지 예측하기는 어렵지만, 피지컬 AI와 로봇, AI 데이터센터 등을 앞으로 주목해야 한다. 그리고 AI에 연결되는 기기의 종류나 형태가 다양해지고, 확대되면서 새로운 AI 인프라에 대한 요구도 커지고 있다. 그런 측면에서 엣지 AI 데이터센터는 앞으로 주목해 봐야 할 새로운 기술이다.

AI의, AI에 의한, AI를 위한 엣지 데이터센터

엣지 컴퓨팅의 효용 가치는 AI 시대를 맞이하며 한층 더 진화된 모습으로 발전할 것이다. 특히 생성형 AI와 LLM의 등장은 엣지 컴퓨팅에 새로운 도전과 기회를 동시에 제공하고 있다. 기존의 엣지 컴퓨팅이 데이터 처리의 지연 시간과 비용, 보안 문제를 해결하는 데 주력했다면, AI 시대의 엣지 컴퓨팅은 이를 넘어 지능형 의사결정의 실시간성과 개인화된 AI 서비스 제공이라는 새로운 가치에 발맞춰 발전할 것이다.

가트너의 AI 인프라스트럭처 수석 애널리스트 칼로스 멘데스는 "2025년까지 기업에서 생성되는 데이터의 75%가 중앙 데이터센터가 아닌 엣지에서 처리될 것"이라고 전망했다. 이는 단순히 데이터 처리 위치의 변화가 아니라, AI 시대에 맞춘 컴퓨팅 아키텍처의 근본적인 재구성을 의미한다. IDC의 최근 보고서에 따르면, 전 세계 엣지 컴퓨팅 시장은 2023년 1560억 달러에서 2027년 2740억 달러로 성장할 것으로 예측되며, 이 중 AI 관련 엣지 컴퓨팅이 가장 큰 성장 동력이 될 것으로 예상하고 있다.

특히 AI 모델의 추론 과정에서 엣지 컴퓨팅의 역할이 더욱 중요해지고 있다. 엔비디아의 CEO 젠슨 황은 "AI의 학습은 데이터센터에서, 추론은 엣지에서 이루어지는 하이브리드 모델이 AI의 미래"라고 강조했다. 실제로 엔비디아는 젯슨Jetson 시리즈를 통해 자율주행차, 로봇, 드론 등에서 실시간 AI 추론을 지원한다. 이는 마치 인간이 학교나 학원에서 배운 지식을 실제 현장에서 즉시 적용하는 것과 같은 원리다.

병원, 공장, 인근에서의 엣지 AI 데이터센터

사실 AI의 대규모 학습은 여전히 클라우드 데이터센터에서 이루어지지만, 학습된 모델을 엣지로 배포해 실시간 처리가 필요한 환경에서 더 효율적으로 운영한다. 예를 들어 자율주행차는 중앙 데이터센터에서 학습된 AI 모델을 차량 내부 엣지 디바이스로 배포하여, 주변 환경 데이터를 실시간으로 분석하고 즉각적인 의사결정을 내린다. 이 과정은 클라우드에 의존하는 구조에서는 불가능한 0.01초 이내의 초저지연 처리를 실행한다. 테슬라 차량은 엣지 디바이스에서 AI

모델을 통해 센서 데이터를 실시간으로 처리하며, 클라우드로 보내는 데이터는 추후 학습 및 모델 업데이트를 위해 압축되고 정리된다. 이를 통해 차량은 빠른 반응성과 높은 신뢰성을 제공한다.

병원 내의 웨어러블 기기와 엣지 서버는 환자의 생체 신호를 실시간 분석해 응급 상황에서 빠르게 경고를 보내고, 중앙 시스템으로 전송될 필요가 없는 민감한 데이터를 엣지에서 처리한다. GE 헬스케어GE HealthCare는 병원 내 엣지 서버에서 MRI나 CT 스캔 이미지를 실시간으로 분석하여 긴급 상황을 즉시 감지하고, 환자의 프라이버시 데이터를 보호하면서도 신속하게 진단을 내릴 수 있다. 필립스Philips 또한 이러한 시스템을 통해 환자 치료의 효율성을 크게 높이고 있다.

AI는 거대한 컴퓨팅 인프라와 에너지 자원이 필요한 데이터센터에서 학습되지만, 실제 이 LLM을 활용하는 디바이스나 공장 등의 특정 영역에서는 데이터센터 기반의 클라우드에 연결해서 작동되기보다는 엣지 컴퓨팅을 이용하는 것이 데이터센터의 추론 과부하를 줄이고 더 많은 작업을 효율적으로 분산할 수 있다.

실제로 오픈AI의 챗GPT와 마이크로소프트의 빙 AIBing AI는 모델 학습은 클라우드에서 하지만, 사용자의 질의에 대한 응답(추론 작업)은 엣지 컴퓨팅을 통해 더욱 빠르고 안정적으로 제공한다. 특히 로컬 환경에서의 모델 경량화와 최적화를 통해 엣지에서 기본적인 응답 처리가 가능해졌다. 엔비디아는 엣지 AI 플랫폼 젯슨 나노Jetson Nano를 통해 AI 모델의 추론 작업을 로컬에서 처리할 수 있도록 지원한다. 이러한 솔루션은 스마트팩토리, 자율주행, 헬스케어 등 데이터

추론 모델 운영을 위한 엔비디아의 엣지 AI 플랫폼, 젯슨 나노. (출처 : 엔비디아)

가 폭발적으로 증가하는 산업에서 활용되고 있다.

스마트시티를 위한 엣지 AI 데이터센터

AI와 엣지 컴퓨팅의 결합은 실시간 데이터 처리의 가능성을 넘어, 새로운 비즈니스 모델과 사용자 경험을 바탕으로 혁신한다. 이는 곧 다양한 산업에서 새로운 가치를 창출하는 데 기여한다. 도로와 공공장소에 설치된 카메라와 센서 네트워크는 엣지 컴퓨팅을 통해 실시간으로 교통 흐름을 최적화하고, 공공 안전 시스템을 운영한다. 국내에서는 SK텔레콤이 5G MEC$^{\text{multi-access edge computing}}$ 기술을 스마트시티에 적용해 도시 관리 효율성을 높였다.

또 중국의 스마트시티 구축에도 핵심 기술로 활용되고 있다. 특히 허베이성 슝안신구는 사물인터넷, 클라우드 컴퓨팅, 빅데이터 등 차세대 정보기술을 활용하여 도시 계획, 건설, 관리 및 서비스의 스마트화를 촉진하고 있다. 이러한 기술은 공공서비스, 도시관리, 거주 환경, 인프라, 네트워크 보안 등 다양한 분야에 적용되어 스마트시티 발전을 이루고 있다.

항저우시는 알리바바의 시티 브레인City Brain 프로젝트를 통해 교통 관리와 공공 안전 분야에서 엣지 컴퓨팅을 활용하고 있다. 이 시스템은 도시 곳곳에 설치된 카메라와 센서로부터 실시간 데이터를 수집하고, 엣지에서 즉시 처리하여 교통 흐름을 최적화하고 사고를 예방한다. 이를 통해 교통 혼잡이 감소하고 응급 대응 시간을 단축하는 효과를 거두고 있다. 이러한 사례는 엣지 컴퓨팅이 스마트시티의 핵심 기술로 자리 잡은 것을 보여준다. 실시간 데이터 처리와 분석을 통해 도시 관리의 효율성을 높이고, 시민들에게 향상된 서비스를 제공하는 데 기여한다.

오픈AI의 공동 창업자 일리야 수츠케버는 "미래의 AI는 중앙화된 대형 모델과 엣지의 경량화된 모델이 상호 보완적으로 작동할 것"이라고 전망했다. 이미 구글, 메타, 마이크로소프트 등 주요 기업들은 엣지 디바이스에 최적화된 경량 AI 모델 개발에 박차를 가하고 있다.

가트너도 2025년까지 기업의 데이터 처리의 75% 이상이 엣지에서 이루어질 것으로 전망한 만큼 이는 단순히 클라우드 의존도를 줄이는 것뿐 아니라, 데이터 주권 문제를 해결하고 지역 기반의 맞춤형 서비스를 준비하는 개념이다. AI 모델의 크기가 커지고 정교해질수록 엣지 컴퓨팅은 AI가 소비자와 가장 가까운 지점에서 더 나은 경험을 제공할 수 있도록 돕는다. 특히 IoT 디바이스 증가, 5G·6G 네트워크 확대와 함께 엣지 컴퓨팅의 역할은 더욱 중요해질 것이다.

결론적으로 엣지 컴퓨팅은 AI와의 결합을 통해 단순한 기술적 도구를 넘어, 디지털 혁신의 주축이 되고 있다. 이는 AI 모델의 실시간성을 강화하고 데이터센터의 부담을 경감하며, 궁극적으로는 다양한 산업에서 새로운 가치를 창출하는 데 기여할 것이다. AI 시대의 엣지 컴퓨팅은 데이터와 연산의 지리적 분산화를 통해 현장에서 실시간으로 가치를 제공하는 핵심 인프라로 자리 잡을 것이다.

29

빅데이터 분석과 비즈니스 혁신
데이터 기반 의사결정 DDDM

AI 기술이 빠르게 진화하면서 기업 내 데이터 분석과 의사결정 방식에도 큰 변화가 생겼다. 특히 생성형 AI와 대화형 인터페이스는 데이터를 해석하는 방식을 바꾸고 있으며, 데이터 기반 의사결정은 기업 운영의 표준으로 자리 잡고 있다. AI가 데이터를 실시간 분석하고 인사이트를 도출하면서, 조직 전반의 의사결정 속도와 정확도, 그리고 혁신 역량이 동시에 높아지고 있다.

이제는 기본이 된 데이터 분석 기반의 의사결정 체계

데이터 기반 의사결정DDDM, data-driven decision making은 직관이나 경험보다는 수치, 통계, 패턴 등 명확한 근거에 기반하여 결정을 내리는 방식이다. 글로벌 기업은 오래전부터 이를 실행하고 있다. 구글은 팀 구성부터 제품 출시, 디자인 요소까지 모든 결정에 데이터를 활용하며, 테슬라와 메타도 고객 반응 데이터를 기반으로 실험하고 개선하는 과정을 반복하고 있다.

이제는 기술력이 부족한 중소기업도 데이터 분석 도구를 통해 동일한 문화를 갖추고자 한다. 한 설문조사에 따르면 기업의 57%가 데이터 분석의 가장 큰 장점으로 '의사결정의 질 향상'을 꼽았다. 이는 단지 기술적 우위 확보를 넘어, 시장 리스크를 줄이고 빠른 대응력을 갖추기 위한 전략으로 자리 잡고 있는 것이다.

최근에는 대화형 AI 인터페이스와 LLM의 발전으로 데이터 분석이 훨씬 쉽고 접근성 있게 변하고 있다. 사용자는 SQL을 몰라도 BI 툴에 GPT 모델을 연결하면 "지난 분기 매출 분석해 줘"라는 자연어로 질문해도 분석 결과와 시각화된 차트를 얻을 수 있다. 이는 기존의 엑셀 피벗테이블이나 복잡한 쿼리 작성에 익숙지 않은 사용자에게도 분석 권한을 열어주는 강력한 변화다.

데이터 민주화와 실시간 분석 문화

이러한 변화 속에서 '데이터 민주화 data democratization'라는 개념이 중요해지고 있다. 이는 분석 전문가나 개발자뿐 아니라 현업 실무자 누구나 데이터를 다룰 수 있게 하는 조직 문화를 뜻한다. 마케팅팀, 영업팀, 고객지원팀 모두가 실시간 피드백 루프를 통해 데이터를 이해하고 즉시 반영하는 환경을 구축하는 것이다.

대표적인 사례가 A/B 테스트다. 넷플릭스는 사용자에게 콘텐츠를 추천할 때 수백 가지 알고리즘 버전을 실험하며 어떤 알고리즘이 클릭률과 만족도가 더 높은지 측정한다. 마이크로소프트 빙팀은 검색 결과에 표시되는 하이퍼링크의 색상만 바꿨는데, 이 실험 하나로 연간 8천만 달러의 매출 증가 효과를 거두었다. 이처럼 아주 작은 디자인이나 기능 하나도 데이터를 통해 개선할 수 있으며, 그 결과는 수익으로 직결된다.

데이터 민주화는 단순한 분석 기능 개방이 아니라, 조직 전체가 데이터를 중심으로 움직이게 만드는 문화를 의미한다. 데이터가 빠르게 수집되고 분석되어 제품 출시, 가격 변경, 고객 커뮤니케이션 전략에 즉시 반영된다면, 그 조직은 '데이터 중심 기업'이라 부를 수 있다.

AI 시대의 데이터 분석의 고도화와 접근성, 편의성과 맞춤형

AI 시대에 데이터 분석 기술은 단순한 분석을 넘어서 '에이전트 기반 자동화'와 '업무 툴과의 통합'으로 진화하고 있다. 예를 들어 사용자가 "웹사이트 트래픽이 왜 줄었는지 보고서 만들어 줘"라고 말하면 AI 에이전트는 스스로 관련 데이터를 수집하고 원인을 분석한 후 시각화와 함께 프레젠테이션 형태로 보고서를 자동 생성한다.

이러한 기술은 구글 워크스페이스^{Google Workspace}, 슬랙, 팀즈, 노

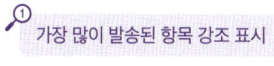
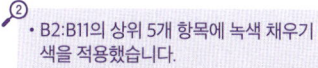
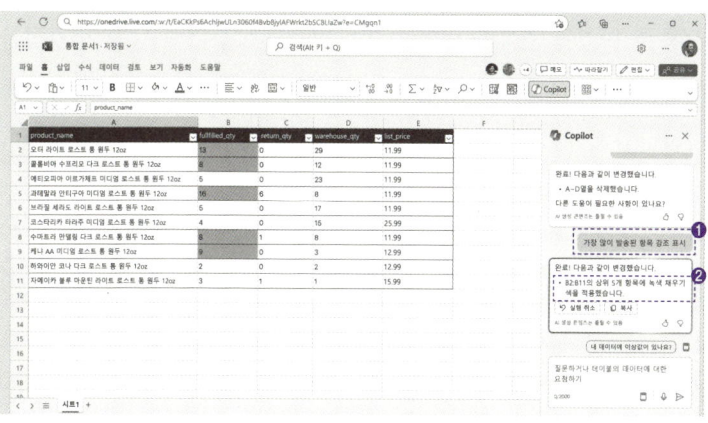

데이터 분석을 손쉽게 도와주는 마이크로소프트의 코파일럿 엑셀.

션 등의 협업 툴과 연동되어 실시간 업무 흐름 안에서 작동한다. 마이크로소프트 코파일럿Copilot은 엑셀 데이터를 분석해 자동으로 워드 보고서나 파워포인트 슬라이드를 만드는 기능을 제공한다. 이렇듯 기존의 반복 업무를 AI가 대체하는 새로운 업무 방식이 퍼지고 있다.

마지막으로 분석 도구의 지능화가 진행되면서 개발자의 역할도 변화하고 있다. 예전에는 분석 결과를 직접 만드는 실무자였다면, 이제는 데이터 환경을 설계하고 통합하며 거버넌스를 책임지는 아키텍트 역할로 진화하고 있다. 기업 내 다양한 데이터 소스를 통합하고 신뢰할 수 있는 데이터 파이프라인을 구축하며 AI 모델의 정확도와 윤리 기준을 관리하는 것이 중요해지고 있다. 이러한 작업을 통해 개발자는 AI와 데이터를 현업 구성원이 안전하고 효율적으로 활용할 수 있는 기술 인프라를 만든다.

요약하면 데이터는 더 이상 분석가만의 도구가 아니라 조직 전체의 공통 언어가 되어가고 있다. DDDM은 모든 구성원이 데이터를 활용할 수 있는 문화와 기술적 기반 위에서 작동하며 AI는 이 과정을 더욱 빠르고 정밀하게 한다. 이 흐름을 주도하는 기업만이 시장에서 살아남고 앞서나갈 수 있을 것이다.

30

돈의 혁명
AI 핀테크

스마트폰의 등장은 디지털 트랜스포메이션으로 많은 산업이 혁신하는 계기였다. 카카오톡은 통신시장을, 우버는 교통시장을, 에어비앤비는 숙박업을, 마켓컬리와 쿠팡은 유통산업을 혁신했다. 금융업은 토스와 카카오뱅크, 애플페이, 삼성페이의 등장으로 혁신에 불을 지폈다. 금융의 디지털 혁신인 핀테크의 현주소와 앞으로 AI가 어떤 사용자 경험과 시장을 만들지 전망한다.

모바일 시대의 핀테크 혁명

스마트폰은 사진첩과 다이어리, 지갑을 통째로 품은 것이나 다를 바 없다. 현금과 카드가 없어도 스마트폰만 있으면 결제가 자유롭고, 송금부터 신원인증까지도 가능하다. 그렇게 스마트폰은 우리 일상을 넘어 여러 산업의 변화를 이끌었다. 그중 가장 파격적인 것이 바로 결제다. 이제는 스마트폰만 있으면 대중교통 이용, 음식 주문, 쇼핑 등 일상에서 지갑 없이도 생활할 수 있다. 보험이나 투자, 예·적금 가입과 해지 역시 스마트폰 금융 서비스 앱으로 처리할 수 있게 되었다.

은행과 카드를 삼켜버린 애플페이. (출처 : 애플)

스마트폰 이전에도 PC 웹과 휴대폰을 이용한 인터넷 금융 서비스는 존재했다. 하지만 모바일만큼 안정적이고 편리하지 않아 제한적인 범위에서만 사용되었다. 인터넷 쇼핑몰에서 결제하고, 은행 잔고를 확인하고, 송금을 하는 것이 가능은 했지만, 보안을 위한 공인인증서 사용 과정이 번거롭고 제약이 많았다.

공인인증서를 사용하려면 방화벽, 키보드 보안 프로그램, 공인인증서 로그인, 해킹 방지 프로그램 등 여러 종류의 프로그램을 설치해야 한다. 에러도 많은 데다 수시로 업데이트하고 1년마다 인증서를 재발급받아야 하는 번거로움 때문에 온라인 결제와 인터넷 뱅킹, 연말 정산 등을 할 때마다 불편을 야기하는 디지털 족쇄처럼 여겨졌다.

그런데 다양한 스마트폰의 핀테크 앱과 보안 인증 관련 앱 덕분에 이 같은 불편이 사라졌다. 삼성페이와 애플페이는 물리적 신용카드 없이도 매장에서 결제할 수 있고, 각종 금융 핀테크 앱으로 은행에 가지 않아도 금융 서비스를 이용할 수 있다. 토스 등의 서비스를 이용해 여러 은행의 예·적금 내역과 카드 사용 내역을 한 번에 보거나 자산 내역을 분석해 최적의 보험 상품이나 카드를 추천받을 수도 있다. 카카오뱅크처럼 인터넷 전문은행을 이용하면 비대면으로 계좌 개설과 함께 온전히 온라인만으로 기존 금융 서비스를 편리하게 이용할 수 있다.

본격적으로 기술 기반의 금융 서비스 혁신을 한지 10년이 훌쩍 넘었다. 2010년대 초기에는 스마트폰 생체인증으로 핀테크 서비스가 기지개를 활짝 켰다. 이후 데이터 3법이 발의되면서 2020년 8월부터 마이데이터 산업이 가능해졌다.

이 신용정보법 덕분에 금융권의 다양한 데이터를 통합 조회하는 것이 법적으로 허용되었다. 금융앱에서 여러 금융사에 흩어져 있던 자산 현황을 확인하고 송금 등의 금융 서비스를 이용할 수 있게 된 것은 2022년부터다. 그렇게 법적으로 금융 데이터의 공개와 자산 연결과 금융 서비스의 접근이 수월해지면서 핀테크 서비스가 만개한 것이다.

AI 시대의 핀테크 2.0

지난 10년간 금융 사용을 편리하게 해주었던 핀테크는 또 다른 혁신을 일으킬 수 있을까? 2023년 세상을 떠들썩하게 했던 챗GPT가 핀테크 2.0의 문을 열 것으로 기대한다. 챗GPT는 금융 서비스에 세 가지의 새로운 경험을 준다. 바로 초개인화, 초지능화, 대화형 UI다.

사실 금융 정보만큼 내밀한 개인정보도 없다. 월수입은 물론 자산 규모, 매일 어디서 얼마를 쓰는지 등 모든 것이 금융정보에 있다.

그렇게 쌓인 데이터는 양이나 질적인 측면에서 기존에 우리의 검색어 이력 데이터보다 더 소중하고 복잡하다. 시시각각 쌓이는 이 방대한 금융 데이터를 LLM으로 분석해 초개인화 금융 서비스를 제공할 수 있다. 스마트폰 핀테크 앱에 쌓인 개인의 금융 데이터를 LLM을 기반으로 분석하고 해석해 각 개인에 최적화된 맞춤 금융 서비스의 제공이 가능한 셈이다.

또한 수많은 데이터 속에서 답을 찾는 LLM으로 초지능화 금융 서비스가 가능해질 것이다. 이상 거래 탐지와 신용 평가, 대출 심사, 각종 심사 서류와 계약서 관리와 시장 변동성 예측 등의 복잡한 금융 관련 분석과 예측 업무에 LLM을 활용할 수 있다. 이미 기존에도 빅데이터 분석이나 머신러닝 등의 기술이 금융업의 백오피스에 활용되었다.

챗GPT 기술로 AI 산업에 특이점이 온 것처럼 LLM 기반의 금융 백오피스는 기존에는 도저히 불가능할 것만 같던 초지능화 서비스를 구현할 수 있다. LLM은 개인 금융 데이터 외에 SNS 데이터와 개인이 승인한 스마트폰 속 개인정보를 기반으로 학습을 거듭하면서 더 안전하고 정확한 금융 서비스를 운영하고 새로운 금융 상품을 개발할 것이다.

마지막으로 챗GPT 기술에 있어 주목해야 할 점은 뒤의 GPT 기술이 아닌 앞의 챗chat이라는 사용자 인터페이스다. 즉 AI를 대화 인터페이스로 사용할 수 있다는 점이 이 기술의 근본적 특징이다. 핀테크 1.0의 금융 서비스는 손가락으로 스마트폰 화면을 터치하며 사용하는 방식이었다면, 핀테크 2.0은 필요한 것을 대화창에 물으면 답을 제공하는 대화 기반의 상담 방식으로 바뀔 것이다.

복잡한 금융 서비스를 편하게 이용하는 최고의 방법은 전문 상담사와의 대화지만, 비용 문제로 상담사는 일부 VIP 고객에게만 제공할 수 있다. 그런데 LLM으로 구현한 AI는 고급 금융상담 서비스를 누구나 사용하게 한다.

디지털 금융 혁신이 가져올 미래

AI로 혁신한 핀테크는 무엇이 다를까? 은행은 더 안전하고 편리한 금융 서비스를 적은 리소스로 운영하고, 고객은 24시간 손안에서 수많은 계좌와 카드의 사용 이력, 금융상품 검색을 이용하는 등 금융사와 고객 모두가 선진금융 서비스와 맞닿아 있다.

결제와 금융거래 및 금융 서비스를 이용할 때 어떤 기기에서든, 어떤 앱에서든 나만의 AI 금융 비서가 상황에 맞는 적절한 금융 서비스를 제공한다. 이상 거래가 있을 시 AI가 카드사와 개인에게 즉시 알려줄 뿐만 아니라, 즉각적인 대응 방안을 제시할 것이다. 또 소비 패턴을 분석해 불필요한 지출을 줄이는 방법을 제안하거나, 적절한 투자 상품을 추천해 자산 증식에 도움을 줄 수 있다. 그렇게 AI 금융 비서는 사용자의 금융 건강을 지속적으로 모니터링하며, 재정적 목표 달성을 위해 필요한 조언을 제공해 기존의 금융 서비스가 제공하지 못했던 초개인화된 맞춤형 금융 관리를 해줄 것이다.

또 반복적이고 시간이 많이 소요되는 금융 업무를 AI가 자동으로 처리하면 금융 기관은 운영 비용을 절감하고, 고객에게 더 나은 서비스를 제공할 수 있다. 대출 심사 과정에서 AI가 고객의 신용도를 즉시 평가하고, 필요한 서류를 자동으로 검토하면 대출 승인 시간이 획기적으로 단축된다. 이는 고객에게는 더 빠른 서비스를, 금융 기관에는 더 많은 고객을 효율적으로 관리할 기회를 마련한다.

이처럼 AI와 빅데이터 기술의 발전은 금융 안전성을 크게 강화할 것이다. AI는 실시간으로 거래 데이터를 분석하여 이상 거래를 탐지하고, 잠재적인 사기 행위를 신속하게 차단할 수 있다. 이는 기존의 사후 대응 방식과 달리, 사전에 예방적으로 대응할 수 있음을 의미한다.

초개인화된 금융 서비스 제공과 금융 접근성의 혁명, 서비스 자동화와 효율성 강화, 금융 안전성의 향상 등은 모두 AI 핀테크의 주요 혜택이다. 이러한 혁신은 금융 기관과 고객 모두에게 이익을 주며, 보다 안전하고 효율적인 금융 환경을 조성할 것이다. 앞으로 AI 기술이 발전함에 따라, 핀테크 산업은 더욱 다양하고 혁신적인 서비스를 통해 우리의 금융 생활을 더욱 풍요롭게 만들 것이다.

31

AI도 나라가 있다?
소버린 AI

도로, 에너지, 통신망 같은 기간산업은 단순한 산업 차원을 넘어선다. 이는 국가의 자존심이자, 전략무기다. 단순한 기술이 아니라 안보와 주권, 경제 경쟁력에 직결되는 이 같은 영역에 AI 기술을 속속 적용하고 있다. 각국은 왜 AI를 전략무기로 간주하고, 어떤 방식으로 AI 주권을 구축하려 할까?

AI 패권 경쟁, 미국과 중국의 속도는 상상 이상

2025년 들어 AI 기술 경쟁은 그야말로 눈을 감았다 뜨면 변화하고 있다. 2025년 1월, 중국의 딥시크가 선보인 추론형 AI 모델 R1은 저비용으로 정확도와 추론성능이 기존 서방 모델에 견줄 만큼 뛰어났다. 더욱 놀라운 점은 이를 오픈소스로 공개했다는 점이다. 이는 중국이 AI 패권에서 개방형 생태계까지 겨냥하고 있다는 신호로 해석된다.

이어 2월에는 일론 머스크의 xAI가 최신 모델 그록 3를 출시했다. 이전 버전에 비해 문맥 이해력과 응답 정합성이 비약적으로 향상했고, AI 사용자 경험을 새로운 차원으로 끌어올렸다. 3월에는 오픈AI가 이미지 생성 기능을 대폭 강화한 챗GPT 업데이트를 발표했고,

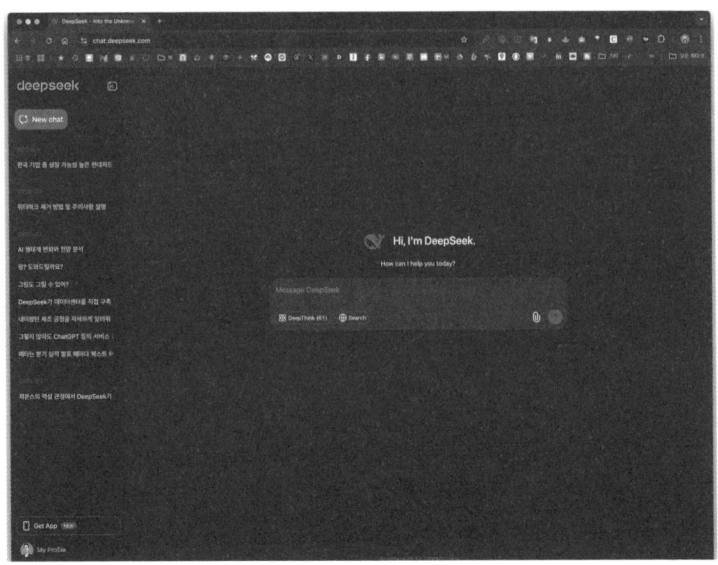
저성능 GPU로 뛰어난 성능의 AI 모델을 개발한 딥시크.

구글은 제미나이 2.5 프로를 선보이며 다수의 벤치마크 테스트에서 최고 점수를 획득했다. 4월에는 메타가 오픈소스 멀티모델 모델로 텍스트와 이미지, 음성 정보를 동시에 처리할 수 있는 라마 4를 출시했다. 메타는 이 모델을 통해 개발자와 기업이 AI를 유연하게 적용할 수 있는 생태계를 조성하고 있다.

이처럼 미국과 중국은 불과 몇 개월 만에 AI 분야에서 모델을 고도화하고 생태계를 넓혀가며, 본격적으로 소버린 AI$^{sovereign\ AI}$를 구축해 자체 인프라와 데이터를 독립적으로 운영하고 통제하고 있다. 그야말로 AI를 '국가 전략자산'으로 개발하고 있는 셈이다. AI는 더 이상 특정 기업이나 실리콘밸리 개발자의 영역이 아니라 국가주도 산업이 되고 있다.

대한민국은 HBM뿐?

그렇다면 우리는 어디쯤 와 있을까? 한국이 현재 글로벌 AI 시장에서 가장 많이 언급되는 분야는 HBM(고대역폭 메모리)이다. 엔비디아의 GPU가 작동하려면 초고속 메모리가 필요한데, 그 부품을 SK하이닉스가 전 세계에서 가장 잘 만든다. 2023~2024년 엔비디아가 AI GPU 시장에서 절대적 우위를 확보한 데는 HBM 공급을 책임진 SK하이닉스의 존재가 결정적이었다.

그러나 AI 인프라의 중요한 한 축은 한국이 맡고 있지만, 정작 AI 모델 자체나 이를 기반으로 한 서비스, 플랫폼 분야에서는 왜 두각을 보이지 못하는 것일까? AI 모델 개발에는 엄청난 컴퓨팅 파워와 인력, 이를 지속적으로 지원할 수 있는 국가 정책과 투자가 필요하다.

캐나다는 일찍이 몬트리올과 토론토를 중심으로 AI 연구 클러스터를 조성했고, 딥러닝의 아버지 제프리 힌턴이 활약했던 인재 풀을 기반으로 글로벌 AI 연구의 메카가 되었다. 정부와 대학, 기업이 삼각 협력 구조를 만든 것이다.

영국은 딥마인드와 스태빌리티AI Stability AI 등의 세계적 AI 스타트업을 배출했고, 프랑스는 허깅페이스, 미스트랄 AI 등 오픈소스 기반 AI 스타트업의 허브로 자리 잡았다. 이들은 단순히 기술만 지원하는 것이 아니라, 법·제도 정비, 인프라 구축, 창업 지원, 글로벌 네트워크 형성에 이르기까지 AI 전체 밸류체인을 정책적으로 설계했다.

UAE는 한발 더 나아가 'AI 국가 전략 2031'을 통해 AI 장관을 임명하고, 공공 데이터를 활용한 스마트시티, 의료, 교육 전반에 AI를 적극 도입하며 국가 디지털화를 선도하고 있다. 그야말로 AI를 국가 차원의 경쟁력으로 규정한 것이다.

한국 역시 지금이 아니면 기회를 놓칠 수 있다. 단순한 반도체 강국에 머무를 것이 아니라 AI 모델, 소프트웨어, 생태계 전반을 포괄하는 'AI 주권 국가'로의 도약이 필요한 시점이다.

다시 시작하는 AI 국가 전략

이런 흐름에 따라 한국 정부도 AI의 중요성을 인식하고 본격적인 투자에 나서고 있다. 2024년 9월, 과학기술정보통신부는 2030년까지 국가 AI 컴퓨팅 인프라를 현재의 15배 규모로 확충하겠다는 계획을 발표했다. 이를 위해 2025년에는 1조 8천억 원의 AI 관련 예산을 편성했고, 민관이 함께 운영하는 국가 AI 컴퓨팅센터를 구축해 2030년까지 총 4조 원을 투입할 방침이다.

이와 함께 AI 모델 개발을 위한 1조 원 규모의 연구개발 예산을 별도로 배정하고, AI 스타트업 지원하기 위해 8100억 원 규모의 정책 펀드도 조성했다. 여기에 더해 차세대 AI 반도체 기술력 확보를 위한 연구개발 과제도 가동 중이다. 하드웨어 인프라부터 소프트웨어 인재 육성, 모델 개발까지 전방위적 지원이 시작된 것이다.

한국은 과거에도 비슷한 도전에 성공한 바 있다. 1994년 정보화 촉진기본법 제정, 초고속 인터넷망 구축 사업, 1997년까지 전국 광대역망 구축은 오늘날 세계 최고 수준의 인터넷 인프라를 만들었다. 이는 이후 네이버 지식인, 싸이월드, 다음 카페 등 한국 IT 서비스가 수직성장을 할 수 있던 토양이 되었다.

이제는 그 성공을 AI 분야에서 재현해야 할 때다. 단지 인프라를 갖추는 것에 그치지 않고, 이를 기반으로 글로벌 경쟁력을 가진 모델과 서비스를 만드는 주체적인 AI 전략이 필요하다. 정부의 정책적 뒷받침, 기업의 과감한 투자, 인재의 도전이 어우러져야 AI 시대의 새로운 'IT 코리아'가 완성될 수 있다.

소버린 AI란 단지 기술의 문제가 아니다. 데이터의 통제권, 인프라의 자율성, 알고리즘의 독립성, 서비스의 주도권을 확보하는 일이다. 1990년대 초정보화를 선택한 나라가 2000년대의 인터넷 강국이 되었듯이, 2020년대의 AI 투자는 2030년대 국가의 경쟁력을 좌우할 것이다. 이제 AI 주권은 '있으면 좋은 것'이 아니라, 없으면 종속될 수밖에 없는 '생존의 조건'이 되고 있다.

32

AI가 만든 신인류
디지털 휴먼

최근 몇 년 사이, 화면 속에 존재하는 '나'를 닮은 또 다른 존재가 등장하고 있다. 이들은 사람이 아닌데도 사람보다 더 사람처럼 행동하고, 누군가의 모델이 되기도 하고, 누군가를 대신해서 말하기도 한다. 바로 디지털 휴먼이다. 광고, 방송, 교육, 커머스 등 현실에서의 다양한 활동을 대신 수행하거나 보완하는 디지털 아바타가 등장하면서, 기술이 사람의 역할을 대체하는 시대가 본격적으로 시작되었다.

메타휴먼이 만드는 AI 세상

컴퓨터 그래픽스CG의 발달은 영화나 영상 산업을 비약적으로 성장시켰다. 수십 년이 지난 지금은 SNS, 유튜브, 광고 등에서 AI로 만든 인물을 대중적으로 볼 수 있다. 이들을 메타휴먼metahuman이라고 부른다. 사람처럼 생겼지만 실제가 아닌 디지털 존재라는 의미다.

2020년에 처음 등장한 가상 인플루언서 로지ROZY가 대표적인 사례다. 사람처럼 생긴 외모와 표정, 목소리를 지녔으며, SNS 팔로워 수만 수십만 명에 달한다. 여러 브랜드 광고 모델로 등장하며 실제 연예인 모델 못지않은 영향력을 발휘했다. 중국의 가상 가수 뤄톈이는 실제로 존재하지 않는 인물이지만, 수만 명이 콘서트를 관람하기도 한다.

　이처럼 메타휴먼은 단순히 가짜 사람이 아니라 콘텐츠 산업, 마케팅, 커머스 등 실질적인 경제 활동에 참여하는 주체로 진화하고 있다. 생성형 AI 기술, 특히 GAN과 딥러닝 기반의 음성 합성 기술이 발전하면서, 사람처럼 말하고 움직이는 디지털 인물을 실시간으로 생성하고 제어하게 된 것이다. 최근에는 에픽게임즈Epic Games의 메타휴먼 크리에이터MetaHuman Creator 같은 도구로 일반인도 디지털 인간을 고퀄리티로 쉽게 만들게 되었다. 이 같은 기술이 디지털 콘텐츠의 제작 비용을 낮추고, 새로운 형태의 크리에이터 생태계를 확장시키는 원동력이 되고 있다.

딥페이크와 디지털 트윈

디지털 휴먼은 양날의 검이다. 기술 발전으로 만들어 낸 '진짜 같은 가짜'는 사람을 흉내내는 것을 넘어, 특정 인물의 모습을 복제하고 모방하는 수준에까지 이르렀다. 이 기술이 딥페이크deepfake다.

사회적 혼란을 불러일으킬 수 있는 딥페이크.

GAN을 기반으로 한 기술로, 영상 속 인물의 얼굴을 바꾸거나 목소리를 합성해 현실과 구분하기 어려운 콘텐츠를 만든다. 유명 정치인의 얼굴을 합성해서 가짜뉴스 영상을 만들거나, 연예인의 모습으로 허위 광고를 만드는 사례가 증가하고 있다. 한국에서도 유명인의 이미지를 동의 없이 성인 콘텐츠에 활용하는 사건이 발생하면서 사회적 문제로 대두되었다. 2024년부터 유럽연합은 'AI 법안AI Act'을 통해 딥페이크 콘텐츠에 반드시 'AI로 조작된 콘텐츠' 표시를 하도록 규정하면서 법제화 움직임이 본격화하고 있다.

반면 이러한 기술을 긍정적으로 활용하려는 흐름도 있다. 바로 디지털 트윈이다. 제조업에서 기계나 공정의 디지털 복제 모델을 만들어 시뮬레이션하거나 예측에 사용하는 기술이 사람에게도 적용되기 시작했다. 은행이나 보험사, 쇼핑몰 등의 기업에서 고객의 디지털 트윈을 만들어 구매 이력, 건강 상태, 소비 패턴을 학습하고 예측한다. 나아가 교육 분야에서는 교사 역할을 하는 디지털 휴먼이 학습자의 학습 방식과 반응을 모방하며 맞춤형 학습을 제공하기도 한다.

궁극적으로는 나의 외모, 말투, 사고방식, 감정 반응까지 복제한 '나의 또 다른 AI 아바타'가 생기는 것이다. 이 디지털 트윈은 나처럼 이메일을 보내거나 고객을 응대하고, 심지어 발표까지 할 수 있게 된다.

디지털 트윈을 위한 기술

디지털 트윈은 단순히 외형을 흉내내는 것으로 끝나지 않는다. 그 핵심은 '행동과 사고의 복제'다. 이를 위해 필요한 기술은 네 가지로 요약할 수 있다.

첫째, 멀티모달 AI로, 텍스트, 이미지, 음성, 제스처 등 다양한 인간의 표현을 동시에 이해하고 생성할 수 있어야 한다. 내가 말하는 방식과 제스처를 기억해 유사한 상황에서 그 행동을 재현한다. 최근 오픈AI, 구글 딥마인드 등이 멀티모달 모델을 고도화하면서 이 영역이 급격히 발전하고 있다.

둘째, 개인화 학습 모델이 있다. 디지털 트윈이 나처럼 행동하려면, 나에 대한 데이터를 충분히 학습해야 한다. 내가 평소에 쓰는 문장 스타일, 단어 선택, 감정 반응 등을 모아 지속적으로 학습하고 업데이트해야 한다. 이를 위해 지속적 학습continual learning이나 온디바이스 학습 등의 기술이 사용된다.

셋째, 실시간 상호작용 엔진으로, 디지털 트윈은 단순히 사전에 만들어진 응답만 하는 것이 아니라, 사용자의 반응에 따라 실시간으로 대화나 반응을 생성해야 한다. 이때 자연어 처리NLP와 대화형 AI, 음성 합성text-to-speech 기술이 결합되어 한다.

마지막으로, 디지털 트윈을 현실 세계에 자연스럽게 연결하기 위해서는 VR, AR 및 메타버스 환경과의 연동도 중요하다. 나를 닮은 디지털 휴먼이 메타버스 회의실에 나타나 회의에 참석하거나, 내가 출장 중일 때 고객을 대신 응대하는 등으로 활용할 수 있다.

디지털 휴먼과 AI 기술의 결합으로 우리는 '가상의 나'와 함께 살아가는 시대에 들어선다. 지금은 브랜드의 모델이거나 고객 응대용 상담사에 그치지만, 머지않아 개인의 삶과 정체성까지도 함께 살아가는 존재로 진화할 것이다. 중요한 것은 기술 자체보다, 사회에서 어떻게 활용하고, 어느 수준까지 신뢰할 수 있지 잘 살피고, 때에 따라 규제 방안을 마련해야 한다. 진짜보다 더 진짜 같은 가상의 나, 우리는 이제 그들과 어떻게 공존할 것인가를 고민해야 할 때다.

33

소프트웨어 개발의 새로운 패러다임
클라우드 네이티브 애플리케이션

기업은 구성원의 업무 생산성을 높이고 고도화하기 위해 다양한 정보화 시스템과 업무 지원 소프트웨어 등을 운영한다. 또한 외부 고객과의 커뮤니케이션이나 서비스 제공을 위해 웹이나 앱을 운용한다. 이같이 기업 애플리케이션을 구축하고, 운영할 때 클라우드 네이티브 방식을 이용하면 기업이나 사용자 모두에게 가치 있는 일이다. 기업이 직접 데이터센터에 서버와 자원을 구축해 관리하는 온프레미스 애플리케이션 방식보다 유지보수와 운영관리 측면에서 실보다 득이 크다.

개인 맞춤 서비스에 최적화

2006년 아마존이 AWS를 출시하면서 클라우드의 초석을 다진 후 2013년 소프트웨어를 클라우드 환경에서 최적화된 방식으로 설계하고 구축하는 접근 방식인 클라우드 네이티브 cloud native 개념이 등장했고, 2015년부터 클라우드 네이티브 애플리케이션의 표준화가 시작되었다. 2010년대 후반부터 대기업과 스타트업이 클라우드 네이티브 애플리케이션을 본격 채택하면서 대중화의 물꼬가 트였다.

2020년대부터 클라우드 네이티브 애플리케이션은 기술적 진화와 함께 보편화되어 사용자에게 더 나은 편의성과 성능을 제공하고 있다. 특히 사용 고객과 사업자의 글로벌화로, 시스템의 효율성, 확장성, 유연성을 위해 클라우드 네이티브 애플리케이션의 필요성이 커지고 있다. 클라우드 네이티브 애플리케이션은 빠르고, 뛰어나며, 안정적인 시스템과 개인화된 맞춤 서비스를 경험할 수 있는 등의 네 가지 대표적인 장점이 있다.

기업이 자체 시설에서 보유하고 직접 유지와 관리를 하는 온프레미스on-premises 방식의 시스템 운영은 기업이 직접 물리적인 자원을 구축하고 운영해야 한다. 모든 시스템을 100% 통제할 수 있어 초기 구축에 비용이 드는 반면, 보안과 운영의 자유도가 높다는 장점은 있다. 하지만 고객이 점차 늘고, 특히 글로벌 사용자로 확산될 경우 시스템의 구축과 설치, 운영에 들어가는 비용이 늘어나며, 메인 사업의 투자가 줄어드는 등 주객이 전도될 수 있다.

반면 클라우드 네이티브 애플리케이션은 전 세계에 이미 구축되고 규모화된 클라우드의 자원을 유연하게 활용할 수 있어 이 같은 부담에서 벗어날 수 있다. 또한 실제 고객이 물리적으로 이용하는 장소 인근에서 시스템을 운영할 수 있어 더 빠른 서비스를 제공할 수 있다. 즉 물리적으로 가까운 서버에서 더 빠른 시스템의 운영을 통해 사용자에게 웹사이트나 앱의 로딩 시간을 줄여 전반적인 만족도를 높인다.

또한 클라우드 네이티브 접근 방식에서는 개발과 배포가 빠르게 이루어지기에 새로운 기능이 수시로 업데이트되어 최신 성능의 서

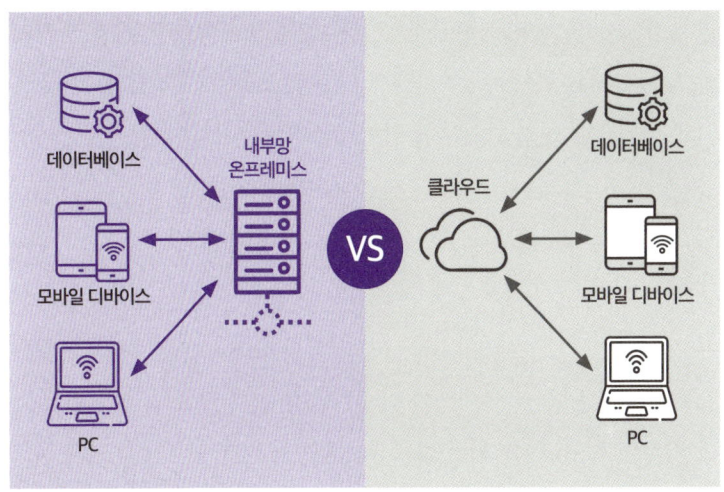

보안을 위한 내부 네트워크에 위치한 온프레미스와 개방형 구조의 클라우드 시스템.

비스를 제공받을 수 있다. 사용자 입장에서는 끊김이 없이 지속적으로 발전하는 서비스를 접할 수 있는 것이 큰 장점이다. 물론 시스템의 보안이나 해킹 등의 이슈가 있어도 안정적으로 운영할 수 있다.

　클라우드 네이티브 애플리케이션은 장애가 발생하더라도 서비스의 일부만 영향을 받기 때문에 전체적인 사용자 경험에는 큰 문제가 발생하지 않는다. 서비스가 중단되는 상황을 최소화할 수 있으며, 이는 사용자에게 안정적인 서비스를 제공하는 중요한 요소가 된다. 사용자는 언제 어디서나 문제없이 서비스를 사용할 수 있어 신뢰가 높아진다.

　마지막 가치는 개인화된 경험 제공이다. 클라우드 네이티브 환경에서는 복잡한 사용자 데이터를 분석하여 개인 맞춤형 서비스를 제공하는 것이 더 용이하다. 사용자의 선호도와 행동을 기반으로 한 맞춤형 추천이나 알림을 개인의 다양한 디바이스와 채널을 통해 받을 수 있어, 개별 사용자가 자신에게 적합한 경험을 제공받을 수 있다. 이는 서비스에 대한 만족도를 더욱 높이는 요소가 된다.

클라우드 네이티브는 단순히 기술적인 선택을 넘어 기업이 고객에게 더 나은 가치를 빠르게 제공하기 위한 전략적 혁신이다. 민첩하고 유연하며 비용 효율적이면서도 안정성을 갖춘 서비스 개발 환경은 급변하는 디지털 경제에서 기업이 살아남고 성장할 수 있는 중요한 기반이 된다. 이를 위한 필요충분조건이 바로 클라우드 네이티브 애플리케이션이다.

개발과 기업 관점에서의 효율성과 효과성

클라우드 네이티브 애플리케이션의 구축하는 기업은 어떤 가치가 생길까? 기업은 늘 빠르게 변화하는 시장 요구와 개별 고객의 다양한 요구사항에 맞는 서비스를 제공해야 생존할 수 있다. 클라우드 네이티브 애플리케이션을 도입하면 효율과 효과 두 마리 토끼를 쫓을 수 있다. 더불어 유연한 확장성, 빠른 시장 대응, 비용 효율성, 가용성을 보장한다.

클라우드 네이티브 애플리케이션은 자동으로 수평적으로 확장할 수 있다. 전통적인 온프레미스 환경에서는 서버 자원을 추가하거나 축소하는 게 시간과 비용이 많이 드는 작업이지만, 클라우드 환경에서는 이 과정을 자동화하여 서비스의 부하에 따라 자원을 동적으로 할당할 수 있다. 이를 통해 기업은 고객의 급격한 수요 변화에도 원활하게 대응할 수 있다.

사업 운영을 위한 시스템 개발과 배포의 속도가 획기적으로 빨라진다. 클라우드 네이티브 개발 방식은 컨테이너, 마이크로서비스, CI$^{\text{continuous integration}}$(지속적 통합)/CD$^{\text{continuous deployment}}$(지속적 배포) 파이프라인과 같은 현대적 기술을 활용하여 애플리케이션의 개발, 테스트, 배포를 자동화하고 단순화한다. 특히 CI/CD는 코드를 자주 통합하고 테스트하면서 오류를 조기에 발견한다. 이후 자동으로 배포까지 해 개발의 품질과 속도를 동시에 높이는 중요한 자동화 프로세스다. 이를 통해 새로운 기능을 사용자에게 빠르게 제공하고, 오류를 신속히 수정할 수 있다. 덕분에 개발팀은 새로운 기능을 빠르게 시장에 출시하고, 고객 피드백을 즉각 반영할 수 있다. 이는 기업에 중요한 경쟁 우위를 제공한다.

또 전통적인 서버 기반의 애플리케이션은 초기에 많은 하드웨어 비용과 유지 관리 비용이 필요하다. 반면 클라우드 네이티브 접근은 '사용한 만큼만 지불한다'는 특성이 있어, 초기 투자 부담을 줄이고, 비즈니스 요구에 맞추어 비용 구조를 최적화할 수 있다. 특히 비용 외에 발빠른 대응이 가능하다는 점도 큰 강점이다. 전통적 방식의 시스템은 구축, 유지, 운영 등에 비용뿐 아니라 절대적 시간이 필요하지만, 클라우드 방식은 즉각 대응이 가능하다는 강점이 있다.

마지막으로, 클라우드 네이티브 애플리케이션은 마이크로서비스 아키텍처를 통해 작은 단위로 독립적이고 자율적으로 실행되며, 각 서비스가 문제를 일으켜도 다른 서비스에 영향을 최소화한다. 장애가 발생하더라도 빠르게 복구할 수 있으므로 서비스의 가용성과 안정성을 유지할 수 있다.

이처럼 클라우드 네이티브는 기업에 민첩하게 시스템을 확장, 운영, 관리할 수 있게 한다. 즉 회사의 전략적 대응과 변화관리를 신속하게 시스템에 반영하도록 돕는다.

구축 방안과 개발 운영 시 유의점

클라우드 네이티브 애플리케이션을 실제로 시스템에 적용하기 위해서는 올바른 개발 방법론과 구축 준비가 필요한데, 실제로 시스템에 적용하기 위해서는 몇 가지 중요한 구축 방안과 개발 운영 시 유의사항이 있다.

첫째, 기존 시스템과의 통합이다. 점진적인 전환 전략을 사용하여 기존 시스템을 마이크로서비스로 분리하거나 하이브리드 클라우드 접근을 통해 점진적으로 클라우드로 이전하는 것이 바람직하다. 이를 통해 기존 시스템을 갑작스럽게 대체하는 리스크를 줄이고, 안정적으로 전환할 수 있다. 오랜 기간 온프레미스 시스템으로 운영해 오던 기업은 특정 영역에서 부분적으로 클라우드로 전환하면서 기존 시스템과의 점진적인 통합화 작업을 수행하기도 한다.

둘째, 데이터 마이그레이션이다. 기업의 시스템 전환은 기존에 운영해 오던 서비스를 중단하거나, 전혀 다른 모습과 경험으로 180도 바꾸어 제공해서는 안 된다. 최대한 기존 서비스와 데이터의 연장 선상에서 이어져야 한다. 그렇기에 시스템 전환 시에는 기존 데이터의 무결성 유지가 중요하다.

또한 데이터 등의 전화 과정에서 발생할 수 있는 데이터 손실을 방지하기 위한 백업 및 복구 전략이 필요하다. 데이터 이전은 단계적으로 진행하며 철저한 테스트와 검증을 통해 오류를 최소화해야 한다.

셋째, 클라우드 비용 관리다. 클라우드 네이티브 애플리케이션은 사용한 만큼 비용을 내는 방식이라 초기 구축 비용이 거의 들어가지 않는다. 하지만 서비스를 확장할수록 구축비를 웃돌 만큼 비용이 급격히 증가할 수 있다. 그렇기에 클라우드로 전환할 때는 장기적인 운영비 등 종합적인 시뮬레이션을 해야 한다.

지속적으로 비용을 절감하기 위해 불필요한 리소스를 자동으로 정리하고, 비용 모니터링 도구를 사용하여 클라우드 비용을 최적화하는 인력과 조직에 대한 고려가 필요하다. 이를 통해 비용 대비 성능을 극대화할 수 있다.

넷째, 보안과 컴플라이언스다. 클라우드 네이티브 환경에서는 다양한 데이터 흐름과 서비스 간의 상호작용이 일어나므로, 보안 정책을 명확히 하고 컴플라이언스 요구사항을 준수해야 한다. 서비스 간 인증, 데이터 암호화, 네트워크 보안 등을 강화하여 보안 사고를 예방하고 규정을 준수해야 한다.

사실 많은 기업들이 이 좋은 클라우드로의 전환을 꺼리는 대표적 이유 중 하나가 보안 문제다. 자체 시스템이 아닌 클라우드에 기업의 주요 내부 데이터와 고객 정보를 기록해야 한다는 것이 큰 걸림돌이다. 클라우드와의 연동은 기업 내 데이터들이 클라우드 시스템으로 전송한다는 것이 전제되기 때문에 온프레미스 방식보다 더 보안 정책 마련과 이의 운영을 위한 준비가 필수다.

이러한 구축 방안과 유의사항을 고려함으로써 클라우드 네이티브 애플리케이션을 성공적으로 개발하고 운영할 수 있으며, 기업은 변화하는 시장과 고객 요구에 민첩하게 대응하게 된다.

테크 기업이 아닌 일반 전통 기업은 이러한 클라우드 네이티브 애플리케이션으로의 전환 시에 고려하고 대비해야 할 사항들이 많아 클라우드 전환에 대한 컨설팅 업체의 도움을 받아 진행하는 경우가 일반적이다. 전환 과정에서 고려해야 할 사항과 비용이나 운영 측면에서의 대비책과 비용 효율성을 높이기 위한 방안 등을 철저하게 분석해야 전환의 성공률을 높일 수 있다.

34

초개인화, 초자동화, 초지능화
비즈니스 AI 에이전트 BAA

생성형 AI 기술의 발전으로 전략, 기획, 법무, HR, 재무, 마케팅 등 여러 업무 영역에서 AI 에이전트를 통해 업무의 생산성을 높일 수 있을 것으로 기대된다. 이는 초개인화, 초자동화, 초지능화라는 세 가지 주요 기대 효과를 가져올 수 있다.

LMM으로 인한 초개인화

업무를 도와주는 솔루션이나 RPA 툴은 모든 사용자에게 최적화해서 제공하기 어렵다. 회사 차원에서 ROI$^{return\ on\ iInvestment}$(투자 대비 수익률)를 고려해 도입 영역을 선택해 구축하고, 개발, 운영해야 한다. 그만큼 비용과 시간이 들기 때문에 대상 영역을 모든 개인에게 맞출 수가 없다. 반면 AI 기반의 BAA$^{business\ AI\ agent}$ 툴은 모든 개인의 업무 특성에 맞게 개인화가 가능하다는 강점이 있다.

예를 들어 삼성 SDS의 브리티코 파일럿$^{Brity\ Copilot}$은 이메일 작성, 데이터 분석, 문서 작성과 같은 일상 업무를 신속하게 처리하도록 지원하며, 자연어 처리를 통해 사용자의 의도를 이해하고 최적의 결과를 제시한다. 기존의 업무용 솔루션처럼 따로 업무 특성에 맞게 구축하고 개발할 필요가 없기에 개인이 일상적으로 수행하는 업무에 스며들어 반복적이고 소모적인 작업 시간을 줄여준다.

법무팀의 계약서 작성이나, HR의 면접 결과 통보 메일, 마케팅팀의 지난 분기 프로모션 결과 분석 등 다양한 업무별로 일괄 대응이 가능하다. 심지어 개별 구성원들의 업무 내역이 모두 달라도 AI 에이전트를 작업별로 활용할 수 있다.

마이크로소프트 코파일럿은 윈도우와 오피스에 탑재되어 사용자의 이전 작업 내역과 패턴을 분석하여 개인화된 추천을 제공한다. 윈도우11에는 리콜 기능이 제공되어, 5초마다 PC의 모든 작업을 스냅샷으로 기록한다. 이 데이터를 기반으로 채팅 앱에서 대화를 나눈 메시지나 웹으로 검색해 봤던 모든 페이지, 열어 본 파일에 대한 정보 등을 AI로 검색할 수 있다. 이는 AI가 글이 아닌 화면을 인식하고 이해할 수 있다는 의미다.

그 외에도 개인화를 가능하게 하는 AI 기술로는 메타의 대화형 AI 블렌더봇BlenderBot이 있다. 사용자의 질문이나 요청을 지속적으로 학습하고, 개인화된 응답을 생성한다. 사용자의 대화 맥락을 깊이 있게 파악하고, LTM을 결합하여 사용자의 필요에 맞춘 최적의 결과를 제공함으로써 초개인화를 실현하고 있다.

이러한 기술은 개인의 업무 스타일에 맞는 맞춤형 솔루션을 제공해, 사용자가 더 빠르고 효율적으로 업무를 수행할 수 있게 한다. 이를 통해 기업은 각 직원이 가진 역량을 최대한 발휘할 수 있는 환경을 조성하고, 궁극적으로는 조직 전체의 생산성과 경쟁력을 크게 향상할 수 있다.

이 같은 초개인화를 적용할 수 있는 핵심기술 중 하나가 LLM이다. LLM은 방대한 데이터셋을 학습하여 인간의 언어를 이해하고 생성하는 능력을 갖춘 모델로, 사용자의 의도를 깊이 있게 파악해 맞춤형으로 대응할 수 있다. 이전에 수행한 업무 기록, 이메일, 문서 내용 등을 분석해 사용자의 선호도와 업무 스타일을 학습하며, 이를 바탕으로 개인화된 솔루션을 제공한다.

오픈AI의 GPT-4나 구글의 팜^{PaLM} 같은 모델은 자연어 처리와 생성 능력을 활용해 사용자에게 필요한 정보를 실시간으로 제공하고, 복잡한 질문에도 정확하게 답변할 수 있다. BAA는 LLM 기반 기술 덕분에 사용자 개개인의 업무 특성에 맞춘 최적의 결과를 제시하며 초개인화를 실현하고 있다.

또한 LTM$^{long\ term\ memory}$도 초개인화에 기여한 기술이다. 사용자와의 다양한 대화 내역을 장기간 기억하고 분석해, 선호도와 과거의 행동 패턴을 이해하는 데 도움을 준다. 이를 통해 AI는 더 개인화된 솔루션을 제공할 수 있으며, 사용자가 이전에 논의한 주제나 과업을 지속적으로 기억하고 반영해 더욱 정교하게 맞춤형 지원을 할 수 있다. 챗GPT는 LTM 기능으로 사용자와의 지속적인 대화 흐름을 유지하고, 기존의 대화 내용을 기반으로 개인별 상황에 맞게 필요한 정보를 제공한다.

업무 시간을 단축하는 초자동화

초자동화는 모든 업무 프로세스를 자동화하고 최적화하여 운영 효율성을 극대화한다. 기술적 배경에는 LAM과 랭체인$^{language\ chain}$ 등이 있다. LAM은 대규모 데이터셋을 학습하여 다양한 액션을 수행할

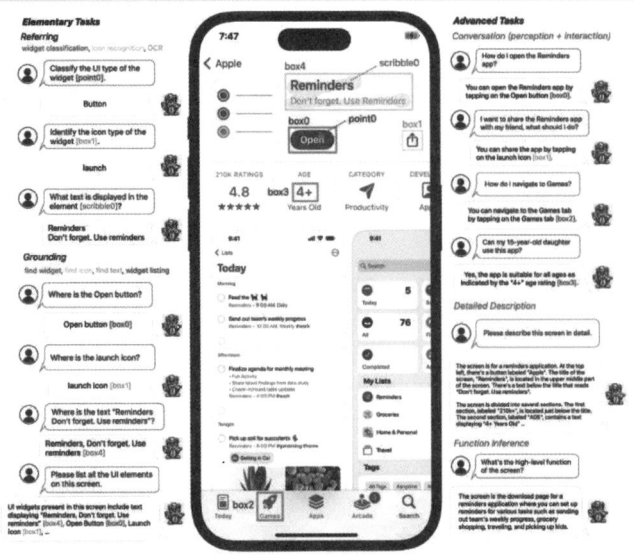

애플의 패럿-UI. (출처 : 애플)

수 있는 모델로, 단순한 언어 처리 능력을 넘어 실제 업무 수행에 필요한 복잡한 작업을 자동화할 수 있다. 랭체인은 여러 단계의 작업을 연결하여 실행할 수 있는 기술로 각 단계에서 최적의 결정을 내릴 수 있도록 지원하며, 이를 통해 복잡한 비즈니스 프로세스의 자동화가 가능하다.

애플은 2024년 말 아이폰의 제한된 메모리와 리소스에서 실행 가능한 경량화된 LLM에 대한 연구 논문과 짧은 비디오에서 3D 아바타 애니메이션을 생성할 수 있는 헉스HUGS, human-generated unique animation기술을 발표했다. 또한 애플이 발표한 MLLMmultimodal large language model인 패럿-UIFerret-UI는 스마트폰의 화면을 이해하고 사용자 지시에 따라 스마트폰을 사람 대신 작동할 수 있다. 아이콘과 텍스트 메뉴를 인식하고 사람의 명령에 담긴 의도를 인식해서 앱을 실행해 대신 화면을 조작한다. 일종의 LAM으로, 이러한 AI가 PC나 스마트폰에 탑재되면 키보드, 마우스, 손가락 터치를 이용해 기기를 조작하던 기존의 작동 방식에 일대 혁신이 일어날 것이다. 이러한 기술이 업무 현장에 도입되어 BAA의 완성도를 더욱 높이고 있다.

삼성 SDS의 브리티 오토메이션Brity Automation은 RPA와 AI 기술을 결합해 다양한 시스템과 애플리케이션 간의 데이터를 연동하고 복잡한 비즈니스 로직을 자동화하는 데 중점을 두고 있다. 금융 서비스 기업에서 수많은 데이터를 신속하게 처리하고, 실시간으로 고객에게 맞춤형 서비스를 제공하는 등 효율성을 높이는 사례가 늘고 있다.

마이크로소프트 코파일럿이나 구글의 듀엣 AIDuet AI 등 해외 주요 기술 기업도 업무 자동화 및 협업 솔루션 시장에서 하이퍼오토메이션hyperautomation(다양한 기술, 도구, 플랫폼을 활용해 많은 작업과 프로세스를 자동화하는 것)을 적극적으로 도입하고 있다.

이러한 솔루션은 각각의 플랫폼에서 사용자가 더 직관적으로 업무를 수행하도록 돕는 AI 기능을 제공한다. 코파일럿은 엑셀에서 복잡한 데이터 분석을 수행하고, 워드에서 문서를 자동으로 작성하도록 돕는 등 사용자의 업무 부담을 줄이고 생산성을 극대화한다. 줌이나 웹엑스Webex, 팀즈의 AI 기능은 비대면 회의 이후 자동으로 회의록을 작성해 주는 것은 물론, 자동 번역과 통역, 미팅에서 놓친 내용을 Q&A로 알려주는 등 회의 보조 기능을 제공한다. 이렇게 다양한 업무에 도움을 주는 BAA는 단순한 업무 보조 도구가 아니라 기업 경쟁력을 높이는 전략적 자산으로 자리 잡고 있음을 시사한다.

업무 프로세스의 초지능화

BAA는 단순히 반복 작업을 줄이는 것을 넘어 조직 내 업무 프로세스 초지능화의 가능성을 열었다. BAA는 문제를 여러 단계로 나누어 생각하고, 각각의 단계에서 최적의 선택을 제시하기에, 추론모델을 복잡한 재무 분석이나 법률 자문과 같은 고도화된 업무에 적용할 경우, 사람이 해결하는 것보다 더 나은 결과를 낼 수 있다.

제조업 분야에서는 AI 기반의 지능화 솔루션을 통해 생산 라인을 최적화하고, 실시간 데이터를 분석하여 문제를 예방하는 등의 방식으로 더 나은 품질 관리를 할 수 있다. AI가 탑재된 자동차는 도로 위의 포트홀을 사람보다 먼저 인식해 타이어 파손이나 차량 전복 등의 사고를 예방할 수 있게 회피 혹은 속도 조절을 하고, 이 포트홀의 위치를 후방 차량에 전달하고, 도로관리청 등에 자동 신고할 수 있다.

특히 최근에 발전한 COT(연쇄 사고) 기술은 사람이 하는 일련의 사고 과정을 모방하여 AI가 문제를 논리적으로 분석하고 최적의 솔루션을 도출할 수 있다. 기존의 LLM이 인간이 할 수 있는 일을 인간보다 더 빨리 하는 것에 최적화되었다면, COT는 인간도 하기 어려운 것을 더 잘할 수 있게 한다. 이러한 기술의 발전은 AI가 추론 과정을 통해 사용자에게 더 나은 의사결정을 지원할 수 있는 환경을 제공한다는 점에서 의미가 크다.

예를 들어 챗GPT o1 같은 추론 모델은 기존의 LLM보다 복잡하고 난해한 문제를 해결할 수 있다. 특히 수학, 코딩, 과학 분야에서 박사 수준의 능력을 갖췄고, IQ도 120점 정도로 평가받고 있다. 새로운 암 치료제 개발이나 혁신적인 배터리 기술 개발, 인류가 풀지 못한 과학, 수학 문제와 각종 가설의 증명 등에 뛰어난 성과를 보인다. 하지만 복잡한 절차를 거쳐서 문제 해결 방안을 찾다보니 리소스를 많이 소모하고 속도가 느리다는 단점이 있다.

BAA의 삼두마차, LLM, LMM, LAM

BAA의 초개인화, 초자동화, 초지능화 시대가 머지않았다. 이를 가능하게 하는 기술이 바로 AI 모델의 삼두마차인 LLM, LMM, LAM이다. 기존처럼 반복업무를 자동화하는 것을 넘어, 더 나은 효율성과 효과성을 도모하는 데 중점을 두고 있다. 온디바이스 AI와 COT 등의 기술이 고도화되면서 보다 완벽한 BAA가 우리 앞에 성큼 다가오게 된 것이다.

이미 미국에서는 다양한 스타트업이 BAA 솔루션을 개발하고 있으며, 대형 금융 기업 JP모건과 헬스케어 기업 유나이티드헬스그룹 UnitedHealth Group은 이미 AI 에이전트를 도입해 반복적인 행정 업무를 자동화하고, 고객 맞춤형 서비스 제공을 강화하고 있다. 또 많은 기업이 이를 도입하여 업무 효율성을 극대화하고 있다. 대표적인 사례로는 기업용 자동화 솔루션을 제공하는 유아이패스UiPath와 오토메이션애니웨어Automation Anywhere가 있으며, 이들은 AI와 RPA를 결합하여 다양한 업무 프로세스를 자동화하고 있다. 스타트업 코그니기Cognigy는 자연어 처리 기반의 AI 에이전트를 통해 고객 지원과 같은 반복적인 업무를 지능적으로 처리할 수 있도록 돕고 있다.

국내 기업도 BAA를 도입해 생산성과 업무 성과를 극대화해야 한다. 단순한 업무 자동화를 넘어 AI는 이제 기업 경쟁력의 핵심 동력으로 자리 잡고 있으며, 이를 적절히 활용하는 기업이 미래 시장에서 우위를 점할 것이다.

35

AI 시대에 더욱 중요한
사이버 보안

생성형 AI 시장의 대두는 보안 측면에 있어 양면의 동전처럼 위기와 기회를 반복한다. LLM은 학습하는 과정에 수집되는 훈련 데이터를 조작하거나 편향 데이터를 주입할 수 있다. 또 기업 내 데이터에 무분별하게 접근하고 API를 통해 AI가 민감한 자원을 탈취하는 등의 문제를 일으킬 수 있다. 반대로 이상 행동을 24시간 모니터링하고, 다양한 소스를 통해 침투하는 해킹을 탐지할 수 있으며, 보안 전문가의 교육이나 모든 구성원 대상의 사회적 해킹에 대비하기도 한다.

생성형 AI로 인해 대두되는 보안 이슈

새로운 기술의 부상은 정과 반의 특성 모두를 보여준다. 어느 한쪽에만 치우칠 것이 아니라 양쪽을 볼 수 있어야 더 큰 가치를 모색할 수 있다. 그런 면에서 생성형 AI 기술 역시 우리 사회에 편의와 기업에 새로운 비즈니스 가치를 주는 것은 사실이지만, 생각하지도 못한 이슈를 생성할 수 있다. 그중 보안 이슈는 지난 30년간 인터넷, 컴퓨터, 스마트폰으로 인한 모바일 기술이 성장 과정에서 해킹으로 인한 사회적 문제가 늘 있던 것처럼 더 큰 사회 문제를 야기할 수 있다.

생성형 AI는 LLM모델로 운영되고, LLM은 사전에 학습을 시켜서 개발한다. 그런데 LLM에 인입되는 훈련 데이터를 직·간접적으로 조작해 AI가 향후 콘텐츠를 생성할 때 악의적 의도로 모델의 성능이나 윤리적 행동을 저하시킬 수 있다. 기업의 중요한 의사결정 과정에서 잘못된 데이터로 학습한 AI가 악의적으로 답변하면 심각한 문제를 초래할 수 있다.

기업에서 생성형 AI 서비스를 제대로 사용하려면 LLM이 기업 내 자원과 내부 API에 접근할 수 있도록 허용해야 한다. 그러나 이 과정에서 AI의 접근 권한을 남용해 악의를 가진 해커가 기업 내부로 침투할 수 있다. 문제는 일반인도 고난도의 기술 없이도 해킹할 수 있다는 점이다. LLM을 악성 코드를 개발하는 데 사용하면 기존의 보안 솔루션을 우회하거나 무력화할 수 있다.

또한 LLM을 프로그래밍을 통해서 해킹하는 것이 아니라 프롬프트만으로 잘못된 내용 등을 답하도록 유도하는 것도 가능하다. 이것을 가리켜 프롬프트 인젝션prompt injection이라고 하며, 기존부터 있던 사회적 해킹의 한 종류라 볼 수 있다. 이를 피싱 공격에 악용하면 피싱 이메일을 각 개별 사용자의 프로필이나 상황에 맞게 자동으로 생성해서 수신자가 속아 넘어갈 확률이 높아진다.

게다가 다국어 지원이 가능한 경우 글로벌하게 피싱 메일을 확대할 수 있다는 우려도 있다. AI 에이전트는 대화를 통해 사람들의 신뢰를 얻고 장시간 대화를 이어가면서 필요한 정보를 빼내는 등 인간을 해킹하는 데 남용할 수 있다. 이런 접근방식은 전통적인 보안 시스템으로 탐지하기 매우 어렵다.

보안 기술의 진화에 사용되는 LLM

그렇다면 LLM은 필수악인가? 그렇지 않다. 반대로 LLM은 사이버 보안 시장에서 기술적으로 도움이 되기도 한다. AI를 이용하는 사람의 문제이지, LLM 자체가 문제는 아니다. 누가 어떤 의도로 이용하냐에 따라서 AI는 해킹에 악용될 수도, 보안에 활용될 수도 있다.

기본적으로 LLM은 보안 위협을 지능적으로 탐지하고 자동으로 대응하는 데 이용될 수 있다. 방대한 네트워크 트래픽이나 로그 데이터를 24시간 수시로 분석해서 정상적인 패턴에서 벗어나는 이상 징후를 신속하게 식별할 수 있다. 이를 통해 보안 팀이 위협을 빠르게 감지하고 대응할 수 있게 돕는다.

다크웹(마약, 음란물, 각종 범죄 관련 정보가 은밀하게 거래되는 어둠의 인터넷)은 해킹 정보나 정부와 기업의 내부 데이터까지 공유되고 거래되지만, 차단할 방법이 없어 법의 사각지대나 다름없다. 사이트의 숫자가 많은 데다 매일 생기고 없어지며, 기존의 네트워크와 달리 여러 사설망에서 운영하기에 접속 기록을 알 수 없고 추적도 어렵다. 이런 경우에 LLM을 사용하면 특정 패턴이나 데이터를 포함한 웹 사이트(다크웹을 포함)에서 벌어지는 트래픽과 이상신호를 24시간 다양한 언어로 분석하고 진단할 수 있다.

또 LLM은 해커가 아닌 보안 전문가를 도와 소스 코드나 시스템 설정에서 잠재적인 보안 취약점을 식별하고 개선하게 한다. 기존의 보안 전문가는 인터넷 상에서 벌어지는 방대한 양의 데이터를 분석하여 미묘한 패턴과 이상 징후를 감지하는 것이 리소스의 한계로 인해 불가능하다. 또한 선제적 예방보다는 사후 처방이 일반적이다. 이

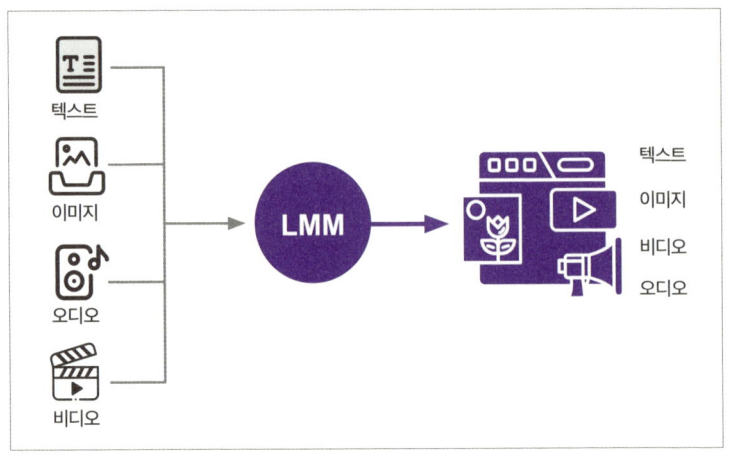

다양한 포맷의 데이터를 입·출력할 수 있는 AI 모델 LMM.

때 LLM은 기존의 보안 시스템이 탐지하지 못하는 새로운 유형의 사이버 위협을 신속하게 발견해 사전 대응할 수 있는 기회를 마련한다.

LMM은 텍스트를 넘어 이미지, 비디오 등 다양한 유형의 데이터를 분석할 수 있는데, 덕분에 네트워크 트래픽이나 사용자 행동 패턴을 기존보다 더 입체적, 종합적으로 분석하는 데 유리하다. 이와 같은 다각적인 분석 능력은 기존 보안 시스템이 단독으로 수행하기 어려운 작업을 수행한다.

LLM의 학습 능력은 시간이 지남에 따라 더욱 정교해진다. 보안 위협이 지속적으로 진화하고 변화하는 상황에서 LLM은 새로운 위협 패턴을 학습하고, 이를 기반으로 더욱 효과적인 대응 전략을 제안할 수 있다. 이는 기존의 고정된 규칙 기반 시스템과 달리, 지속적으로 업데이트되고 적응하는 능력을 갖춘 LLM이 보안 시스템에서 중요한 역할을 할 수 있음을 의미한다.

결론적으로 LLM은 사이버 보안의 필수적인 도구로 자리 잡을 수 있다. 악의적인 목적으로 사용될 가능성도 있지만, 이를 적절하고 알맞게 적용한다면 보안 환경을 획기적으로 개선하고, 안전한 디지털 환경을 구축하는 데 기여할 수 있다.

LLM을 어떻게 활용하는지에 따라 가치가 결정되며, 보안 전문가가 이를 적극적으로 활용할 수 있게 충분한 교육과 훈련이 필요하다. 기술의 진보는 곧 새로운 위협의 출현을 의미하지만, 그에 상응하는 방어 수단도 함께 발전해야 한다. LLM은 그러한 방어 수단 중 하나로, 그 역할과 중요성은 앞으로 더욱 커질 것이다.

AI로 하는 보안 교육과 안전 문화 고취

LLM의 보안 측면에서 주목할 사항은 일반 대중을 상대로 한 보안에 대한 인식 제고와 교육이다. 보안은 특정 전문가 집단만의 문제가 아니다. 이 시대를 사는 모든 직장인과 공무원, 일반 개인은 보안으로 인한 잠재적 피해자이자, 보안 의식을 갖추고 인터넷과 정보 시스템을 사용해야 할 주체다.

그런 면에서 AI, 특히 LLM을 활용하면 보안 교육을 더욱 효과적으로 추진할 수 있다. 예를 들어 LLM은 현재 하고 있는 업무나 개인의 특수성에 기인한 사이버 위협에 대한 정보를 실시간으로 분석해 맞춤형 교육 자료를 제공할 수 있다. 이를 통해 조직 내의 모든 직원이 최신 보안 동향에 대한 이해를 높이고 실제 보안 사고를 예방하는 데 도움을 받을 수 있다.

또한 AI 기반의 교육 시스템은 직원의 보안 인식을 지속적으로 향상시킬 수 있는 능력이 있다. 주기적으로 실시하는 보안 퀴즈나 시뮬레이션을 통해 직원들이 보안에 대한 경각심을 잃지 않도록 하는 등 보안 인식을 일회성이 아닌 지속적인 학습으로 이어지게 할 수 있다. 더 나아가 각자 사용하는 정보 기기의 상황에 맞춰 보안 강화를 위한 취약점 진단과 이를 위한 운영체제나 보안 업데이트 등의 처방을 할 수 있다. 조직은 보안 취약점이 악용되기 전에 신속하게 대응할 수 있어 잠재적인 사이버 공격을 예방하는 데 크게 기여한다.

결론적으로 AI 기술은 사이버 보안 시장에 새로운 도전과 기회를 동시에 제공한다. 이를 효과적으로 활용하면 보안 교육, 패치 관리, 취약점 해결, 그리고 안전 문화 고취 등 다양한 분야에서 큰 이점을 얻을 수 있다. 그러나 먼저 기술의 잠재적 위험을 인지하고, 적절한 보안 조치를 함께 마련하는 것이 중요하다. AI는 도구일 뿐이며, 이를 어떻게 활용하느냐에 따라 조직의 보안 수준이 결정된다고 할 수 있다. 따라서 조직은 AI 기술을 적극적으로 활용하면서도, 이에 수반되는 리스크를 철저히 관리해야 한다.

AI 시대의 보안은 국가 안보와도 직결되어 있다. 2025년 중국은 배터리, 태양광, 전기차 등 여러 미래 산업 분야에 괄목할 만한 성장을 하고 있다. 하지만 중국산 배터리와 태양광 인버터 속에 스파이웨어나 불법 통신장치 등이 심어져 전기차의 여러 정보를 수집하고 시스템 마비까지 위협할 수 있다는 문제를 일각에서 제기하고 있다. 이러한 백도어 프로그램은 전력망을 물리적으로 파괴하고 에너지 인프라에 손상을 주어 대규모 정전 유발도 가능하다. 그런 만큼 AI 시대의 보안은 기업을 넘어 국가의 안보를 위한 전방위적 대응이 요구되고 있다.

즉 국가 차원의 AI 인프라가 확대될수록 전력망, 교통망, 통신망, 군사체계 등 주요 사회 기반 시설이 모두 디지털로 통합되고 그만큼 공격 표면도 넓어질 것이다. 특히 AI가 자동으로 의사결정을 수행하는 시스템이 늘어나면서 단순한 정보 유출이나 해킹, AI 조작을 통한 물리적·정치적 혼란까지 유발할 수 있는 위험성이 부각되고 있다.

이에 따라 각국 정부는 AI와 연결된 디지털 설비와 기기의 공급망 보안, AI 모델의 신뢰성 확보, 자율적 방어 체계 구축 등 다양한 측면에서 대응 전략을 마련해야 한다. 한국 역시 AI 기술의 수입과 활용에만 의존할 것이 아니라, AI 기반 보안 기술의 자주적 개발과 국가 차원의 AI 모니터링 센터 설립, 사이버 보안 강화를 위한 법률과 제도 정비가 시급하다.

단순히 해킹을 막는 기술적 대응을 넘어서 AI와 연결된 모든 사회 인프라를 아우르는 AI 안보 전략 수립이 이제는 선택이 아니라 필수가 된 것이다.

36

기업의 업무 자동화

RPA와 LLM 기반 에이전트

RPA는 단순 반복 작업을 자동화하는 업무용 툴로, 직장인의 생산성을 높여준다. 하지만 회사 차원의 시스템 도입과 개발이 필요하기 때문에 누구나 사용할 수 있는 것은 아니다. 챗GPT 시대의 AI는 RPA에 날개를 달아줄 수 있을까?

RPA의 도입과 업무 생산성 향상

RPA^{robotic process automation}는 소프트웨어를 사용하여 인간이 수행하는 작업을 자동화하는 비즈니스 프로세스 자동화 기술이다. 로봇이 공장에서 사람이 하기 어려운 일을 대신하거나, 사람 옆에서 보조를 하는 것처럼, RPA는 사무 업무를 도와주는 로봇 개념이다. 당연히 업무 효율성이 높아져 생산성이 향상된다.

특히 숫자와 관련된 것은 사람이 계산기보다 정확할 수 없다. 엑셀에 숫자를 잘못 입력하거나 연산 기호를 잘못 넣어서 발생하는 문제는 나중에 바로잡기가 무척 어렵다. 단순 반복적이고 기계적인 업무에 들어가는 비용을 절감하고, 서너 시간 걸려 할 일을 몇 초만에 할 수 있어 좀 더 창의적이고 전략적인 고부가가치 업무에 집중할 수 있다.

실제 금융업에 도입된 RPA는 기존 수작업으로 하던 규칙 기반의 단순 반복 업무를 대상으로 적용해 가며 범위를 확대하고 있다. 신한금융그룹은 전 계열사가 동시다발적으로 RPA를 도입하면서 모든 업무에서 자동화를 추진하고 있다. 실제로 2017년에 대출 영역에 RPA를 적용해 서류 검토와 심사 과정을 효율적으로 한 사례가 있다. 대출 신청이 갑자기 몰리는 상황에서 RPA가 검토 시간을 줄여주어 고객에게 빠른 대출 서비스를 제공했고, 고객 만족도도 높일 수 있었다.

이밖에도 금융권에서 도입한 RPA 솔루션은 여신서류 발급대행, 공과금 지급결의, 중고차 대출한도 산정을 위한 시세 전산등록, 카드 국제 정산 등의 업무에 서류 처리와 규정 위반 확인, 각종 이메일과 SMS 발송 등의 업무를 자동으로 처리한다.

일부 업무에서는 사람이 하던 모든 일을 대신 처리하기도 한다. 고객의 계좌 잔액을 분석해서 과소비를 경고하거나, 고객에게 유리한 카드대금 납부일을 추천하고, 최저 금리의 대출 추천 등을 RPA가 사람의 개입없이 수행하기도 한다.

제조 분야에서는 공장에서 생산량이나 가동률을 모니터링하다 임계점에 도달하면 담당자에게 메일로 알람을 보내거나 자재, 생산 관리를 위해 물자 데이터를 조회하고 이를 ERP에 자동 입력하는 것 등이 RPA로 처리된다.

RPA의 한계

RPA는 마치 제2의 ERP처럼 여러 산업과 기업, 직무 분야에서 업무 생산성을 개선하는 목적으로 도입이 확산되고 있다. 하지만 모든 업무에 RPA가 적용될 수 있는 것이 아니며, 누구나 사용할 수 있는 것도 아니다. RPA가 수행할 수 있는 업무는 규칙에 기반해서 순차적으로 처리하는 일, 반복적인 업무, 구조화된 데이터의 처리에 적합하다.

특히 노동 집약적으로 대량의 데이터를 여러 시스템에 접근해서 확인할 때 그 진가가 발휘된다. 특정 시스템에 로그인해서 업데이트된 데이터 값을 복사해서 애플리케이션을 실행해 붙여넣기하고, 기존 데이터값과 비교해 특정 조건에 해당할 경우 약속한 기준에 의거해 자료를 정리해 파일을 생성해 이메일로 전송하는 일련의 작업을 RPA로 처리할 수 있다.

이처럼 데이터베이스에서 정보를 읽고 쓰거나, 시스템에 접속해 데이터를 추출하고, 웹이나 이메일 내에 있는 숫자나 텍스트 데이터를 추출하는 등의 컴퓨터로 처리하는 기계적인 업무들을 RPA로 대신할 수 있다. 이런 업무는 대개 ERP, SCM 등의 사내 인트라넷 시스템과 각종 데이터베이스, IT 시스템 그리고 이메일, 엑셀, 웹, 앱 등을 확인하고, 입·출력되는 정보를 기반으로 한다.

그러다 보니 RPA를 사내 도입하기 위해서는 준비할 것들이 많고, 특정 업무 영역에서 제한된 사람들만 사용할 수 있다. 그 좋은 RPA를 누구나 사용할 수는 없는 것이다. 그것이 RPA의 최대 단점이자 한계다.

하이퍼오토메이션 시대

그런데 생성형 AI 기술이 RPA 사용범위를 넓힌다. 인간의 언어로 학습한 AI는 사람 말을 잘 알아듣다 보니, 사용자가 별도의 사용법을

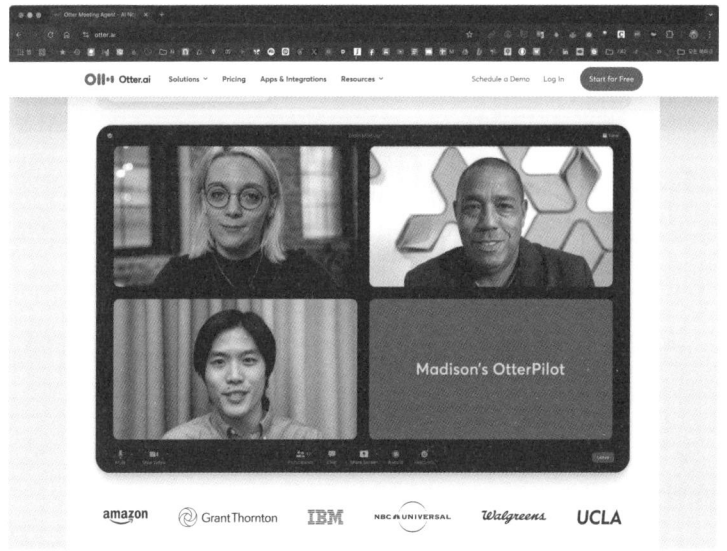

회의를 요약하고 회의록을 생성해 주며, 자동 번역과 회의 이후 해야 할 업무들을 정리해 주는 오터 AI. (출처 : 오터)

익힐 필요가 없다. 날 것으로 내가 필요로 하는 것, 원하는 것, 최종적인 산출물을 자연어로 질문하고 명령을 내리면 찰떡같이 알아듣고 답을 제시한다. 챗GPT, 미드저니, 런웨이 AI$^{Runway AI}$, 투미, 코파일럿 등의 각종 생성형 AI 서비스는 엑셀, 파워포인트, 포토샵, 캠타샤 Camtasia, 틱톡TikTok 등의 소프트웨어나 인터넷 서비스와 달리 별도의 사용법을 익힐 필요가 없다. 프롬프트 창에 원하는 것을 요구하면 산출물이 생성된다. 심지어 내가 사용하면 할수록 대화 이력과 각종 개인정보와 데이터가 쌓이면서 품질이 좋아진다. 즉 내게 최적화된 집사가 생기는 셈이다.

생성형 AI가 할 수 있는 것은 작문, 번역, 요약, 수학 문제 풀이, 그래프 분석 등 다양하다. 특히 잘하는 것은 프로그래밍 코딩이다. 이러한 기능은 회사 업무에도 큰 도움이 된다. 회의록을 요약하고 정리하거나, 여러 개의 문서를 통합해 핵심 메시지를 도출하거나, 각종 데이터와 그래프에 대한 시사점을 분석하는 것도 가능하다. 정확도를 높이기 위해서 내가 할 일은 근거 데이터를 충분히 확보하고 좋은 프롬프트를 준비하는 것뿐이다. 프로그램 사용법을 익힐 필요도 없고, 따로 거창한 시스템을 도입할 필요도 없으며, 솔루션을 구축하지 않아도 된다. 이것이 바로 하이퍼오토메이션이다. 자동화를 위한 RPA가 생성형 AI 덕분에 초자동화를 구현하게 된 것이다.

기존 RPA는 정해진 규칙 아래에서만 운영되고 RPA에서 제공하지 않는 기능은 사용할 수 없지만, 생성형 AI 기반의 RPA는 모두의 요구 사항을 이해하여 자동화된 작업 수행이 가능하다. 삼성SDS도 생성형 AI 기술을 RPA에 접목해 하이퍼오토메이션을 구현한 플랫폼 패브릭스FabriX를 공개했다. 앞으로 RPA는 AI와 결합해 누구나, 어떤 업무에서든 자동화 업무를 효율적으로 사용할 수 있을 것이다.

업무 자동화와 AI와의 코웍

그렇다면 생성형 AI로 구현된 초자동화 업무 시스템은 누구에게나 최고의 툴이 될 수 있을까? RPA나 생성형 AI 기반의 하이퍼오토메이션 시스템을 실제 업무에 활용해 성과를 내는 것은 개인의 역량이지, 도구 자체에 있는 것이 아니다. 저절로 이 도구가 업무 생산성을 높여주는 것이 아니다. 생성형 AI가 적용된 자동화 시스템은 더 많은 일을 사람을 대신해서 할 것이다. 그렇다면 사람은 무엇을 해야 할까?

AI는 일을 잘 처리할 수는 있어도 새로운 일을 만들어 낼 수는 없다. 생성형 AI는 정의한 일을 정확하게 해결하지만 스스로 문제를 정의하지는 못한다. 어떤 것을 AI로 처리할지, 어떤 과제를 검토할지, 어떤 일을 고민할지 등 새로운 업무에 대한 선택은 인간만이 할 수 있는 고유의 영역이다. AI에 인간의 일을 맡기면 할 일이 없어지는 것이 아니라, AI가 고난도의 상위 업무를 하는 것이다. AI에 어떤 일을 대신하게 할지, 어떤 과제를 검토하게 할지 등이 더 큰 부가가치를 창출할 수 있는 일이다.

보다 창의적인 일을 해내려면 결국 AI에 더 많은 일을 맡겨야 한다. 어떤 것이 단순 반복적이고 기계적인 일인지를 끊임없이 찾아내 AI로 자동화해야 한다. 그러려면 두 가지 일하는 습관이 필요하다.

첫째, AI가 대신한 일을 들여다보고, 어떤 개선점이 있을지 찾아내는 노력이 필요하다. AI에 맡겼다고 완전하게 처리되지는 않는다. AI는 이미 정의한 일을 규칙적으로 수행할 뿐 그 안에서 더 개선하는 방안을 스스로 찾지는 못하기에 사람이 찾아야 한다. 사람이 업무의 프로세스와 순서, 규칙을 수정하고 보완해 줘야 AI의 능률이 향상된다.

둘째, AI로 시킬 수 있는 일, 자동화할 수 있는 과제를 계속 발굴해야 한다. AI 솔루션도 진화하고 발전하면서 업그레이드되기 때문에 AI가 할 수 있는 일이 새롭게 보일 수 있다. 그런 일을 찾아 AI에 맡기고 우리는 새로운 일을 찾아 나서야 하는 습관이 필요하다.

이처럼 AI의 도입으로 인해 우리 일하는 문화가 바뀐다. 바뀌지 않으면 AI가 우리 일을 대신하고 우리는 더 이상 일이 없어질 수 있다. 또한 개인의 일하는 습관을 넘어 함께 일하는 문화도 바뀌어야 한다.

# 37

앱에 스며들어 가는
AI 응용기술

첨단 AI 모델이 있다고 해도 사용자가 자주, 오래, 자연스럽게 사용할 만큼의 '생활 속 침투'가 일어났는지가 핵심이다. 사용자 일상에 녹아드는 과정에는 기술의 성숙뿐 아니라 사용자 경험의 설계, 플랫폼 생태계의 구축, 원천기술의 성능이 뒷받침되어야만 한다. 마찬가지로 지금의 AI 역시 그 출발점은 원천기술이었다. GPT, BERT, T5 같은 모델이 기술적 토대를 만들었고, 성능은 갈수록 높아졌다. 학습 비용은 낮아지고, API로 쉽게 연동할 수 있는 구조가 등장하면서 응용서비스의 개발 장벽도 크게 낮아졌다. 이제는 이 AI 원천기술을 활용해 실질적인 사용자 가치를 창출하는 응용기술 단계로 접어든 것이다.

AI 응용 서비스의 폭발

최근 AI 응용 서비스가 폭발적으로 증가하고 있다. AI 서비스 집계 플랫폼 There's An AI For That에 따르면, 지난 3년간 5천 개 이상의 AI 서비스가 등록되었다. 그중에서도 눈에 띄는 것은 일상과 업무에서 직접 도움을 주는 서비스가 많아졌다는 점이다.

퍼플렉시티와 라이너는 정보 탐색의 효율을 높여주고, 윔지컬 Whimsical은 아이디어를 시각화하는 마인드맵을, 라셔널 Rationale은 의사결정 시 논리 구조를 분석하는 도구를 제공한다. 감마GAMMA는 프레젠테이션을 자동으로 구성하고, 냅킨 AINapkin AI는 아이디어를 저장하고 연결하는 서비스다. 헤이젠HeyGen은 발표 영상을 만들어주고, 서클백Circleback은 회의 내용을 정리하고 할 일을 정리한다. 코딩 도구인 커서CURSOR는 개발자 생산성을 크게 높여주는 도구로도 주목받고 있다.

구글은 워크스페이스 전반에 실시간 문서 작성 보조와 요약 기능을 적용했고, 유튜브는 쇼츠에 텍스트 프롬프트로 영상 클립을 만들 수 있는 기능을 더했다. 어도비의 포토샵은 파이어플라이Firefly AI 모델을 이용해 이미지 생성과 편집을 돕고, 스냅챗은 챗봇 마이

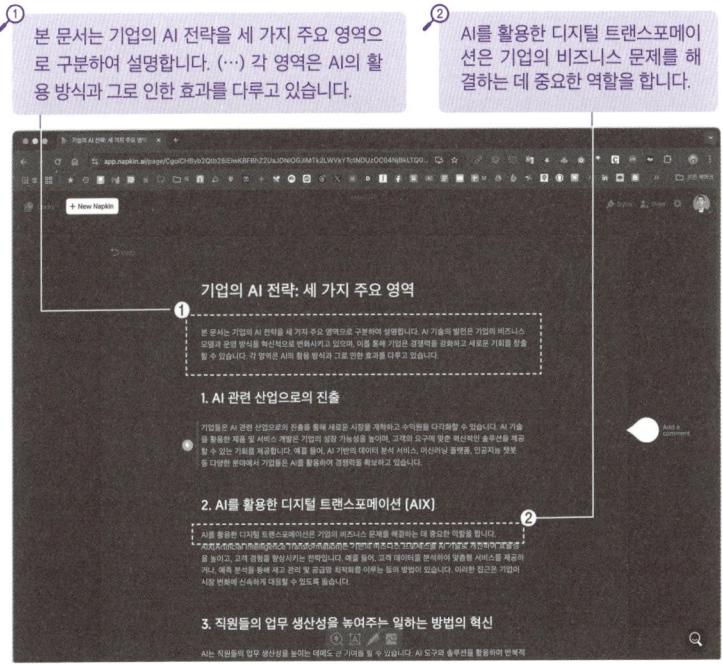

문서를 멋지게 포장하고, 아이디어 정리를 도와주는 냅킨 AI.

AI^{My AI}가 여행 추천, 선물 아이디어 등을 제공한다. 스포티파이의 AI DJ, 익스피디아의 AI 여행 플래너, 세일즈포스^{Salesforce}의 아인슈타인 GPT^{Einstein GPT}, 아마존의 쇼핑 보조 챗봇 루퍼스^{Rufus} 등 다양한 분야에서 기존 서비스에 AI 기능을 결합해 사용자 경험이 진화하고 있다.

AI 일상화의 현실화

2021년 오픈AI의 GPT-3가 공개된 이후, 생성형 AI 기술은 기하급수적으로 발전했다. 2022년에는 달리2^{DALLE 2}와 스테이블 디퓨전이 이미지 생성의 대중화를 열었고, 그해 11월 챗GPT는 대화형 AI의 대중화를 이끌었다. 스탠퍼드 AI 인덱스에 따르면 2022년에는 70여 개의 대형 AI 모델이 공개되었고, 2023년에는 GPT-4를 비롯해 그 수가 149개로 늘어나며 AI 모델의 다양성과 경쟁은 정점을 찍었다. 수많은 기업과 스타트업이 경쟁적으로 생성형 AI 기반의 서비스를 출시하며 기술을 제품화하는 경쟁에 뛰어들었다. 그 결과, 2023년 말 기준 누적 5000개가 넘는 AI 서비스가 등장했다.

2024년부터는 본격적인 전환점을 찍었다. 단순히 새로운 AI 모델이 나오는 것을 넘어서, 기존 제품과 서비스에 AI 기능이 '기본값'처럼 내장되기 시작한 것이다. 이 흐름은 사용자 경험의 패러다임 자체를 바꿔놓고 있다. AI는 문서를 쓰거나 회의할 때나 쇼핑과 여행을 계획할 때 보조자에서 동반자로 진화하고 있다. 그리고 그 AI는 더 이상 별도의 앱이 아니라, 우리가 이미 쓰고 있는 앱 안에 자연스럽게 스며들었다. 이런 흐름은 앞으로 더욱 가속화할 것이고, 당연한 기술로 받아들여질 것이다.

기술은 성숙했고, 사용자 경험은 풍부해졌으며, 기업들의 투자도 본격화되고 있다. 이제부터는 누가 더 빠르게, 더 사용성 높은 서비스를 제공하느냐가 경쟁의 핵심이다.

새로운 킬러앱의 등장이 기대되는 시점이며, AI는 이제 진짜 우리 손안의 일상으로 들어오고 있다.

38

이제는 생각하고 답한다
심화추론 AI

구글과 네이버가 검색을 대신해 준 것처럼 이제는 챗GPT로 우리 생각을 대신한다. 사람 대신 찾아주는 것을 넘어 생각하고 분석해 정보를 처리하고 답한다. 마치 스마트폰의 등장과 함께 전화번호를 외우는 능력을 잃은 것처럼, 우리는 생각하는 행위를 잃을 수 있다.

AI가 생각하는 법을 배우다

2024년 9월, 오픈AI의 o1이 공개되며 AI 기술의 흐름이 '지식의 재활용'에서 '사고의 재구성'으로 전환되었다. 같은 해 12월에는 구글의 제미나이 2.0딥 리서치가 등장하면서 '심화추론 reasoning'이라는 개념이 본격적으로 부상하기 시작했다. 2025년 1월부터는 딥시크 R1, 챗GPT o3-미니 등의 후속 모델이 연이어 등장했고, 이어 미스트랄AI의 스몰 3, xAI의 그록 3, 앤스로픽의 클로드 소네트 3.7 등이 출시되면서 추론 AI 모델 시장은 급속도로 확대되기 시작했다.

이러한 흐름은 단순히 더 똑똑한 AI가 나왔다는 것을 의미하지 않는다. 그보다 중요한 변화는 AI가 '단번에' 답을 내놓는 방식에서 벗어나, 마치 사람처럼 문제를 쪼개고 중간 과정을 설명하고 여러 가능성을 평가하는 '사고 중심'의 방식으로 진화했다는 점이다.

초기의 LLM은 사용자의 질문에 대해 '학습된 지식'을 바탕으로 가장 그럴듯한 답을 제시하는 데 집중했다. 이 접근은 효율적이지만, 복잡한 문제나 장기적 사고가 필요한 맥락에서는 신뢰성이 떨어지거나 오류가 많았다.

이에 등장한 것이 바로 연쇄 사고기법이다. 질문에 대해 여러 단계로 사고하도록 유도해, AI가 먼저 문제를 분석하고 중간 과정을 기술하며 마지막에 결론을 내리는 방식이다. 수학 문제를 푼다고 하면, AI는 단순히 답을 출력하는 것이 아니라, 문제 조건을 정리하고 단계별로 계산하며, 논리적 오류가 없는지 검증하는 절차를 밟는다. 이를 통해 AI는 단순 정보 제공을 넘어 논리적 사고와 해석 능력을 갖춘 도구로 진화하게 되었다.

AI 에이전트, 직접 행동하는 비서로

심화추론 능력을 바탕으로 AI는 단지 '생각'만 하는 도구를 넘어, '직접 행동'하는 존재로 변화하고 있다. 대표적인 사례는 오픈AI의 오퍼레이터와 앤스로픽의 CUA^{Computer Using AI}다. 이들 모델은 단순한 채팅 인터페이스를 넘어서, 실제 웹 브라우저나 컴퓨터 시스템을 조작하며 업무를 대행한다.

사용자가 "다음 달 5일에 서울에서 파리까지 가는 가장 저렴한 항공편을 찾아줘"라고 요청하면, AI는 실제 웹사이트(스카이스캐너, 대한항공 등)에 접속해 출발지와 도착지를 입력하고, 가격 필터를 적용하는 등 항공편을 검색하고 비교하는 모든 과정을 자동화한다. 심지어 이 과정에서 좌측 화면에는 '지금 출발지를 입력하고 있음', '검색 결과를 가격순으로 정렬 중' 등 AI의 '생각 흐름'을 실시간으로 보여주며, 우측에서는 실제 사이트를 클릭하고 이동하는 모습을 시각화한다.

이러한 능력은 기업의 내부 시스템에도 응용될 수 있다. 예를 들어 회계 시스템에서 연간 지출 내역을 분석하거나, 마케팅 캠페인 데이터를 기반으로 KPI 달성률을 분석하고 보고서를 작성하는 일까지 가능하다. 기존의 AI가 인간의 질문에 답하는 '대화형 도우미'였다면, 이들 심화추론 기반 AI 에이전트는 이제 '실제 일을 수행하는 디지털 동료'의 형태로 진화한 것이다. 딥시크R1은 오픈AI의 o1·o3와 비교해 저비용 고효율 구조로 되어 있어, 자원이 제한된 중소기업이나 스타트업에서도 손쉽게 AI 에이전트를 도입할 수 있는 가능성이 보인다.

이러한 기술의 확장은 곧 로봇, 휴머노이드, 스마트 디바이스 등 물리적 장치와 결합하면서 진정한 물리 세계와 연결된 AI로 확장될 수도 있음을 시사한다. 단순히 대화를 주고받는 수준을 넘어, 센서로 외부 환경을 인식하고, 상황에 맞게 행동을 조정하며, 실제 행동으로 문제를 해결하는 로봇 형태의 AI까지 그 활용범위가 넓어지고 있다.

심화추론 시대, 기업과 개인의 새로운 무기

AI의 심화추론 기능은 기업과 개인 모두에게 혁신적인 도구로 떠오르고 있다. 기업은 복잡한 비즈니스 의사결정, 다층적인 보고서 자동 작성, 고객 데이터 분석, 리스크 평가 등 다양한 업무에서 AI의 단계

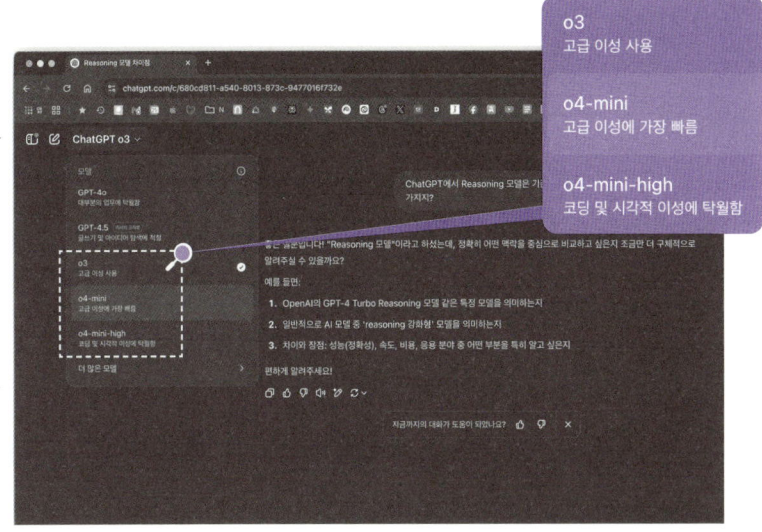

챗GPT에서 제공하는 추론 전용 모델 o1, o3, o4.

적 사고 구조를 활용할 수 있다. 금융 분야에서는 시장 리스크를 다양한 시나리오로 시뮬레이션하고, 법률 분야에서는 계약서 문구를 조항별로 분석하며 위법 가능성을 검토한다. 의료 분야에서는 환자 기록과 병증 정보를 바탕으로 진단 가능성을 단계적으로 추론하고, 필요한 경우 추가 정보를 요청하기도 한다. 이 모든 과정이 마치 인간 전문가가 사고하는 것처럼 구성되어 있어, 실제 전문가 업무의 보조자 역할을 수행하는 데 매우 적합하다.

개인 사용자들도 혜택을 누린다. AI가 단순히 "파리 여행지 추천해 줘"라고 했을 때, 랜덤한 결과 대신 여행 목적, 동행자, 예산, 기후 등 조건을 고려한 다양한 선택지를 분석하고, 그 과정까지 설명해 주면 사용자 입장에서는 훨씬 만족도 높은 결과를 얻는다. 더욱이 AI가 왜 이 결과를 추천했는지 말해주기 때문에 사용자는 AI의 논리를 이해하고 스스로 판단할 힘을 지닐 수 있다. 이러한 접근은 AI가 사고의 동반자가 될 수 있음을 보여준다.

앞으로의 AI 경쟁은 누가 더 빠르고 정확하게 생각하고, 더 유연하고, 창의적으로 문제를 해결하는가로 옮겨가고 있다. 따라서 기업은 다양한 AI 모델을 실험하고, 자사 환경에 맞는 최적의 에이전트를 구축하는 전략을 취해야 한다. 특히 각기 다른 특성과 장점을 비교하고 평가하는 전략적 기술 운용이 중요해졌다. 또한 이들 AI가 학습할 수 있는 고품질 데이터를 구축하고, 직원이 능동적으로 활용할 수 있는 역량 강화 프로그램을 마련해야 한다. 아울러 AI가 내놓는 판단 결과에 대해 검증할 수 있는 이중 안전장치와 윤리 가이드라인도 동시에 마련해야 한다.

AI는 이제 단순히 똑똑한 도우미를 넘어서, 생각하고 판단하며 행동하는 동료가 되고 있다. 그리고 그 중심에는 심화추론이라는 기술적 진화가 있다. 이를 선제적으로 도입하고 활용하는 기업과 개인이 앞으로의 AI 시대에서 생산성, 혁신성, 시장 우위를 확보할 수 있는 유리한 위치를 선점할 수 있을 것이다.

39

AI 산업의 엔진
차세대 반도체

반도체는 크게 메모리와 비메모리(시스템 반도체), 서버와 엣지 디바이스(사용자가 직접 사용하는 컴퓨터, 스마트폰 등)로 구분할 수 있다. 메모리 반도체는 한국의 삼성전자(엣지용)와 SK하이닉스(서버용)가 전 세계 시장을 지배하고 있다. DRAM 시장 점유율은 합해 거의 70%에 육박하며, 낸드 플래시 시장은 50%를 넘고, 서버용 메모리인 HBM은 90%에 달한다. 하지만 시스템 반도체는 전통적으로 인텔, AMD, 엔비디아, 퀄컴 같은 기업이 지배하고 있다. 두 반도체는 서로 보완하며 IT 산업을 견인해 가고 있다.

시스템 반도체의 미래

시스템 반도체는 메모리 반도체와 비교해 기술 진입 장벽이 높고 제품 수명이 길어 가격 변동성에 민감도가 낮다. 반면 메모리 반도체는 시장 수요와 공급에 따라 가격 변동이 크고 기술 주기가 짧아 지속적인 투자가 필요해 수익성이 상대적으로 낮다. 실제 세계 최고의 시스템 반도체 파운드리 기업인 TSMC의 2024년 영업이익률은 53%에 육박하고, 엔비디아는 60%를 넘지만, 삼성전자의 반도체 부문 영업이익률은 25%, SK하이닉스는 35%에 그쳤다. 이러한 메모리 반도체 시장에 새로운 경쟁자가 등장하고 있다. 바로 미국의 마이크론 테크놀로지와 중국의 CXMT(창신메모리테크놀로지), YMTC(양쯔메모리테크놀로지), SMIC(중신궈지) 등이다. 중국 정부는 2014년부터 수십조 원의 자금을 투입하여 반도체 육성 정책을 본격화하고 있다.

SMIC는 2023년부터 2억 7천만 달러의 보조금을 지원받아 반도체 파운드리와 메모리 반도체 사업(자회사 SGS세미)을 강화하고 있으며, 삼성전자와 SK하이닉스 출신의 엔지니어를 적극 영입하고 있다. 이러한 정책적 지원 덕분에 SMIC는 전 세계 파운드리 시장에서 TSMC와 삼성전자에 이어 3위를 차지한다. 이처럼 미·중 패권 경쟁 속에서 각국은 자국 기업의 성장과 내수 시장 활성화를 위해 DRAM$^{\text{dynamic random access memory}}$, 플래시메모리, HBM 등의 메모리 반도체 육성 정책을 적극 추진하고 있다. 이는 국내 메모리 반도체 기업에 큰 도전 과제가 되고 있다.

메모리 반도체의 경쟁 구도는 기술뿐만 아니라 생산 효율성에서도 영향을 받고 있다. 삼성전자와 SK하이닉스는 3D 낸드 기술과 차세대 HBM 설계에서 세계 최고 수준의 기술력을 보유하고 있지만, 미국과 중국의 경쟁 기업이 대규모 투자와 정책적 지원을 통해 빠르게 기술 격차를 좁히고 있다. 마이크론은 HBM4 개발을 가속하며 AI와 HPC(고성능 컴퓨팅) 시장에서 입지를 확대하고 있으며, 중국의 CXMT는 DDR5 DRAM 기술을 상용화하며 시장 점유율을 확대하려는 움직임을 보인다.

고부가가치의 시스템 반도체는 무시할 수 없는 새로운 사업 영역이다. 2000년대에는 컴퓨터와 태블릿에 탑재되는 CPU가 시스템 반도체 시장의 핵심이었다. 이후 2010년부터는 그래픽 처리와 암호화폐 채굴, AI 모델 개발을 위한 GPU가 부상했다. 최근에는 스마트폰, TV, 컴퓨터, 자율주행차, MR디바이스 등 다양한 분야에서 NPU가 이러한 흐름을 주도하고 있다. 퀄컴은 스냅드래곤8 시리즈를 개발해 스마트폰과 MR 디바이스의 AI 성능을 강화했으며, 엔비디아는 RTX 50 시리즈를 통해 컴퓨터와 노트북의 AI 성능을 강화하고, 자율주행차를 위한 토르Thor 칩셋을 제공하고 있다.

이 외에도 인텔, AMD, 여러 반도체 스타트업, 구글, 아마존, 마이크로소프트, 메타 등도 자사 AI 서비스를 바탕으로 서버용 시스템 반도체 개발에 투자하고 있다. 따라서 차세대 시스템 반도체 시장에 대비하지 못한다면, 상품화된 메모리 반도체 시장에 머무르게 되어 새로운 시장 창출에 실패할 수밖에 없다.

한국 반도체 산업의 미래는 밝을까?

한국도 반도체 산업에서 지속적인 경쟁력을 유지하기 위해서는 국가 차원의 정책 지원과 투자가 필수다. 기업은 메모리 반도체 시장에서의 원가 경쟁력과 비용 절감을 위한 생산 관리를 통해 수익성을 확보하는 동시에 시스템 반도체 투자도 병행해야 한다. 삼성전자는 이미 TV와 스마트폰에 탑재할 AI 반도체를 자체 개발하고 있으며, 리벨리온Rebellions, 퓨리오사AI FuriosaAI 등 AI 반도체 설계를 전문으로 하는 국내 스타트업도 차세대 시스템 반도체 연구 개발을 활발히 진행 중이다.

삼성의 엑시노스와 같은 프로세서는 TV와 스마트폰에서 AI 성능을 고도화하는 데 사용되고 있다. 또한 국내 AI 반도체 스타트업들은 비디오 처리, 객체 탐지, 자연어처리 등 특정 영역에 최적화된 AI

시스템 반도체를 개발하여 클라우드 사업자와 데이터센터에 공급하고 있다. 이처럼 새로운 반도체 시장에 진입할 기업이 많아질수록 정부 차원의 생태계 육성과 정책적 지원은 더욱 중요해질 것이다.

특히 일본의 소니 같은 기업이 이미지 센서 분야에서 세계적인 경쟁력을 유지하며 글로벌 시장을 주도하는 사례를 참고할 필요가 있다. 소니는 이미지 센서와 관련된 연구 개발에 집중적으로 투자하며 카메라 모듈을 통해 모바일, 자동차, 보안 시장에서 독보적인 입지를 구축했다. 한국 역시 시스템 반도체와 메모리 반도체의 융합 기술을 개발하며 새로운 응용 시장을 창출해야 한다.

예를 들어 자율주행차의 고성능 데이터 처리 요구를 충족하기 위해 메모리와 시스템 반도체가 통합된 고효율 솔루션을 제공하는 것이 중요하다. 이는 기존 반도체 시장을 넘어 AI, 5G, IoT와 같은 차세대 기술을 주도하는 데 기여할 것이다.

최근 AI 반도체는 더 높은 메모리 대역폭과 저전력 설계를 추구하며 발전할 전망이라 CPU와 가속기(GPU, AI 칩) 간 고속 데이터 전송을 가능하게 하는 CXL^{compute express link} 기술이 부상하고 있다. 소비자 기기에서는 더 빠른 성능의 LPDDR6과 엔비디아가 차세대 표준으로 삼성전자, SK하이닉스, 마이크로닉스 등과 협력해서 CPU, GPU, 메모리 등 컴퓨팅 구성 요소를 하나의 칩에 집적한 SOCAMM^{system-on-chip with advanced memory module} 등이 떠오르면서 메모리 반도체에 또 다른 훈풍이 불 것이다.

결론적으로 한국 반도체 산업이 글로벌 경쟁에서 우위를 유지하기 위해서는 메모리 반도체를 넘어 차세대 시스템 반도체를 아우르는 투자가 균형 있게 이루어져야 한다. 이를 위해서는 기술 혁신과 함께 관련 생태계 조성에 대한 정부와 기업의 협력적 노력이 반드시 필요하다.

메모리 반도체, AI로 부활의 날갯짓을 할 수 있을까?

챗GPT와 같은 AI 구동을 위해서는 엔비디아의 GPU와 HBM이 기본적으로 필요하다. AI 개발과 운영에는 엄청난 컴퓨팅 파워가 필요하고 이를 위한 핵심 부품이 바로 이들 반도체다. 예를 들어 엔비디아 H100 GPU는 HBM3 메모리를 탑재해 이전 세대에 반해 강력한 컴퓨팅 리소스를 공급할 수 있고, 후속작 H200은 HBM3E로 업그레이드되어 한 개의 GPU에 141GB의 HBM3E 메모리를 탑재하고, 약 4.8TB/s에 달하는 메모리 대역폭을 제공한다.

이는 H100의 80GB HBM3(약 3TB/s 대역폭)에 비하면 큰 향상이다. 이처럼 갈수록 AI를 운영하기 위해 더 빠른 GPU가 필요하고, 그에 상응하는 HBM 기술도 빠르게 발전하고 있다. 차세대 HBM4는 2026년 출시를 목표로 개발되고 있으며, 메모리를 여러 장 쌓고 용량과 속도를 높게 제작해 성능과 효율을 크게 향상할 계획이다. 이처럼 컴퓨터의 속도는 빠른 GPU 못지않게 고용량, 고성능의 메모리도 필수다.

비단 서버, 즉 데이터센터뿐만 아니라 개인용 컴퓨터도 마찬가지다. 최근 노트북 PC에도 AI 가속 기능이 도입되면서 이에 맞는 메모리 구성이 중요해지고 있다. 인텔 코어 울트라 메테오레이크[Meteor Lake] 모바일 프로세서는 처음으로 NPU를 내장해 AI PC 시대를 열고 있다. 이 NPU는 생성형 AI를 PC에서 돌릴 수 있을 정도의 성능이 있으면서도, 기존 대비 8배 높은 전력 효율을 보여준다.

애플의 최신 M4 칩도 AI 성능이 강화되었는데, 이를 제대로 작동시키려면 120GB/s 대역폭을 지원하는 LPDDR5 메모리가 최소 16GB 이상은 탑재되어야 한다. 이처럼 컴퓨터에서 AI 기능을 제대로 구동하기 위해서는 더 많은 메모리 용량과 대역폭이 필요하다. 스마트폰에서도 AI 연산을 위한 전용 하드웨어와 빠른 메모리가 도입되고 있다.

갤럭시 S25에는 퀄컴의 스냅드래곤 8 4세대 모바일 AP와 함께 LPDDR6 메모리가 탑재되어 AI 연산 시의 메모리 병목을 줄이고 전력 효율을 높인다. 높은 메모리 대역폭은 갤럭시 S25의 NPU가 실시간 이미지 처리, 온디바이스 번역 등 AI 기능을 빠르게 수행할 수 있도록 돕는다.

아이폰16 프로는 A18 칩을 탑재하며 뉴럴 엔진 neural engine 성능을 더욱 강화했는데, 이때 필수로 필요한 것이 6~8GB 용량의 LPDDR5X 메모리다. 이처럼 스마트폰에서 AI 활용이 증가하면서 메모리의 역할이 더욱 중요해지고, 고성능·저전력 메모리가 필수 요소가 되고 있다. LPDDR Low Power DDR은 스마트폰과 초경량 노트북에서 사용되는 저전력 DRAM으로, AI 연산을 수행할 때 빠르게 데이터를 처리하도록 돕는다.

차세대 디바이스의 차세대 반도체

차세대 디바이스에서도 메모리 반도체의 중요성이 커지고 있다. 자율주행차는 주변의 사물과 이동하는 물체 등을 인식하고 움직임을

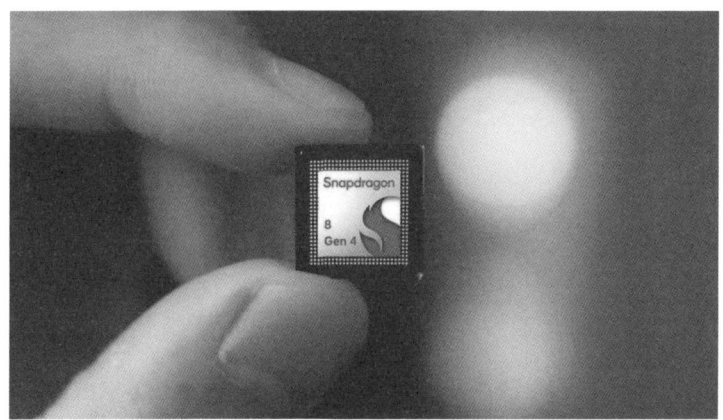

스마트폰을 위한 AI 칩셋인 퀄컴의 스냅드래곤 8. (출처 : 퀄컴)

예측한다. 향후에는 음성 명령으로 차량을 조작하기 위해 AI가 필수적이다. 그만큼 차량에서의 AI 구동을 위해 AI칩셋과 메모리가 필요하고 컴퓨터나 스마트폰보다 더 큰 용량과 속도, 성능의 반도체가 필요하다. 일종의 움직이는 데이터센터로, 한 대의 차량에 16GB 이상의 DRAM과 200GB 이상의 저장 메모리가 필요해진다. 차량용 메모리는 극한 환경에서도 안정적으로 작동해야 하므로, 자동차 전용 DRAM과 NAND$^{negative-AND}$를 별도로 개발하고 있다.

로봇과 산업 자동화에서도 메모리 요구가 늘고 있다. 로봇은 AI 기반의 실시간 의사결정을 수행하기 때문에 낮은 지연 시간과 고속 메모리 대역폭이 필수다. 산업용 로봇과 자율주행 드론은 AI 프로세서를 활용한 복잡한 연산을 수행하기 때문에 고속·저전력 메모리 기술이 중요하게 작용한다.

MR기기도 메모리 집약적인 기술이다. AR·VR 헤드셋은 고해상도 디스플레이와 3D 그래픽 처리를 실시간으로 수행해야 하므로 모바일 DRAM과 GPU 메모리가 필수다. 특히 애플의 MR 헤드셋처럼 PC급 성능을 갖춘 제품들이 등장하면서, MR 기기의 메모리 사양이 점점 고사양화되고 있다.

차세대 AI 반도체라는 새로운 기회

앞으로 AI 반도체는 더 높은 메모리 대역폭과 저전력 설계를 추구하며 발전할 전망이다. 서버 측에서는 HBM4와 CXL 기반 메모리 풀링이 주요 흐름이 되고, 소비자 기기에서는 LPDDR6과 SOCAMM을 통한 메모리 최적화가 핵심이 될 것이다. SOCAMM은 엔비디아가 표준으로 제안한 메모리 규격으로, 노트북 같은 컴팩트한 기기에서 AI를 구동하기 위한 차세대 메모리다. 기존 LPDDR과 달리 모듈화되어 교체와 업그레이드가 쉬워 공간 효율성이 높다.

결국 AI 연산의 발전을 위해서는 더욱 빠르고 효율적인 메모리 기술이 요구되며, 이 과정에서 HBM, LPDDR, CXL, SOCAMM 등의 기술이 중요한 역할을 하게 될 것이다. 이에 따라 메모리 반도체 업계는 고성능·저전력 메모리 개발에 집중하고 있다. AI와 클라우드 인프라 성장은 일시적 유행이 아니라 구조적 변화이기 때문에, 이에 필요한 고성능 메모리(HBM, LPDDR6 등)의 수요는 지속적으로 증가할 것이다.

결론적으로 메모리 반도체는 시스템 반도체 성능을 극대화하는 핵심 요소가 되고 있다. 앞으로도 AI, 엣지 컴퓨팅, 자율주행, MR 등 다양한 산업에서 메모리 반도체의 역할이 더욱 확대될 것이며, 이에 따라 고성능·저전력 기술 혁신이 지속적으로 요구될 것이다.

40

가상을 넘어 현실로 침투하는
피지컬 AI

AI는 더 이상 추상적인 가상 기술이 아니다. 로봇, 자율주행차, 메타버스 기기, 스마트팩토리, 스마트 디바이스에 이르기까지, AI가 물리적 세계에 본격적으로 진입하고 있다. 특히 LLM에서 LWM으로의 진화는 AI가 인간처럼 '언어로 사고하는 존재'를 넘어, '환경을 인지하고 행동하는 존재'로 확장되고 있음을 의미한다. 우리는 지금 피지컬 AI라는 AI의 물리적 전환 시대를 새롭게 맞이하고 있다.

인간형 로봇의 진화와 피지컬 AI의 등장

2015년 보스턴 다이내믹스Boston Dynamics의 4족 보행 로봇 스팟 클래식Spot Classic은 인류에 큰 충격을 줬다. 네 다리로 움직이며, 험준한 지형도 안정적으로 주행하고, 갑작스러운 외부 충격에도 균형을 잡는 등 생물처럼 보였다. 이후 이 회사는 구글, 소프트뱅크, 현대자동차그룹으로 소유권이 바뀌었고, 기술은 계속 진화해 왔다. 오늘날 우리는 인간의 키와 체형, 무게 중심을 갖춘 휴머노이드 로봇들이 등장하는 시대에 살고 있다.

이런 로봇의 가장 큰 특징은 인간이 사용하는 모든 공간과 도구를 자연스럽게 활용할 수 있다는 점이다. 우리의 주거 공간, 도로, 공장, 건설 현장, 사무실, 병원, 식당, 물류창고 등은 모두 인간의 신체 치수에 맞게 설계되어 있다. 키보드와 마우스, 의자와 책상, 엘리베이터 버튼, 전자레인지 손잡이까지 모든 것이 인간 기준이다. 그 점에서 인간형 로봇은 별도의 환경 조정 없이도 자연스럽게 적응할 수 있는 범용 물리 에이전트로서 최적화된 존재다.

하지만 형태만으로는 충분하지 않다. 진짜 중요한 것은 로봇의 지능이다. 과거 로봇은 사전에 프로그래밍이 된 움직임만 수행했다. 주행이나 단순 조작은 가능했지만, 예외 상황이나 판단이 필요한 작업은 불가능했다. 그러나 최근에는 LLM 기반의 언어 이해 능력과 LWM 기반의 환경 인식 능력을 동시에 갖춘 AI가 탑재되면서 로봇은 스스로 판단하고 행동할 수 있는 존재로 진화 중이다. 예를 들어 주방에서 요리하고, 물류창고에서 물건을 찾아 옮기며, 위험한 작업장에서 사람 대신 작업을 수행할 수 있다.

이것이 바로 피지컬 AI$^{physical\ AI}$다. 언어를 이해하는 AI^{LLM}가 환경과 상황을 인지하는 능력^{LWM}까지 갖추면서, AI는 더 이상 화면 속 도우미가 아니라 현실 세계의 협력자로 등장했다. 앞으로는 우리가 생활하는 대부분의 공간에서 이런 지능형 로봇이 보편화될 가능성이 높다.

LWM으로 확장되는 AI의 현실 이해 능력

AI가 인간처럼 행동하려면 언어뿐 아니라 세계에 대한 물리적 이해가 필요하다. 이를 가능하게 하는 것이 바로 LWM$^{large\ world\ model}$, 대규모 세계모델이다. LLM이 언어로 사고하고 소통하는 능력을 제공했다면, LWM은 물리 세계의 맥락, 동역학, 관계성을 이해하고 그에 따라 판단하고 예측하는 능력을 제공한다.

2025년 CES에서 엔비디아의 젠슨 황은 "로봇의 챗GPT 모멘트가 온다"고 말하며, 새로운 패러다임으로서 피지컬 AI와 함께 WFM과 코스모스Cosmos 플랫폼을 공개했다. 이 플랫폼은 텍스트, 이미지, 영상 등의 데이터로 로봇이 실제 세계에서 어떻게 반응하고 움직여야 할지를 이해하는 역할을 한다. 이를 뒷받침하는 하드웨어로 AI 칩셋 젯슨 토르를 함께 발표했다. 이로 인해 로봇, 자율주행차, 드론, 산업 장비 등에 AI를 통합해 현실에 최적화된 의사결정을 실시간으로 수행할 수 있게 되었다.

이런 기술은 중국에서도 빠르게 상용화되고 있다. 유니트리 로보틱스Unitree Robotics나 갤봇Galbot 등의 스타트업은 젯슨 칩셋 기반의 로봇을 통해 고객의 말을 알아듣고, 상품을 찾아 배달하는 시연을 진

엔비디아가 지원하는 각종 로봇. CES 2025에서 엔비디아의 젠슨 황이 발표하는 장면이다.
(출처 : 엔비디아)

행 중이다. 특히 사람의 개입 없이도 실시간으로 환경을 인식하고 행동할 수 있다는 점에서, 기술 성숙이 임박했음을 보여준다.

구글의 딥마인드는 지니 2$^{Genie\ 2}$ 모델을 통해 LWM을 구체화하고 있다. '숲속을 걷는 로봇'이라는 문장을 입력하면, 해당 장면을 3D 가상 환경에서 실시간으로 생성하고, AI가 그 안에서 걷고 반응한다. 이러한 월드모델은 자율주행, 드론 비행, 물류 시뮬레이션, 인간-로봇 협업 등 다양한 산업 분야에서 훈련 도구로 활용할 수 있다. 현실을 가상으로 복제해 학습하고 실험하는 디지털 트윈의 기반이 되는 기술이다.

지멘스는 이미 산업 현장에서 디지털 트윈을 통해 실제 공장을 가상 공간에서 복제하고, 공정 효율성을 시뮬레이션해 오류를 사전에 예측하는 시스템을 운영 중이다. 독일 암베르크에 위치한 스마트 팩토리 EWA는 실제 공정을 실시간으로 디지털 공간에 반영하며, 모든 작업이 최적화된 상태로 유지된다. 이처럼 LWM은 제조업뿐만 아니라 물류, 농업, 건설, 항공, 에너지 등 다양한 산업에서 게임 체인저가 되고 있다.

일상 속으로 파고드는 LWM, 메타버스 기기와 비전 AI

LWM의 확장은 B2B 산업 영역을 벗어나 소비자의 일상으로도 스며들고 있다. 대표적인 사례가 MR 기기다. 이들 기기는 단순히 가상 콘텐츠를 보여주는 것을 넘어, 사용자의 시야 속 현실 공간을 인식하고 그에 맞는 정보를 제공하는 '지능형 컴패니언'으로 진화 중이다.

메타는 2023년에 발표한 SAM을 통해 이미지 속 객체를 자동으로 분할하고 인식하는 기술을 선보였다. SAM 2는 영상까지 인식 영역을 넓혀, 특정 객체를 추적하거나 자율주행차에서 보행자와 도로 표지판을 실시간으로 인식하는 데 사용된다. 이는 LWM의 초기 형태로 볼 수 있으며, 현실 세계의 사물과 환경을 정확하게 파악하고 반응하는 기초 기술이다.

애플 비전 프로는 12개의 카메라와 라이다센서를 통해 주변 공간을 정밀하게 스캔하고, 그 위에 가상 콘텐츠를 덧입힌다. 단순히 보여주는 기기 개념에서, 이해하고 조작하는 플랫폼으로 진화하고 있다. 사용자는 눈 깜빡임이나 시선 이동, 손짓만으로 주변 기기를 제어하거나 원하는 콘텐츠에 접근할 수 있으며, 이때 AI는 주변 맥락과 사용자의 의도를 파악해 적절한 반응을 수행한다.

앞으로 LWM이 본격 도입되면 MR 기기는 더욱 정교해질 것이다. 사용자가 안경을 쓰고 주방에 들어가면 로봇 청소기가 어디를 청소해야 할지 판단하고, 냉장고 안의 식재료를 AI가 분석해 추천 레시피를 제안할 수 있다. 이러한 '상황 인식 기반 인터페이스'는 단순한 음성 명령이나 터치 인터페이스를 뛰어넘는 혁신이다. 더불어 직관적이고 몰입감 있는 인간-기계 상호작용을 가능하게 한다.

결국 이 모든 기술의 중심은 세계를 이해하고 반응하는 AI, 즉 LWM이다. 엔비디아, 구글, 지멘스, 메타, 애플 등 주요 기업은 LWM을 각자의 하드웨어 및 플랫폼과 결합해 물리 세계와 디지털 세계를 통합하는 새로운 AI 플랫폼을 만들고 있다. 이를 통해 우리는 언어적 사고의 AI 시대에서 물리적 공감의 AI 시대로 넘어가고 있다.

피지컬 AI와 LWM은 단순한 기술적 진화가 아닌, 인간과 기계의 관계를 근본적으로 재정의하는 혁신이다. 로봇이 인간 공간 속에서 작동하고, 기기가 인간의 환경을 인식하며, AI가 현실을 재현하고 이해하는 이 흐름은 산업, 소비자 생활, 도시 구조까지 뒤흔들 변화다.

　이제 기술의 발전만큼 중요한 것은, 우리가 이 변화를 어떻게 수용하고 활용할지 준비하는 것이다. AI는 단지 가상에서 등장한 도구가 아니라, 이제 우리 '곁'에 머물 준비를 하고 있다.

41

반도체의 운명을 바꾸는 투명한 혁신
유리기판

단순히 빠른 연산능력을 가진 반도체 칩만이 AI 시대의 핵심 경쟁력은 아니다. 그 칩이 얼마나 안정적으로 작동하고, 고열과 전력 소모를 견디며, 수십 기가바이트의 데이터를 빠르고 정확하게 전달할 수 있느냐는 결국 칩을 둘러싼 패키징 기술에 달려 있다. 그리고 그 중심에 이제 새로운 게임체인저, 유리기판이 떠오르고 있다. 유기기판이 감당하지 못하는 속도와 열, 전력 손실이라는 과제를 해결할 유일한 해답이 바로 유리기판이다. 반도체의 뿌리이자 기반이 바뀌는 이 흐름을 한국이 주도할 수 있을까?

유기기판의 한계, 유리기판의 시작

기판은 CPU, GPU, 메모리 등 다양한 반도체 칩을 하나의 시스템처럼 묶어주는 '물리적 연결 매체'이자, 전력과 데이터를 전달하는 '전자적 도로망'이다. 지금까지는 플라스틱 소재를 기반으로 한 유기기판organic substrate이 이 역할을 충실히 해왔다. 이 기판은 대량 생산에 유리하고, 비용도 낮으며, 반도체 산업 초창기부터 널리 활용되어 온 전통적인 방식이었다.

하지만 AI 시대가 도래하면서 문제가 터지기 시작했다. AI를 구동하는 고성능 GPU는 엄청난 연산을 처리하면서 동시에 수백 와트의 전력을 소모하고, 초고속 데이터 전송을 해야 한다. 이로 인해 유기기판이 감당하지 못하는 물리적, 기술적 한계가 드러났다.

첫째는 신호 감쇠다. 초고속으로 데이터를 주고받는 과정에서 신호 손실이 발생하고 에러 확률이 높아진다. 이는 곧 연산 결과의 오류나 성능 저하로 이어질 수 있다.

둘째는 열 문제다. AI 연산은 강력한 발열을 동반하는데, 유기기판은 열에 약해 기판과 칩 사이의 미세한 물리적 변형이 발생할 수 있다. 이로 인해 미세한 접촉 불량이나 회로 단선 등의 문제가 발생할 수 있다.

셋째는 배선 밀도와 정밀도 문제다. 최신 반도체는 2㎛(마이크로미터) 이하의 초미세 배선이 필요하지만, 유기기판은 그 정밀도를 구현하기 어렵다.

마지막은 전력 전달의 비효율이다. 유기기판은 전력 손실이 커서 고성능 반도체에 필요한 전력을 안정적으로 공급하는 데 어려움을 겪는다. 결국 기존 유기기판은 AI 시대의 핵심 반도체인 GPU, NPU, HBM의 성능을 더 이상 온전히 뒷받침할 수 없는 상황에 이르렀고, 이로 인해 차세대 기판 기술이 필요해진 것이다.

유리기판, 새로운 반도체 패키징의 기준이 되다

이러한 배경 속에서 차세대 반도체 기판의 대안으로 주목받는 것이 바로 유리기판glass substrate이다. 이름처럼 투명한 유리 소재를 기반으로 한 이 기판은 지금까지의 유기기판이 가진 한계를 여러 방면에서 극복할 수 있는 가능성을 보이고 있다.

SKC의 유리기판. (출처 : SKC)

첫째, 유리기판은 열 안정성이 매우 높다. 고열이 발생하는 상황에서도 물리적 변형이 적고, 장기적인 신뢰성에서 훨씬 우수하다. 이는 AI 연산에서 24시간 고부하가 걸리는 GPU의 패키징 환경에서 결정적인 강점이다.

둘째, 신호 전송 품질에서도 유리하다. 데이터 전송 시 신호 감쇠를 줄여주며, 에러율도 현저히 낮다. 이는 AI 학습 및 추론 과정에서 일관된 성능을 보장하는 데 핵심적인 역할을 한다.

셋째는 배선 밀도의 중요성이다. 유리기판은 보다 정밀한 가공이 가능하여 2㎛ 이하의 초미세 배선을 구현할 수 있고, 면적 대비 더 많은 I/O(입·출력)를 수용할 수 있어 고성능 반도체의 집적도 문제를 해결해 준다. 이는 HBM 메모리와 GPU 간의 인터페이스 효율을 극대화하는 데 핵심 요소로 작용한다.

넷째는 전력 효율성이다. 유리기판은 전력 손실이 적고, 발열도 줄여준다. 특히 AI 데이터센터에서 수천 개의 GPU가 동시에 작동하는 환경에서는 이러한 전력 효율성이 곧 전체 인프라의 에너지 최적화로 연결된다.

물론 유리기판도 단점은 있다. 깨지기 쉬운 물성, 가공의 어려움, 양산 문제, 공정 최적화의 난이도 등 상용화까지 해결해야 할 숙제가 여전히 남아 있다. 하지만 인텔, 코닝Corning, 다이닛폰인쇄Dai Nippon Printing, 이비덴Ibiden 등의 글로벌 기업이 대규모로 투자에 나서고 있고, 한국의 SKC, 삼성전기, LG이노텍도 적극적으로 개발에 뛰어든 이유는 명확하다. AI 반도체의 미래에서 기판이 경쟁력의 핵심이 될 것이기 때문이다.

한국 반도체의 미래, 유리판 위에 쓰일 새로운 승부수

유리기판 시장은 아직 소규모로 작고 초기 단계에 머물러 있지만, 전략적 가치 측면에서는 AI 반도체 산업과 맞물려 폭발적으로 커질 가능성이 높다. 시장조사업체 마켓앤마켓은 2023년 71억 달러였던 유리기판 시장이 2028년에는 84억 달러로, 2030년경에는 100억 달러에 근접할 것으로 전망하고 있다. 이는 단순한 연결 부품의 시장이 아니라 AI 인프라를 뒷받침하는 핵심 산업군으로 도약하고 있다는 방증이다.

중요한 것은 유리기판이 반도체 패키징의 패러다임 전환을 이끌고 있다는 점이다. 단순히 칩을 연결하는 부품이 아니라, 시스템 반도체의 열쇠로 작동하는 것이고, 향후 AI 칩, NPU, 전력 반도체, 서버용 고성능 칩 등 모든 고부가가치 반도체의 기반이 되는 기술이다.

한국은 이미 메모리 반도체 분야에서 세계 1위의 경쟁력을 갖췄고, HBM이라는 AI 시대의 핵심 메모리 기술에서도 앞서 있다. 여기에 유리기판이라는 기술 축을 확보하면, 단순한 공급망 역할을 넘어 패키징-시스템 반도체까지 반도체 산업의 수직 계열화를 실현할 수 있게 된다.

이런 점에서 유리기판은 단지 기판 소재의 전환이 아니라, 한국 반도체 산업이 거인의 어깨를 넘어서 스스로 거인이 될 기회를 맞이했다. 단가가 낮고 시장 규모가 작다고 무시할 일이 아니다. 유리기판의 전략적 가치는 AI 반도체의 심장을 어떻게 안정적으로 뛰게 할지를 결정하는 기술이기 때문이다.

42

사람에서 AI로
보험 AI 에이전트

보험은 전통적으로 '사람 중심'의 산업이었다. 복잡한 계약과 긴 상담, 그리고 오랜 경험을 가진 설계사들이 고객을 이해하고 상품을 설명하며 리스크를 분석해 왔다. 그러나 AI 에이전트의 등장은 이 전통을 완전히 다시 쓰고 있다. 이제 AI는 단순 자동화를 넘어, 보험사의 내부 운영부터 외부 고객 접점까지 전방위적으로 관여하며 디지털 동료이자 전략 파트너로 자리 잡고 있다. 보험의 언더라이팅, 상품 기획, 마케팅, 고객 응대 등 다양한 영역에서 AI 에이전트가 실질적 성과를 내고 있으며, 보험 업계는 이 거스를 수 없는 변화에 능동적으로 대응할 준비를 서둘러야 한다.

보험 업무의 디지털 파트너, AI 에이전트

보험 산업은 AI 에이전트 기술이 가장 빠르게 확산하고 있는 분야 중 하나다. 그 이유는 보험이 본질적으로 '데이터'와 '반복 업무'에 기반하기 때문이다. 고객의 나이, 직업, 질병 이력, 운전 습관 등 정형·비정형 데이터를 기반으로 리스크를 분석하고 상품을 설계하는 작업은 AI가 잘하는 일이다.

대표적 사례로 레모네이드Lemonade의 AI 짐AI Jim은 업계 판도를 바꾸는 선도적 모델이다. 고객이 모바일 앱을 통해 청구서를 제출하

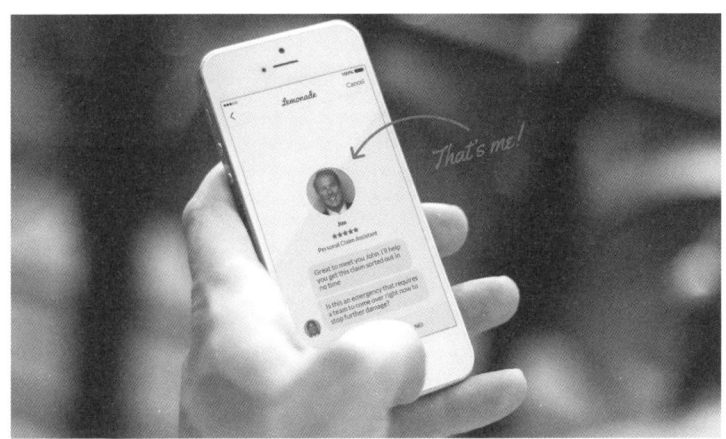

금융을 도와주는 AI 에이전트, AI 짐. (출처 : 레모네이드)

면, 제출된 사진, 텍스트, 청구 내용 등을 실시간으로 분석해 3초 내로 보험금 지급을 결정한다. 복잡하지 않은 청구 건의 경우, 전체의 30%를 인간의 개입 없이 AI가 단독 처리하고 있으며, 그 결과 처리 속도는 기존 대비 100배 이상 빨라졌다.

가이코GEICO의 케이트Kate와 올스테이트Allstate의 아멜리아Amelia는 고객 상담과 마케팅 영역에서 인공지능 기반의 대화형 에이전트로 활약 중이다. 단순 FAQ 응답을 넘어, 고객의 과거 이용내역, 보험계약 현황, 패턴분석을 기반으로 보험상품을 추천하고, 필요할 경우 청구 절차까지 안내한다. 특히 아멜리아는 실제 콜센터 상담원과 협업하면서 실시간으로 고객의 질문을 분석하고 관련 정보를 전달해 상담품질을 높이고 있다.

뿐만 아니라, 영국의 아비바Aviva, 프랑스의 악사AXA, 일본의 솜포 재팬Sompo Japan등 글로벌 보험사도 각자의 AI 에이전트를 구축하고 있다. 고객 데이터를 분석해 다음 행동next best action을 추천하고, 설계사가 더 정교하게 맞춤 상담을 진행하도록 지원한다. 이는 단순 효율 향상을 넘어 고객 만족도와 재계약률 향상에도 기여하고 있다.

빠르고, 정확하며, 맞춤형이다

AI 에이전트 도입의 혁신은 단순한 자동화를 넘어선다. 실제 운영 결과는 빠른 처리속도, 정확한 업무수행, 개인화된 고객 서비스, 비용 절감 등 다면적 이익을 실현하고 있다.

첫째, 업무 효율성과 처리 속도가 극대화된다. AI는 반복 업무를 대체함으로써 처리 시간을 획기적으로 단축한다. 과거에는 고객이 보험금을 청구하면 수일에서 수주가 걸리던 심사 과정을 이제는 몇 초 만에 완료할 수 있다. 이는 고객에게는 빠른 보상을, 보험사에는 비용 절감 효과가 있다.

둘째, 일관성과 정확성을 들 수 있다. 인간 설계사는 피로와 감정, 경험에 따라 판단이 달라질 수 있지만, AI 에이전트는 학습된 모델과 알고리즘에 따라 일관적인 의사결정을 내린다. 특히 사기 청구 fraud detection 분야에서 AI는 패턴 인식과 이상 탐지를 통해 부정 청구를 조기에 감지하고, 실제로 올스테이트는 이 시스템을 도입한 뒤 사기 감지율을 대폭 개선했다.

셋째, 개인 맞춤형 상품 추천과 실시간 응대 역시 장점이다. AI 에이전트는 고객의 과거 행동 데이터, 위치, 생활 패턴 등을 바탕으로 가장 적합한 상품과 보장 범위를 제안한다. 고객이 앱이나 웹을 통해 문의하면 AI가 즉각 응답하고, 필요 시 상담원에게 연결하는 하이브리드 방식으로 고객 경험을 최적화한다.

넷째, 새로운 수익 모델을 창출할 수 있다. AI 에이전트 기반의 사용량 기반 보험UBI, usage-based insurance, 온디맨드on-demand 보험(소비자가 위험을 인지한 순간에 가입하고 필요한 기간만 유지할 수 있는 보험 상품) 모델은 고객의 실제 행동 데이터를 분석해 보험료를 실시간으로 조정하게 해준다. 예를 들어 차량 운전자의 습관, 건강정보, 생활 패턴 등을 기반으로 한 가격 모델링이 가능하며, 이는 보험사의 리스크 관리 역량과 고객 만족도를 동시에 높인다.

기술보다 중요한 것은 준비

AI 에이전트의 도입은 보험업계에 단순한 기술 트렌드를 넘어 패러다임 전환을 요구한다. 기존 인력과 조직, 프로세스, 데이터 인프라, 규제 대응 등 모든 요소가 재정립되어야 한다.

첫째, AI 전략의 명확화와 단계별 실행이 중요하다. 보험사는 AI 에이전트를 어디에, 어떤 수준으로 적용할지 명확히 계획하고, 먼저 작은 규모의 PoCproof of concept(개념 검증)를 통해 성공 가능성을 실험한 뒤 전체 시스템으로 확장해야 한다. 레모네이드, 올스테이트는 초기부터 명확한 도입 전략을 세워 빠르게 성과를 냈고, 이를 기반으로 점진적 확장을 이뤄냈다.

둘째, 데이터 인프라와 거버넌스 체계의 정비가 필요하다. AI 에이전트는 결국 데이터 기반 시스템이므로, 고객정보, 청구기록, 의료 데이터, 외부 연계 정보 등을 하나로 통합해 관리할 수 있어야 한다. 이를 위해 클라우드 기반의 데이터 레이크와 정제된 데이터셋을 구축하고, 정기적으로 갱신하며 품질을 유지하는 관리체계가 필수다.

셋째, 조직과 인재의 전환이다. AI는 기술 도입뿐 아니라 사람의 일하는 방식을 바꾼다. 보험사는 AI와 협업할 수 있는 하이브리드 인재, 즉 기술을 이해하면서도 고객을 상대할 수 있는 역량을 갖춘 직원을 키워야 한다. 이를 위해 기존 인력에 대한 재교육, AI 협업 툴 사용법 훈련 등이 필요하며, 조직 문화도 수직적 구조에서 자율적 협업 구조로 변화할 필요가 있다.

넷째, 윤리와 규제 대응 능력을 강화해야 한다. AI 에이전트가 다루는 정보는 대부분 민감한 개인정보이기 때문에, 알고리즘의 투명성, 설명 가능성, 편향 방지 등 '신뢰할 수 있는 AI$^{trustworthy\ AI}$' 원칙이 중요하다. 보험사는 규제기관과의 협업을 통해 윤리적 AI 운영 기준을 세우고, 고객에게 설명할 수 있는 알고리즘 기반을 갖춰야 한다.

다섯째, 오픈 이노베이션을 통한 외부 협업이 필요하다. AI 에이전트를 단독으로 완성하기는 어렵다. 보험사는 자체 인프라 외에도 오픈AI, 엔비디아, 세일즈포스, 마이크로소프트 같은 글로벌 AI 기업 또는 인슈어테크 스타트업과 협업해 최신 기술을 빠르게 흡수하고, 에이전트 생태계를 확장하는 것이 전략적으로 유리하다.

43

로봇이 동료가 되는 날
휴머노이드 로봇

더 이상 로봇은 공장 한편에서 용접만 하는 기계가 아니다. 인간처럼 걷고, 말하고, 표정을 짓고, 눈을 마주치는 휴머노이드 로봇이 점점 우리 곁으로 다가오고 있다. 이들은 단순한 명령수행을 넘어서, 인간과 협력하고 학습하며 함께 일하는 파트너가 되기 위해 진화를 거듭하고 있다. 이제 로봇은 인간의 동료로 자리 잡기 시작한다. 협력적 AI의 진화, 인간-로봇의 공존 전략, 자동화 기술이 가져올 사회적 변화는 앞으로의 미래를 어떻게 바꿔 놓을까?

기계들이 함께 일할 때 나타나는 협력적 AI 모델

기계가 인간과 함께 일하기 위해서는 단순한 자동화 수준을 넘어서야 한다. 지금까지 산업 현장에서 사용된 로봇들은 주로 반복적인 작업을 정확하게 수행하는 데 집중되어 있었다. 하지만 미래의 협업은 단순한 지시 이행이 아니라, 능동적으로 상황을 인식하고 판단해 인간과 함께 문제를 해결하는 방향으로 발전하고 있다.

이것이 바로 협력적 AI collaborative AI다. 협력적 AI는 단순히 지시를 따르지 않고, 주어진 맥락을 이해하며, 인간의 행동을 예측하고 이에 반응하는 AI다. 물류창고에서 작업하는 협동 로봇은 인간의 움직임을 실시간으로 감지해 충돌을 피하고 효율적으로 경로를 조정한다. 이를 통해 물건을 운반하거나 분류하는 작업을 더욱 빠르고 안전하게 할 수 있다. 이러한 협동 로봇을 코봇 cobot이라 하며, 글로벌 제조업체들이 생산 라인에 적극 도입하고 있다.

수술실에서는 AI 로봇이 의사의 손 떨림을 감지하고 정밀한 절개를 도와주는 사례도 등장하고 있다. 정밀 협업은 인간의 실수를 보완하고 결과의 일관성을 높이는 데 중요한 역할을 한다. 또한 자동차 산업에서 도입된 스마트 제조 라인에서는 로봇이 제품 생산 중에 발생하는 데이터를 실시간으로 분석하고 품질을 제어하면서 인간 작업자와 함께 결함을 줄이고 있다.

더 나아가 복수의 로봇과 AI가 함께 일하며 복잡한 임무를 나누는 멀티 에이전트 시스템 multi-agent system도 주목받고 있다. 서로 다른 로봇이 통신하며 협력하는 구조로, 물류센터, 농업, 탐사, 군사 작전 등 다양한 분야에 응용된다. 이들은 단순히 독립적인 기능을 넘어, 전체적인 팀워크로 시너지를 낸다. 드론이 현장을 스캔하고, 바퀴형 로봇이 물건을 운반하며, 팔 로봇이 포장을 마무리하는 식이다.

이처럼 기계와 기계, 기계와 인간이 협력하는 방식은 점점 더 진화하고 있으며, 이들의 협업 능력은 시간이 갈수록 인간 사회와 더 긴밀히 연결될 것이다.

로봇과 인간, 반드시 공존할 미래

로봇이 인간의 일자리를 빼앗을 것이라는 두려움은 여전히 존재한

고령화 사회에 필수가 될 요양 로봇. (출처 : 소프트뱅크)

다. 하지만 기술이 발전할수록 현실은 '대체'보다는 '보완'하는 방향으로 흘러가고 있다. 실제로 현재 도입되는 로봇은 인간이 하기 어려운 일, 위험하거나 반복적인 일에 집중되어 있으며, 오히려 인간이 더 창의적인 일에 집중할 수 있는 환경을 만든다.

대표적인 사례로는 고령화 사회에서 활약하는 간병 로봇이 있다. 일본에서는 간단한 요양을 보조하는 로봇부터, 대화를 통해 정서적 안정을 돕는 로봇 물개 '파로'까지 다양한 형태로 개발하고 있다. 이러한 로봇은 인간 간병인의 신체적 부담을 줄이고, 야간이나 장시간 작업 중에도 안정적으로 서비스를 제공할 수 있다.

이 같은 공존 전략은 사무직에서도 적용된다. 반복적인 문서작업, 일정관리, 고객응대 등의 영역에서는 AI 챗봇이나 자동화된 워크플로 시스템이 인간을 보조하고 있다. 이에 따라 직원은 더욱 전략적이거나 창의적인 영역에 집중할 수 있다. AI가 단순 반복 업무를 줄여주는 동시에, 인간의 역량이 발휘될 수 있는 분야가 넓어지는 것이다.

43 휴머노이드 로봇

인간-로봇의 공존을 위해서는 기술만큼이나 중요한 것이 있다. 바로 신뢰와 상호작용이다. 로봇이 인간의 감정을 이해하고, 사회적 신호를 읽고, 적절한 반응을 보이는 능력이 중요해지고 있다. 이를 위해 HRI^{human-robot interaction}(인간과 로봇의 상호작용) 기술을 활발히 개발 중이다. 최근에는 로봇이 인간의 표정, 말투, 몸짓 등을 인식하고, 이에 적절히 반응하는 감성 로봇도 등장했다. 페퍼^{Pepper}, 나오^{Nao} 등의 로봇은 병원, 학교, 매장 등에서 감정 기반 상호작용을 실현하고 있다.

앞으로는 로봇과 인간이 정서적 유대까지 형성하는 시대가 올 것이다. 일터에서 협업뿐 아니라, 가정에서의 대화 상대, 돌봄 제공자, 교육 조력자 등으로 그 역할이 확장될 수 있다. 공존의 열쇠는 기술이 아니라, 로봇을 받아들이는 우리의 태도와 준비에 달려 있다.

로보틱스와 사회 변화

로봇과 자동화가 사회에 미치는 영향은 단순히 직업 구조의 변화에만 그치지 않는다. 사회의 전반적인 문화, 제도, 인간의 삶의 방식 자체에 깊은 영향을 미친다. 우선 고용 시장에서 기술 대체가 아닌 역할 전환이 본격화된다. 단순노동이 줄어들고, 새로운 역할이 생겨난다. 로봇 정비사, 로봇 윤리 전문가, AI 트레이너, 인간-AI 인터랙션 디자이너 같은 직업군은 이미 등장했고, 앞으로 더 다양한 직업이 생길 것이다.

교육의 내용도 바뀌고 있다. 미래 세대는 로봇과 함께 살아가는 법을 배우게 되며, 코딩이나 메카트로닉스뿐만 아니라 윤리, 창의성, 문제해결 능력 등 인간 중심의 소프트 스킬이 더욱 중요해질 것이다.

인간이 로봇보다 잘할 수 있는 영역, 즉 인간다움이 가장 큰 경쟁력이 된다.

반면 기술 격차가 사회 불평등을 심화할 수 있다는 우려도 크다. 로봇과 자동화를 적극적으로 도입할 수 있는 대기업과 그렇지 못한 중소기업 간의 생산성 차이가 벌어지고, 개인도 디지털 역량의 차이에 따라 삶의 질이 달라질 수 있다. 또한 자동화로 인해 사라지는 일자리에 대한 사회 안전망 구축도 시급한 과제다.

제도적으로는 로봇 세금, 데이터 프라이버시, 알고리즘 윤리, 로봇의 법적 지위 같은 이슈들이 활발하게 논의되고 있다. 특히 로봇이 자율적으로 판단하고 행동하게 될 경우, 책임 소재를 명확히 하는 법적 체계가 필요하다. 유럽연합은 로봇권리 헌장초안을 논의 중이고, 한국도 로봇윤리헌장을 마련해 기준을 제시하고 있다.

마지막으로 중요한 변화는, 인간이 자기의 일과 존재의 의미를 새롭게 정의해야 한다는 점이다. 반복 업무가 사라지고, 감정과 창의성 기반의 일이 중심이 되면, '일하는 이유'와 '가치 있는 노동'에 대한 사회적 정의도 달라질 것이다. 단순히 생계를 위한 일이 아니라, 자아실현과 사회기여라는 본질적 목적이 더욱 강조되는 사회가 다가오고 있다.

44

네트워크의 새 옷
SDN과 가상화

과거에는 정해진 방식으로만 작동하던 네트워크가 지금은 마치 옷을 갈아입듯 유연하게 변하고 있다. 소프트웨어 정의 네트워크와 가상화 기술 덕분이다. 이 글에서는 네트워크의 근본적인 변화가 어떻게 이뤄지고 있고, 이를 통해 산업과 사회가 어떤 영향을 받는지 살펴본다.

네트워크의 뇌가 바뀐다

기존의 네트워크는 라우터나 스위치 같은 하드웨어 장비 중심으로 설계되어, 장비 간 설정이 고정되어 있고 복잡했다. 하나의 네트워크를 변경하려면 장비를 하나하나 수동으로 설정해야 했다. 이런 방식은 대규모 네트워크 환경에서는 너무 느리고 비효율적이다.

이 문제를 해결하기 위해 등장한 것이 SDN^{software-defined networking}(소프트웨어 정의 네트워킹)이다. SDN은 기존 하드웨어 중심의 네트워크에서 제어 기능^{control plane}을 소프트웨어로 분리해서 중앙에서 제어할 수 있도록 해준다. 쉽게 말해 각 장비가 혼자 판단하던 방식에서 이제는 중앙의 '두뇌'가 판단하고 명령을 내리는 구조로 바뀐 것이다.

SDN의 핵심은 중앙 집중형 제어와 프로그래밍을 할 수 있는 네트워크다. 네트워크 운영자는 하나의 소프트웨어 인터페이스에서 전체 네트워크를 제어하고 구성할 수 있기 때문에, 운영 효율이 높아지고 장애 대응 속도도 빨라진다. 특히 데이터 흐름을 실시간으로 분석하고 최적화할 수 있어, AI나 IoT, 클라우드 같은 신기술이 요구하는 복잡한 통신 구조를 유연하게 수용할 수 있다.

NFV와 VNF의 현실화

클라우드처럼, 네트워크 인프라도 이제는 물리적인 장비 없이 가상으로 구성할 수 있다. 이를 가능하게 해주는 개념이 NFV$^{network\ functions\ virtualization}$(네트워크 기능 가상화)와 VNF$^{virtualized\ network\ function}$(가상 네트워크 기능)다. 기존에는 방화벽, 라우터, 로드 밸런서 등 기능마다 별도의 장비가 필요했지만, 이제는 서버 안에서 소프트웨어로 이 모든 기능을 구현할 수 있다. 이러한 기능 단위를 VNF라고 부르며, 여러 개의 VNF를 조합해 네트워크 서비스를 구성할 수 있다. 마치 여러 앱을 조합해 스마트폰 기능을 확장하는 것과 비슷하다.

    NFV는 통신사의 입장에서 장비 투자비용을 줄일 수 있고, 새로운 서비스를 빠르게 출시할 수 있게 한다. 특정 지역에 갑자기 데이터 트래픽이 몰릴 경우에 기존 방식에서는 장비를 추가로 설치해야 했지만, NFV 환경에서는 단순히 가상 서버 자원을 늘리는 것만으로도 대응할 수 있다.

    또 SDN과 NFV는 함께 작동하면서 네트워크 전반의 구조를 동적으로 최적화한다. 특히 5G 이후 더욱 복잡해진 트래픽 분산, 초저지연 요구사항, 네트워크 슬라이싱 같은 기술적 요구에 NFV는 핵심

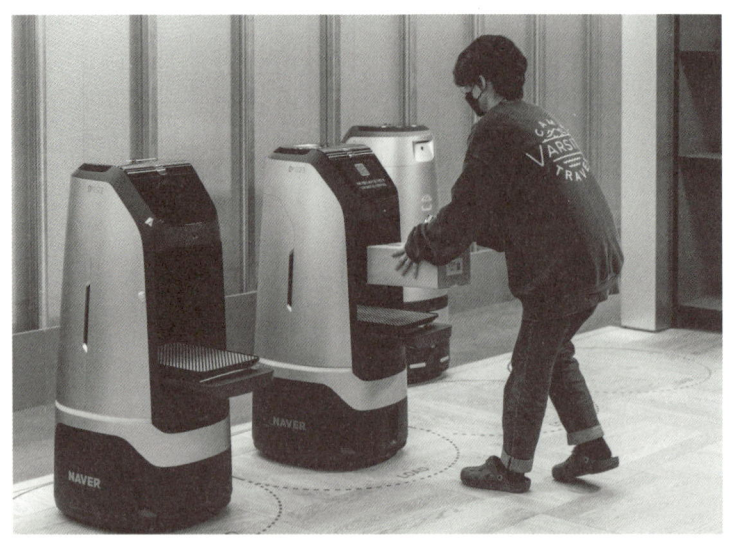

1층 택배함에 배달된 직원들의 택배를 책상까지 배달해 주는 네이버의 물류 로봇. (출처 : 네이버)

적인 역할을 한다.

6G 시대의 네트워크 지능화

5G 시대가 본격화되면서 통신 속도와 대역폭은 획기적으로 향상되었고, 자율주행, 스마트팩토리, 원격의료 같은 새로운 서비스가 현실화되기 시작했다. 그런데 5G 네트워크가 가능했던 이유 중 하나가 바로 SDN과 NFV 같은 유연한 네트워크 기술 덕분이다.

앞으로 다가올 6G는 이보다 한층 더 진화된 통신 환경이 필요하다. 단순히 더 빠른 속도만이 아니라, 지능형 네트워크, 초공간 통신, 위성 네트워크와의 연동 등 훨씬 복잡한 구조기에 네트워크는 스스로 판단하고, 학습하며, 자동으로 최적화되는 방향으로 진화해야 한다.

6G를 위한 핵심 기술 중 하나가 AI 네이티브 네트워크다. 이 네트

워크는 SDN의 중앙제어 구조 위에 AI 알고리즘을 더해 실시간으로 상황을 예측하고 자동 대응할 수 있게 한다. 예를 들어 사용자가 몰리는 이벤트 장소에서 대역폭을 자동으로 늘리고, 지연이 발생할 때 우선순위를 조절하는 식이다.

이러한 지능형 네트워크는 단지 통신사뿐 아니라, 스마트시티, 스마트물류, 공공안전과 같은 여러 분야에 영향을 준다. 네트워크가 인프라를 넘어 '서비스를 설계하는 핵심 엔진'이 되어가고 있다.

45

전기가 진화한다
스마트 그리드

우리가 매일 사용하는 전기 같은 에너지도 진화할까? 전기는 이제 더 이상 단순히 흐르는 에너지가 아니다. 스마트 그리드 기술 덕분에, 전기는 '실시간으로 상황을 파악하고 대응하는' 똑똑한 시스템으로 진화하고 있다.

똑똑한 전력망의 탄생, 스마트 그리드

기존의 전력망은 한 방향 구조였다. 발전소에서 전기를 생산하고, 송전과 배전을 거쳐 각 가정이나 산업 시설에 공급하는 구조다. 이 과정은 대체로 고정되어 있었고, 수요 변화나 돌발 상황에 유연하게 대응하기 어려웠다. 즉 정해진 흐름대로만 작동하는 수동형 시스템이었다.

스마트 그리드smart grid(지능형 전력망)는 이 구조를 근본적으로 바꾼다. 전기를 주고받는 모든 곳에 센서와 통신 장치를 설치하고, 소프트웨어로 실시간 모니터링하며 제어하는 시스템이다. 전기 사용량, 발전 상황, 기상 데이터, 배터리 충전 상태 등 수많은 정보를 실시간으로 수집해 분석하고, 필요한 곳에 적절하게 에너지를 공급하거나 차단하는 방식이다.

갑작스러운 폭염으로 전력 수요가 급증할 경우, 스마트 그리드는 사용량이 많은 지역을 파악해 순차적으로 조절하거나, 남는 전력을 저장해 둔 배터리에서 꺼내 쓰는 방식으로 위기를 피할 수 있다. 또한 각 가정이나 기업에서 태양광 패널로 생산한 전기를 남기면, 이웃이나 전력망에 팔 수 있는 양방향 전력 거래도 가능해진다. 즉 스마트 그리드는 전력망에 센서, 네트워크, 인공지능을 입힌 디지털 인프라라고 볼 수 있다.

에너지 효율화와 관리의 기술

스마트 그리드가 만든 가장 큰 변화는 에너지 효율의 극대화다. 기존에는 수요 예측이 어렵고, 항상 최대 전력 사용량을 기준으로 생산과 설비를 운영했기 때문에 낭비가 많았다. 그러나 스마트 그리드는 정확한 수요 예측과 실시간 피드백을 통해 필요한 만큼만 생산하고, 꼭 필요한 곳에만 공급할 수 있게 한다.

기업은 에너지 비용을 절감할 수 있고, 정부나 지방자치단체는 전력 피크 타임 요금제나 에너지 사용 리포트를 통해 시민의 에너지 사용을 조절할 수 있다. 특히 산업 현장에서는 스마트 미터를 기반으로 한 자동화된 전력 분석 시스템 덕분에 기계 작동 시간 최적화, 에너지 낭비 포인트 제거 같은 고도화된 관리가 가능해진다.

또한 수요 반응DR, demand response 시스템도 주목받고 있다. 이는 사용자가 전력 수요가 높은 시간대에 자발적으로 사용량을 줄이면 보상을 주는 방식이다. 전력 수요가 분산되면 발전소를 추가로 가동하지 않아도 되기 때문에 경제성과 친환경성을 모두 잡을 수 있다.

안정적인 전력 운용을 위한 ESS 시스템. (출처 : 화웨이)

이처럼 스마트 그리드는 데이터 기반의 전력 운영 체계를 만들어 에너지를 가장 필요한 순간에, 가장 필요한 방식으로 사용하는 '지능형 소비'를 가능하게 한다.

지속 가능한 에너지 생태계의 핵심 인프라

기후 변화와 에너지 전환은 전 세계가 당면한 가장 시급한 과제다. 탄소 배출을 줄이기 위해 석탄, 석유 같은 화석연료 기반의 발전을 줄이고, 태양광, 풍력, 수소 등 재생에너지 중심의 시스템으로 전환해야 한다. 문제는 이러한 재생에너지는 날씨에 따라 발전량이 들쭉날쭉해 예측이 어렵고, 기존 전력망으로는 안정적으로 수용하기 힘들다는 점이다.

바로 여기에서 스마트 그리드의 진가가 드러난다. 스마트 그리드는 수많은 재생에너지 소스에서 들어오는 데이터를 분석해 전력의 균형을 유지하고, 부족할 때는 에너지저장장치ESS, energy storage system나 외부 전력망과 연계해 보완하는 방식으로 시스템 전체를 안정화한다. 이처럼 스마트 그리드는 재생에너지 기반 전력 체계를 실제 작동 가능하게 만드는 핵심 기술이다.

또한 전기차와의 연계도 중요한 포인트다. 전기차가 단순한 이동 수단을 넘어 이동형 배터리 역할을 하게 되면서, 집이나 사무실에서 충전된 전기를 다시 전력망에 공급하는 V2G$^{\text{vehicle to grid}}$ 기술이 부상 중이다. 스마트 그리드가 없으면 이러한 유연한 전력 흐름을 관리할 수 없다.

결국 스마트 그리드는 단순히 '지능형 전력망'보다 한차원 높은 지속 가능한 에너지 사회를 만들고 유지하는 디지털 기반 시설이다. 앞으로는 지역 단위의 마이크로그리드, 탄소 중립 도시 인프라, AI 기반 에너지 최적화 플랫폼으로 발전하며 전 세계적으로 에너지 산업을 주도할 것이다.

46

해킹과 사이버 전쟁의 시대
제로 트러스트

이제 보안은 단순히 바이러스 백신을 설치하는 문제를 넘어, 국가 안보와 기업 생존의 문제로 확대되고 있다. 해킹은 일상이 되었고, 사이버 공격은 실제 전쟁 무기처럼 사용된다. 이러한 현실 속에서 보안을 바라보는 시각도, 기술도, 정책도 근본적으로 달라지고 있다. 지금 우리가 마주한 보안의 본질은 무엇이고, 어떻게 대응해야 할까?

믿지 말고 확인하라

과거의 보안 모델은 경계선을 기준으로 했다. 회사 내부 네트워크에 있으면 안전하다고 간주하고, 외부는 위험하다고 보았다. 그래서 외부에서 들어오는 접근만 막으면 된다고 생각했다. 하지만 오늘날에는 VPN을 뚫고 들어오는 랜섬웨어, 내부자의 계정 탈취, 클라우드와 모바일 환경의 확산으로 내·외부의 구분 자체가 무의미해졌다.

이런 변화 속에서 떠오른 보안 전략이 바로 제로 트러스트zero trust다. 이름 그대로, 아무도 믿지 않고 모든 접근을 검증하는 방식이다. 사내 직원이라도, 자주 쓰던 기기라도, 심지어 같은 장소에서 접속하더라도 매번 인증하고 행위를 모니터링한다. 기본값은 '거부', 허용은

'조건부'인 구조다.

이와 함께 보안의 실시간 대응력을 높이는 기술로 XDR extended detection and response과 EDR endpoint detection and response, SIEM security information and event management 등이 기업 보안 환경의 핵심으로 자리 잡고 있다. 이런 기술은 단순히 침입을 막는 것을 넘어, 침해가 발생했을 때 그 경로를 추적하고, 영향을 분석하며, 복구를 자동화하는 데까지 발전하고 있다.

특히 디지털 포렌식 기술은 사이버 공격 이후의 분석과 대응에서 중요하다. 해커가 남긴 흔적을 분석해 침입 시점과 방법, 정보 유출 범위를 파악함으로써, 법적 대응과 향후 보안 강화의 기반이 된다.

프라이버시와 데이터, 그 미묘한 줄다리기

데이터는 21세기의 원유라고 불리며, 모든 산업의 핵심 자산이 되고 있다. 기업은 사용자 데이터를 활용해 서비스와 마케팅을 고도화하고, 정부는 데이터를 기반으로 디지털 행정을 추진한다. 특히 이런 흐름 속에서 가장 예민한 문제가 개인정보 보호다.

특히 유럽연합의 GDPR general data protection regulation(개인정보 보호 규정)은 전 세계 데이터 규제의 기준이 되었다. GDPR은 사용자 동의 없이 데이터를 수집하거나, 목적 외로 사용하는 것을 엄격히 금지하며, 위반 시 매출의 최대 4%에 달하는 벌금을 부과할 수 있다. 이 규제가 시작된 이후, 애플, 메타, 구글, 틱톡 등 글로벌 기업도 개인정보 보호 정책을 전면 수정해야 했다.

이와 동시에 많은 나라에서는 디지털 주권을 이유로 자국민 데이터의 국외 반출을 제한하고, 자국 클라우드에 저장하도록 요구하고 있다. 한국도 2023년 이후 개인정보보호법 개정을 통해 글로벌 스탠다드에 부합하는 보호 체계를 마련하면서, 데이터 활용과 프라이버시 사이의 균형을 조율하고 있다.

흥미로운 점은 사용자 인식의 변화다. 많은 사람들이 개인정보 보호를 중시하면서도, 편리함을 위해 데이터를 어느 정도 제공하는 데 동의하고 있다. 이 때문에 기술 기업들은 '프라이버시 중심의 설계 privacy by design'와 '데이터 최소 수집' 원칙을 중심으로 사용자 신뢰를 확보하려 한다.

사이버 공간, 전장의 확장

이제 해킹은 단순한 범죄가 아니라, 국가 간 갈등과 정보전의 도구로 활용되고 있다. 실제로 미국, 중국, 러시아, 북한 등은 사이버 군사 조직을 운영하고 있으며, 주요 국가 기반 시설을 표적으로 한 사이버 공격이 끊이지 않는다. 전력망, 수도, 공항, 병원 등 민간 시스템이 공격받고 실제로 피해가 발생한 사례도 많다.

2017년 워너크라이WannaCry 랜섬웨어는 전 세계 150개국에 퍼지며 병원, 은행 등의 통신망을 마비시켰다. 이 공격은 단순한 금전 목적을 넘어 국가 간 사이버 전쟁의 성격을 띠고 있었으며, 북한의 소행으로 지목되기도 했다. 또 2022년에는 러시아의 우크라이나 침공과 동시에 사이버 공격이 병행되어, 군사작전과 해킹이 한 몸처럼 작동하는 양상을 보였다.

이에 따라 많은 나라들이 사이버 안보를 국가 안보의 핵심 영역

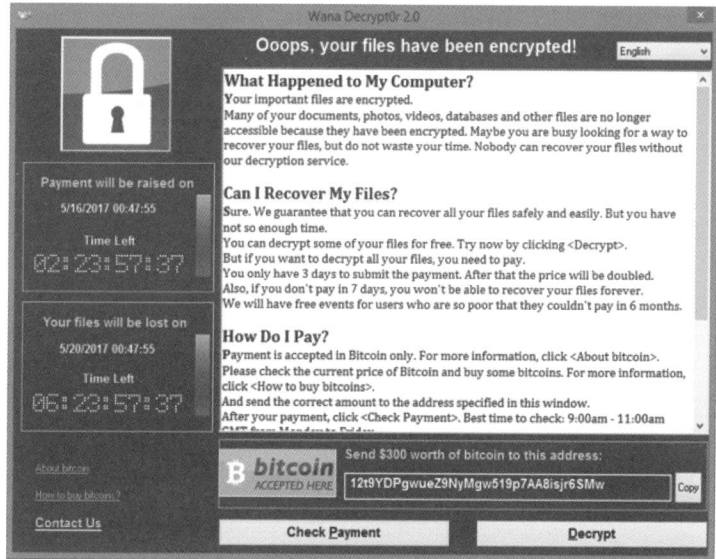

사이버 보안의 중요성을 부각시킨 워너크라이 랜섬웨어.

으로 다루고 있으며, 민간-정부-군의 협업체계를 구축 중이다. 미국은 NSA 산하에 사이버사령부U.S. cyber command를 운영하고 있고, 한국도 사이버작전사령부와 과학기술정보통신부 산하의 사이버보안센터 등을 통해 위협에 대응하고 있다.

기업 역시 마찬가지다. 사이버 위협은 단순히 IT 부서만의 일이 아니라, 경영 리스크로 간주하며, 이사회와 CEO가 직접 관여해야 할 수준으로 격상되었다. 특히 보험, 금융, 헬스케어, 물류처럼 데이터에 민감한 산업은 사이버 보안이 기업의 신뢰와 직결된다.

47

위기인가, 기회인가?
AI 일자리

AI와 로봇이 일상과 산업을 빠르게 변화시키면서, 우리가 일하는 방식도 거대한 전환점을 맞이하고 있다. 어떤 직업은 사라지고, 어떤 일은 새롭게 등장한다. 이 변화는 누군가에겐 기회지만, 또 다른 누군가에겐 위기다. 그렇다면 우리는 이 흐름 속에서 무엇을 준비해야 할까?

일자리 위기의 현실, 기계가 인간의 일자리를 위협한다

AI와 자동화 기술이 확산되면서 가장 먼저 우려한 것은 '일자리가 사라진다'는 공포였다. 특히 반복적이고 정형화된 업무는 기계가 더 빠르고 정확하게 처리할 수 있기 때문에 제조업, 고객센터, 사무보조, 단순 회계 등의 직무에서 인력 수요가 줄고 있다. 실제로 많은 글로벌 기업이 비용 절감을 이유로 AI 기반 챗봇과 자동화 시스템을 도입해 기존 인력을 감축하거나 재배치하고 있다.

맥킨지, PwC 등 글로벌 컨설팅 기업의 보고서에 따르면 2030년까지 전체 직업의 14~20%는 자동화될 수 있다고 한다. 이는 단순 노동자뿐 아니라, 중간 관리자나 일부 전문직까지도 포함된 수치다. 예를 들어 법률 분석이나 의학 영상 판독, 부동산 가치 평가와 같은 고

차원적 업무도 AI가 빠르게 따라잡고 있다.

하지만 여기에는 중요한 전제가 있다. 기술이 '대체'하는 것은 사람 자체가 아니라, 사람이 하던 특정 작업task이라는 점이다. 즉 일자리 전체가 사라지는 것이 아니라, 그 일자리 안에서 '기계가 더 잘할 수 있는 부분'만 기계에 넘어가는 것이다. 중요한 것은 '내가 맡은 일의 어떤 부분이 기계에 넘겨질 수 있는가?', '기계가 하기 어려운 가치는 무엇인가?'를 구별하는 능력이다.

새로 생기는 일자리, 재편이 곧 기회다

기술 발전은 언제나 새로운 일자리를 만들어 냈다. 산업혁명 시기에 증기기관과 기계가 섬유공장에 도입되면서 많은 직물이 자동 생산되었지만, 동시에 기계를 설계하고 유지·보수하는 새로운 기술자와 감독자, 공급망 관리자가 필요해졌다. 마찬가지로 AI와 로봇의 시대에도 새롭게 생겨나는 일자리는 존재한다.

AI 모델을 학습시키는 데이터 라벨링 전문가, AI 윤리 감시관, 프롬프트 엔지니어, AI 시스템 트레이너, 로봇 운영 관리자, 디지털 트윈 설계자 등은 5년 전만 해도 생소했지만, 지금은 수요가 빠르게 늘고 있다. 기술을 이해하고 활용하는 사람에게는 그 어느 때보다 새로운 기회의 창이 열리고 있다.

더 나아가 기술과 인간의 협업을 설계하는 직무도 주목받고 있다. AI와 함께 일하는 팀에서는 사람의 판단력과 기계의 계산 능력을 어떻게 버무릴지 고민해야 한다. 이러한 융합형 직무는 창의성과 커뮤니케이션, 문제 해결 능력을 두루 갖춘 사람에게 더 많은 기회를 제공한다.

미래는 이런 모습일까? 가사를 돕는 로봇. (출처 : 엔비디아)

중요한 것은 기술이 발전할수록 사람이 더 필요 없어지는 것이 아니라, 오히려 기계와 함께 일할 수 있는 사람의 가치가 더 커진다는 점이다. 기술이 모두를 대체할 것이라는 공포보다, 어떤 기술을 다룰 수 있는지가 미래 일자리를 좌우할 것이다.

일의 본질이 바뀌는 시대

AI와 로봇은 이사람과 함께 일하는 동료로 여겨진다. 예전엔 산업 현장에서나 볼 수 있었던 로봇이 이제는 물류창고, 병원, 카페, 건설현장, 심지어 교실과 회의실에도 들어오고 있다. 이러한 변화는 단순히 기계가 일한다는 차원을 넘어, 일의 방식 자체를 바꾸고 있다.

병원에서는 로봇이 약을 짓고, AI가 환자의 데이터를 분석해 의사의 진단을 보조한다. 물류 현장에서는 사람과 로봇이 함께 물건을 분류하고 운반하며, 농업에서는 드론과 AI가 작물 상태를 실시간으로 분석해 작황을 예측한다. 즉 사람은 기계가 처리할 수 없는 영역에 집중하면서, 더 높은 부가가치를 만들어 낼 여지가 생기는 것이다.

이러한 '로봇 동료화' 현상은 새로운 역량을 요구한다. 단순히 기술을 이해하는 것을 넘어서, 기계와 협력하고, 조정하고, 창의적으로 활용하는 능력이 중요하다. 또 AI, 로봇과의 협업하는 새로운 팀워크의 개념도 확장된다.

이런 흐름 속에서 학교 교육과 기업의 인재 양성 프로그램도 달라지고 있다. 단순 기능 훈련보다는 복합적 문제 해결, 디지털 리터러시, 인간 중심 설계 능력 등이 중심이 되고 있으며, 인문학적 통찰력과 감성적 지능 역시 기술과의 공존 시대에 오히려 중요한 경쟁력이 되고 있다.

48

배터리 없는 세상?
에너지 하베스팅과 초저전력 기술

전기를 꽂거나 배터리를 교체하지 않아도 스스로 작동하는 기기가 늘고 있다. 스마트워치, 스마트 센서, 헬스케어 웨어러블, 심지어 농장의 토양 감지 장치나 도로 위에 깔린 교통 센서까지 확대되고 있다. 이 모든 기기는 우리가 의식하지 못한 채, 이미 배터리 없는 세상을 준비하고 있다. 바로 에너지 하베스팅과 초저전력 기술 덕분이다. 더 이상 충전기를 꽂지 않아도 되는 세상, 배터리를 교체할 필요 없는 스마트한 디바이스 기술은 단순히 편리함만을 의미하진 않는다. 배터리로 작동하던 수많은 기기들이 자립적으로 에너지를 생산하면서 환경을 덜 해치고, 유지관리 비용도 줄이는 방식으로 전환되고 있는 것이다. 특히 수십억 개의 센서가 필요해지는 사물인터넷 시대에는 이 작은 기술 혁신이 엄청난 사회적 변화를 이끌 수 있다.

전기 없이도 작동하는 기기, 어디에 쓰이고 있을까?

열, 빛, 진동, 운동 등 버려지는 에너지를 수확하여 전기에너지로 변환하는 에너지 하베스팅 energy harvesting 기술은 이미 다양한 분야에서 실전 배치되고 있다. 도심의 교량에 설치된 균열 감지 센서는 매일 지나가는 차량의 진동을 전기로 바꿔 스스로 작동하고 농장의 토양 습도 센서는 햇빛이나 땅속 온도차를 통해 필요한 전력을 확보한다. 이런 센서는 외딴 지역이나 전력선이 닿지 않는 곳에서도 몇 년씩 끊임없이 데이터를 수집하고 전송한다. 한 번 설치해 두면 굳이 다시 건드릴 필요가 없는 셈이다.

스마트워치나 밴드 같은 웨어러블 기기에도 점점 더 많은 에너지 하베스팅 기술이 도입되고 있다. 체온과 주변의 온도차, 손목의 움직임이나 혈류의 미세한 떨림 등 다양한 생체 신호를 전력으로 바꾸는 방식이다. 예전에는 하루만 지나도 배터리가 다 닳던 기기가 이제는 일주일을 넘기고 몇 달간 충전 없이 작동하는 방향으로 진화하고 있다.

도시 인프라에서도 이런 기술은 매우 유용하다. 스마트 가로등은 태양광을 저장하거나 대기 중 전파 에너지를 모아서 센서를 작동시키고 지능형 교통 시스템은 자동차의 통과로 발생하는 압력이나 열을 전력으로 전환한다. 특히 사람이 자주 드나들지 않는 시설물이나 외곽 지역의 시스템에는 무전원 디바이스가 제 역할을 톡톡히 해낸다.

군사나 우주 분야도 마찬가지다. 척박한 환경에서 몇 년간 전원을 공급하기 어려운 조건에서도 스스로 전기를 만드는 센서나 장비가 필요하다. 적의 탐지를 피하거나 장기간 자율 임무를 수행하는 데 생존을 위한 필수 요소로 자리 잡고 있다.

빛, 열, 진동에서 전력을 뽑아내다

에너지 하베스팅의 핵심은 주변 환경에 존재하는 아주 미세한 에너

전 세계의 태양광 에너지 솔루션을 장악하는 중국.

지를 전기 에너지로 바꾸는 것이다. 대표적인 방식은 네 가지다. 태양을 활용하는 광전지 방식, 온도 차이를 활용한 열전소자, 진동이나 압력에서 전기를 발생시키는 압전소자, 그리고 무선 주파수 에너지를 흡수해 전환하는 RF 하베스팅 기술이다.

먼저 가장 친숙한 방식은 태양광이다. 가로등, 전자 표지판, 환경 감지 센서 등에서 가장 일반적으로 쓰인다. 문제는 햇빛이 항상 존재하지 않는다는 점이다. 그래서 실내조명이나 미세한 빛에도 작동하는 고효율 광전지 기술이 개발되고 있다.

열에너지를 전기로 바꾸는 열전소자는 체온과 공기 온도 사이의 미묘한 차이도 감지해 전기를 생산한다. 덕분에 웨어러블 기기에 적합하고, 산업 현장이나 고온 배출이 많은 기기 주변에서도 적용할 수 있다.

진동을 전기로 바꾸는 압전 방식은 교량, 도로, 철도 등에 활용된다. 기차가 지나갈 때 발생하는 진동, 차량이 도로를 지날 때 생기는 미세한 움직임은 모두 에너지 자원이 된다. 압전소자는 특정 결정 구조로 되어 있어, 기계적인 충격이나 압력을 전기 신호로 바꿀 수 있다.

또 하나 흥미로운 방식은 전파를 활용한 RF 에너지 하베스팅이다. 우리가 무심코 지나치는 라디오, TV, 와이파이, LTE 신호에도 에너지가 있다. 이 신호들을 모아 정류하고 축적해 센서를 작동시키는 기술이 점차 발전하고 있다. 전력량은 적지만, 블루투스 통신이나 짧은 거리에서의 데이터 전송용 센서에는 충분히 쓸 수 있다.

물론 이런 기술만으로 충분한 전력을 공급하긴 어렵다. 하지만 필요한 전력 자체를 획기적으로 줄이는 초저전력 회로 설계와 함께 결합하면 이야기는 달라진다. 즉 아주 적은 전기만으로도 작동하는 디바이스와, 주변에서 그 적은 전기를 수확하는 기술이 함께 움직이는 구조다.

배터리 없는 미래, 지속가능한 IT와 환경 혁신의 열쇠

배터리 없는 기기의 등장은 단순히 충전 스트레스를 줄여주는 데서 끝나지 않는다. 훨씬 더 큰 가치는 지속 가능성과 환경 보호 측면에서 찾아볼 수 있다. 오늘날 배터리는 거의 모든 전자 기기의 심장과도 같지만, 동시에 환경문제의 원인이기도 하다. 리튬, 코발트, 니켈 같은 희귀 금속을 채굴하고 가공하는 과정은 환경파괴를 야기하고, 사용 후 버려지는 배터리 역시 유해 폐기물로 남는다. 전 세계적으로 매년 수십억 개의 배터리가 폐기되는데, 그 처리 문제는 갈수록 심각해지고 있다. 에너지 하베스팅 기술이 상용화되고 확산되면, 이런 배터리 중심의 에너지 구조를 완전히 바꿀 수 있다.

병원에서 환자의 생체 정보를 감지하는 패치형 센서는 하루 종일 지속적으로 데이터를 측정하고 서버로 전송한다. 매번 충전하거나 배터리를 교체해야 했다면 매우 번거롭고 비효율적일 것이다. 하지만 체온이나 심장박동에서 전기를 얻는 기술을 활용하면, 환자의 몸에 센서를 붙이는 동안에는 전원 문제없이 작동할 수 있다. 또한 스마트시티의 확산과 함께 도시 곳곳에 설치되는 수많은 센서(쓰레기통의 수위, 정류장 인원 감지, 공기 질 측정기 등)가 전력선 없이도 작동한다면 유지보수 비용이 획기적으로 줄어들고, 도시 전체의 탄소 배출도 줄일 수 있다.

농업에서도 이 기술은 큰 변화를 만든다. 외딴 밭이나 온실 안의 센서가 스스로 전기를 만들고, 사물인터넷 네트워크를 통해 정보를 실시간으로 보내는 방식은 스마트 농업의 핵심 인프라가 되고 있다. 건전지 하나를 교체하기 위해 수 킬로미터를 이동해야 했던 농부의 고생도 줄어든다.

결국 이 모든 기술은 전원을 꽂아야만 작동하는 기기의 패러다임을 깨뜨리고 있다. 이제 기기는 스스로 전기를 만들고, 거의 에너지 소모 없이 작동하며 관리 비용 없이도 장기적으로 운용할 수 있어야 한다. 이것이 배터리 없는 세상이 추구하는 방향이다.

스마트 신발, AI 헬스케어 기기, 도로 포장재 내장 센서, 뇌파를 읽는 이어폰 등 앞으로 등장할 수많은 디바이스가 이 원리를 기반으로 개발될 것이다. 전기라는 제약이 풀리는 순간, 상상력은 더 멀리 뻗어 나갈 수 있다. 기술은 그렇게 조용하지만 거대한 전환을 만들어 내고 있다. 그리고 그 전환은 바로 지금 우리 발밑에서, 손목에서, 농장과 도시 곳곳에서 시작되고 있다.

산수처럼 일상에서
AI를 잘 활용하게 해주는 상식

AI 리터러시

AI가 단순한 기술을 넘어 인간과 공존하며 함께 일하고 사고하는 존재로 다가오고 있다. 알파고의 충격, 챗GPT의 등장, 인간처럼 움직이는 로봇까지 기술은 경이로움과 두려움을 동시에 안긴다. 하지만 이런 변화는 새로운 것이 아니다. 과거 자동차나 인터넷이 처음 등장했을 때와 마찬가지로 사회는 기술을 받아들이며 적응하고 발전했다. 지금 우리에게 필요한 것은 두려움이나 맹신이 아니라, AI를 이해하고 책임 있게 활용할 수 있는 기술 시민으로의 준비다. AI 윤리와 안전을 위한 사회적 기준부터 개인의 리터러시 교육, 일자리 재편을 위한 정책까지 AI 시대를 맞이한 지금, 우리는 어떤 선택을 할 것인가?

기술 앞에 놓인 두려움, 그리고 낯선 익숙함

인류는 언제나 새로운 기술을 처음 마주할 때 혼란과 두려움을 함께 느껴왔다. 알파고가 세계 바둑 챔피언을 꺾던 순간, 우리는 단순한 기술 시연이 아닌 지능의 대결이라는 충격을 경험했다. 이후 챗GPT가 등장하고 대화 수준에서 자연어 이해와 창작 능력을 선보이자, 이제는 단순히 계산이나 자동화가 아니라 '생각하는 기계'가 우리 곁에

온 것이 아니냐는 우려가 퍼지기 시작했다. 그리고 마침내 AI가 탑재된 휴머노이드 로봇이 인간처럼 움직이고 말하는 모습을 보여주자, 그 두려움은 현실적인 위협처럼 느껴지기 시작했다. 영화에서 보던 장면들이 점차 현실로 다가오는 것이다.

하지만 이러한 감정은 전혀 새로운 것이 아니다. 19세기 말에서 20세기 초, 자동차가 처음 등장했을 때도 사람들은 비슷한 반응을 보였다. 당시에는 마차가 주요 교통수단이었고, 시속 30㎞로 달릴 수 있었다. 자동차에 안전벨트, 에어백, ABS, 자율주행 보조 시스템 등이 도입되었듯, AI 기술도 책임성 있는 개발을 위한 AI 윤리 가이드라인, AI 설명 가능성XAI, AI 안전 인증 등이 세계적으로 논의되고 있다.

이미 유럽은 AI 법안을 제정 중이며, 한국 역시 신뢰 가능한 AI를 위한 품질 기준 마련과 윤리적 가이드라인을 강화하고 있다. 이러한 움직임은 단지 기술의 문제가 아니라 사회 전체가 AI를 안전하게 받아들이기 위한 성숙한 대응이라고 볼 수 있다.

기술을 도구 삼아 AI 리터러시를 키울 때

결국 기술은 도구일 뿐이다. 문제는 우리가 그 도구를 어떻게 인식하고, 활용하느냐에 달려 있다. AI 시대에 진짜 필요한 자세는 기술을 두려워하거나 무작정 수용하는 것이 아니라, 이해하고 활용할 수 있는 기술 시민으로서의 준비다. AI 리터러시AI literacy 교육을 통해 기술의 원리를 이해하고, AI를 적절히 활용할 수 있는 역량을 키우는 것이야말로 개인의 경쟁력을 좌우할 것이다. 단순히 기술을 사용하는 수준을 넘어서, AI와 함께 문제를 해결하고 더 나은 결과를 만드는 협업자가 되어야 한다. 과거 마부가 자동차 정비공, 운전기사로

위의 내용을 챗GPT 4o로 생성한 이미지. AI 윤리와 리터러시를 생각해 볼 때다.

직종을 전환했듯 우리도 AI를 활용할 수 있는 유연성과 실행력을 갖춰야 한다.

사회적 차원에서도 준비가 필요하다. AI 도입으로 인해 일시적으로 일자리를 잃는 사람들을 위한 사회안전망 구축은 필수로 실행해야 한다. 정부와 기업은 AI 전환기에 필요한 직무전환 교육, 디지털 격차 해소를 위한 맞춤형 교육 프로그램, 새로운 일자리 연계를 위한 정책들을 설계하고 시행해야 한다.

예컨대 핀란드는 모든 국민을 위한 AI 기초 교육 프로그램Elements of AI을 운영하며 디지털 포용을 실현하고 있고, 독일은 중장년층과 이민자를 대상으로 AI 활용 교육을 제공해 직무 재설계를 돕고 있다. 한국도 마찬가지로 산업 전환기에 대비한 포용적 정책 설계가 필요하다.

AI가 만들어 갈 미래는 어떤 확정된 시나리오가 아니다. 우리가 AI를 어떻게 설계하고, 사용하는가에 따라 그 모습은 무수히 달라질 수 있다. 그것이 바로 이 시대를 살아가는 우리가 짊어진 숙제이자 기회다. 기술과 사람이 조화를 이루는 '프라이드토피아 pride-topia', 즉 기술을 주체적으로 다룰 수 있는 시민들의 자부심으로 미래를 개척해야 한다. 지금 이 순간 우리가 AI에 대해 갖는 태도와 행동이, 미래 세대가 살아갈 세상의 모양을 결정지을 것이다.

50

AI의 양면성
AI와 X토피아

기술을 연구하는 사람으로서 자주 받는 질문이 있다. 기술이 인류에게 정말 도움이 되는가, 혹은 오히려 인간을 피폐하게 만드는가? 스마트폰, SNS, 배달 앱, 생성형 AI까지 수많은 디지털 기술은 우리에게 엄청난 편리함을 주지만, 때로는 그만큼의 스트레스와 피로가 쌓인다. 기술은 마치 양날의 검처럼 유용함과 위험성을 동시에 품고 있으며, 우리는 이 양면의 현실 속에서 미래에 대한 고민을 이어가고 있다. 과연 우리가 맞이할 미래는 유토피아일까, 디스토피아일까, 아니면 그 중간 어딘가일까?

편리함의 그림자, 우리는 얼마나 많은 것을 포기했는가?

기술의 변화 중 가장 극적인 것은 편리함이다. 클릭 몇 번으로 음식이 집 앞에 도착하고, 스마트폰 앱 하나로 금융 업무와 택시 호출, 심지어 병원 예약까지 할 수 있는 시대다. 사람들은 이런 기술의 발전을 마치 마법처럼 받아들였다. 하지만 그 편리함에는 언제나 대가가 따랐다.

카카오T를 예로 들어보자. 택시를 집 앞까지 부를 수 있게 된 것은 분명 혁신이다. 하지만 기사들은 플랫폼 수수료 부담에 시달리고, 기존의 콜택시 방식은 사실상 사라졌다. 사용자는 비싼 요금을 감수해야 하고, 택시 선택권도 제한된다. 카카오T에서 제외된 택시는 자연스럽게 도태되고 있다. 편리함은 늘 자유와 다양성의 일부를 담보로 삼는다.

SNS도 마찬가지다. 인스타그램과 틱톡은 전 세계 사람들의 일상을 연결하고, 즐거움과 감동을 전파하는 플랫폼이다. 그러나 동시에 끊임없는 비교와 과시 욕구를 부추기며, 특히 청소년과 청년층에게 낮은 자존감을 심어주고 심리적 불안감을 유발한다. 좋아요 수에 연연하고, 타인의 삶과 끊임없이 비교하면서 현실의 만족감은 점점 줄어들고 있다. SNS는 연결의 공간인 동시에 심리적 고립의 덫이 되기도 한다.

챗GPT처럼 똑똑한 생성형 AI 역시 단순한 검색 이상의 도움을 주며 지식 접근성을 비약적으로 높여주었다. 하지만 반대로, 우리가 스스로 정보를 찾고, 사고하고, 판단하는 시간을 점점 줄이고 있다는 사실은 간과된다. 문제 해결 능력은 도구에 의존할수록 약해지고, 인간의 지적 체력은 기술에 의해 무뎌질 수도 있다. 기술은 효율을 증대시키지만, 그 과정에서 인간성을 희생시키기도 한다.

잊히는 기억과 흐려지는 감각, 디지털 시대의 인간 소외

기술이 우리의 일상에 스며든 만큼, 우리의 기억력과 감정의 깊이 또한 영향을 받고 있다. 스마트폰은 우리의 기억을 대신한다. 예전에는 친구나 가족의 전화번호를 머릿속에 외우고 다녔지만, 지금은 한두 명만 기억하고 나머지는 모두 스마트폰에 저장된 주소록에 의존한다. 기억의 외주화가 일상이 된 것이다.

전자사전은 처음 등장했을 때 큰 혁신이었다. 두꺼운 사전을 들고 다니며 단어를 찾던 번거로움은 사라졌고, 단어 하나하나를 단 몇 초 만에 검색할 수 있게 됐다. 그러나 그 편리함은 우연히 다른 단어를 함께 보며 얻던 확장적 학습의 기회를 빼앗았다. 더군다나 이후 스마트폰이 등장하면서 전자사전조차 사라지고, 이제는 문장을 통째로 번역해 주는 AI가 등장하면서 우리는 더 이상 단어 하나하나에 집중하거나 사유할 시간조차 갖지 않는다.

사진 문화도 크게 바뀌었다. 필름 카메라 시절엔 사진 한 장을 찍기 위해 순간을 선택하고, 찍은 사진을 앨범에 담아 소중하게 보관하며 자주 꺼내 보았다. 그 사진 한 장 한 장엔 의미와 감정이 농축되어 있었다. 그러나 지금은 하루에도 수십 장의 사진을 찍고, 모두 클라우드에 저장한다. 너무 많은 기록은 오히려 추억의 가치를 떨어뜨리고, 소중한 기억마저 다른 디지털 정보들 사이에 파묻히게 만든다.

기술이 가져온 풍요는 아이러니하게도 감각의 빈곤을 초래했다. 너무 많은 정보는 하나의 정보도 제대로 곱씹지 못하게 만들고, 너무 쉬운 접근은 스스로 익히고 고민하는 과정을 없앤다. 기술이 줄 수 없는 것은 결국 '느낌'과 '경험'이라는 본질이다. 이 본질이 사라지면, 우리는 과연 무엇으로 나 자신을 정의하고 기억할 수 있을까?

사람이 미래를 만든다

그렇다면 우리는 기술을 어떻게 받아들여야 할까? 기술이 유토피아를 만들지, 디스토피아를 만들지는 결국 기술 자체가 아닌, 사용자인 우리의 선택에 달려 있다. 같은 기술이라도 어떻게 사용하느냐에 따라 완전히 다른 결과를 낳을 수 있다.

클라우드에 저장된 수천 장의 사진은 무의미한 디지털 잔해가 될

위의 내용을 챗GPT 4o로 생성한 이미지. 정해진 미래는 없다. 인간이 AI를 어떻게 쓰느냐에 따라 미래는 유토피아가, 디스토피아가 될 수도 있다.

수도 있고, 디지털 액자에 담아 일상의 감정을 되살리는 추억의 창이 될 수도 있다. 챗GPT 역시 단순한 질문에 대한 자동 응답기가 아니라, 지식을 깊이 파고들고 사고를 확장하는 철학적 동반자로 활용할 수도 있다. 우리가 어떤 관점으로 기술을 바라보느냐에 따라, 그것은 도구가 되기도 하고 덫이 되기도 한다.

궁극적으로 기술은 인간의 손에 달린 도구일 뿐이다. 우리가 기술에 주도권을 내주고 스스로를 기술의 부속품처럼 느끼게 되면, 그

때부터 기술은 통제력을 잃고 독립적인 결정자처럼 군림하게 된다. 반대로 기술의 경계와 책임을 스스로 정하고, 우리가 원하는 방향으로, 적극적으로 활용할 수 있다면, 기술은 인류에게 가장 든든한 동반자가 될 것이다.

결론은 단순하다. 미래는 정해진 것이 아니다. 유토피아도, 디스토피아도 우리 손에 달려 있다. 기술은 더 나은 미래를 만들기 위한 수단이며, 그 수단을 어떤 방식으로 다루고 책임질 것인지는 전적으로 우리의 몫이다. 지금 우리가 어떤 태도로 기술을 받아들이고 선택하느냐가, 앞으로의 미래를 결정짓게 될 것이다.

AI 용어 사전

ㄱ - ㄷ

강화학습(reinforcement learning)
인공지능 학습 방법 중 하나로, 행동을 선택하고, 그 결과로 받은 보상을 통해 스스로 최적의 행동 전략을 학습하는 과정.

감성 AI
사람의 감정을 이해하고 교류할 수 있는 인공지능.

광전지
태양을 활용하여 전기를 생산하는 방식.

낸드플래시(NAND Flash)
전원이 꺼져도 데이터를 유지하는 비휘발성 메모리. 주로 스마트폰, SSD(솔리드 스테이트 드라이브) 등에 저장 공간으로 사용된다.

네트워크 슬라이싱
5G 이후 네트워크에서 트래픽을 효율적으로 분산하고, 초저지연 요구사항을 충족하며, 특정 서비스에 필요한 가상 네트워크를 유연하게 구성하는 기술.

데이터 기반 의사결정
(DDDM, data-driven decision making)
경험이나 직관보다는 명확한 데이터에 근거하여 결정을 내리는 방식.

데이터 민주화(data democratization)
분석 전문가나 개발자뿐 아니라 현업 실무자 누구나 데이터를 다룰 수 있게 하는 조직 문화.

데이터 주권(data sovereignty)
데이터가 생성되고 저장되는 위치에 따라 그 데이터가 적용받는 법적 권리와 통제권이 결정되는 개념. 개인정보 보호와 국제 비즈니스 운영에 매우 중요하다.

데이터 증강
이미지 회전, 크기 조정, 색상 변환 등을 통해 새로운 데이터를 생성하는 기술.

데이터센터(DC, data center)
수많은 서버와 스토리지, 네트워크 장비 등을 한 데 모아놓은 물리적 장소로 데이터 저장과 처리, AI 모델의 학습과 추론 작업을 수행하는 핵심 공간. AI

모델을 위한 장치는 AI 데이터센터라고 한다.

디앱(dApp, decentralized application)
탈중앙화 애플리케이션. 블록체인 네트워크 위에서 운영되는 분산형 애플리케이션이다.

디지털 트랜스포메이션
(DT, digital transformation)
기업이나 조직이 디지털 기술을 활용해 기존의 업무 방식, 조직 구조, 비즈니스 모델을 근본적으로 혁신하는 과정.

디지털 트윈(digital twin)
현실 세계의 사물, 시스템, 공정 등을 가상 공간에 실시간으로 복제한 디지털 모델. 예측, 분석, 제어 등의 목적으로 활용할 수 있다.

디지털 휴먼
사람처럼 생겼지만 실제가 아닌 디지털 존재.

디파이(DeFi, decentralized finance)
탈중앙화 금융. 전통 금융기관(은행, 증권사 등)의 개입 없이, 블록체인 기반 스마트 계약을 통해 누구나 자유롭게 금융 서비스를 이용할 수 있는 시스템.

딥러닝(deep learning)
머신러닝의 하위개념으로, 머신러닝에서 사용하는 알고리즘이나 모델을 구축하는 구조적 방법론의 하나.

딥페이크(deepfake)
딥러닝(deep learning)과 페이크(fake)의 합성어로, 인공지능을 사용해 사람의 얼굴, 목소리, 행동 등을 조작하거나 합성하는 기술.

ㄹ - ㅂ

라이다
(LiDAR, Light Detection and Ranging)
레이저를 이용해 물체까지의 거리와 주변 환경을 3차원으로 스캔하는 센서 기술. 주로 자율주행차, 드론, 지도 제작, 로봇 등에서 '눈' 역할을 한다.

랭체인(language chain)
LLM과 다양한 데이터 소스, API, 툴을 연결해 복잡한 작업을 자동화하고 확장하는 개발 프레임워크.

레이더(Radar)
전파를 사용하여 물체의 거리, 속도, 방향, 크기 등을 탐지하는 기술. 특히 자율주행과 보안 시스템에서 핵심 센서 역할을 한다.

마이크로그리드(microgrid)
전력망의 일부로, 특정 지역에 독립적으로 전력을 공급하고 관리하는 소규모 전력망.

머신러닝(machine learning)
컴퓨터가 데이터 기반으로 패턴을 학습해 예측이나 결정을 내리는 기술. 데이터를 이용해 모델을 만들고, 그 모델이 경험을 통해 점점 더 정확한 결과를 내도록 하는 방법이다.

멀티모달 AI(multimodal AI)
인간처럼 다양한 감각으로 세상을 인식하는 AI.

멀티 에이전트 시스템
(multi-agent system)
복수의 로봇과 AI가 함께 일하며 복잡한 임무를 나누는 시스템.

메모리(memory)
컴퓨터에서 데이터를 일시적으로 또는 영구적으로 저장하는 장치.

메타버스(metaverse)
현실과 가상 세계가 융합된, 완전히 새로운 경험을 주는 3차원 가상 세계.

메타학습
'학습을 학습하는 방법'. 즉 여러 종류의 문제를 학습하면서 문제 해결 전략 자체를 익히는 방식이다.

메타휴먼(metahuman)
현실 사람처럼 생긴 디지털 존재. 주로 게임, 영화, 메타버스, 광고 등에서 사용되며, 극사실적인 얼굴, 표정, 몸동작을 표현할 수 있다.

모방학습(imitation learning)
인간이나 전문가의 행동 데이터를 기반으로 AI가 그 행동 방식을 학습하는 기계학습 방법.

블록체인(block chain)
데이터를 안전하고 투명하게 저장하는 분산형 디지털 장부 기술.

비디오 스트림(video stream)
실시간으로 전송되거나 재생되는 동영상 데이터.

비전 AI(vision AI)
카메라로 수집한 시각 데이터를 인식하고 해석하는 AI 모델.

비지도학습(unsupervised learning)
정답이 주어지지 않은 데이터를 기반으로 스스로 패턴을 발견하는 방식.

ㅅ - ㅇ

사물인터넷(IoT, Internet of Things)
인터넷에 연결된 다양한 사물(기기, 센서, 장치 등)이 서로 데이터를 주고받으며 자동으로 작동하고 상호작용하는 네트워크. 이 사물인터넷이 진화한 다음 단계는 AI가 접목된 AIoT다.

생성형 AI(generative AI)
텍스트, 이미지, 음성, 영상 등의 콘텐츠를 스스로 만들어 내는 인공지능. 대표적인 서비스로는 챗GPT, 클로드, 제미나이, 미드저니 등이 있다.

소버린 AI(sovereign AI)
국가 차원에서 AI 기술을 전략적으로 개발하고, 자체 인프라와 데이터를 독립적으로 운영 및 통제하는 것.

소스 인용(source citation)
AI가 답변과 함께 자신이 참조한 근거 문서나 출처를 명확히 제시하도록 만드는 기법.

수냉식 냉각(water cooling)
물 또는 냉각수를 이용해 열을 흡수하여 장치나 기계의 온도를 낮추는 냉각 방식.

스마트그리드(smart grid)
전기를 주고받는 모든 곳에 센서와 통신 장치를 설치하고, 소프트웨어로 실시간 모니터링하며 제어하는 시스템.

스마트미터(smart meter)
에너지 사용량을 실시간으로 측정하고 통신하는 지능형 계량기.

스마트시티(smart city)
도시를 단순히 건물과 도로의 집합체가 아니라 데이터를 기반으로 스스로 상황을 판단하고 대처하는 생각하는 도시.

스마트워치(smartwatch)
손목에 차는 웨어러블 기기. 건강 정보의 실시간 수집 및 스마트폰 확장 기능을 제공한다.

스마트팩토리(smart factory)
제조업에 ICT, AI, IoT, 빅데이터 등의 기술을 접목해 생산 과정을 자동화·지능화한 공장.

스마트폰(smartphone)
전화, 문자, 앱 알림 수신뿐 아니라, 음악 재생, 음성 명령, NFC 기능으로 간편결제 기능도 지원하는 기기.

스테이블코인(stablecoin)
법정화폐와 일대일로 연동된 암호화폐.

심화추론(reasoning)
AI가 더 깊이 사고하고, 처음 나온 결과를 반복적으로 검증하고 개선하는 등 인간과 유사한 심화사고 과정을 거치는 방식. 특히 논리적 사고, 수학적 문제 해결, 맥락 이해, 연역 및 귀납적 추론을 수행할 수 있는 능력을 뜻한다.

액침 냉각(immersion cooling)
전자 장치나 컴퓨터 부품을 절연성이 있는 냉각액에 직접 담가 열을 효과적으로 제거하는 냉각 방식.

양자컴퓨터(quantum computer)
양자역학의 원리를 활용하여 정보를 처리하는 차세대 컴퓨터.

에너지 하베스팅(energy harvesting)
열, 빛, 진동, 운동 등 버려지는 에너지를 수확하여 전기에너지로 변환하는 기술. 배터리 없는 스마트 디바이스 구현, 저전력 IoT, 웨어러블 기기 등에 중요하며, 지속 가능하고 친환경적인 에너지 솔루션으로 각광받고 있다.

에이전트 이코노미(agent economy)
AI 에이전트가 인간의 개입 없이 자율적으로 경제활동을 수행하는 경제 체계. 앞으로는 생성형 AI의 발전으로 AI가 실제 경제활동의 주체가 될 것이다.

엣지 노드(edge node)
엣지 컴퓨팅이 제대로 작동하기 위해 필요한 소형 서버 또는 전용 컴퓨팅 장치.

엣지 컴퓨팅(edge computing)
데이터를 생성하거나 사용하는 디바이스 가까이에 컴퓨팅 자원을 배치하여 데이터를 원거리 클라우드 데이터센터까지 보내지 않고 최대한 근거리(edge, 엣지)에서 빠르게 처리하는 기술.

연쇄 사고(CoT, chain-of-thought)
AI에 여러 단계로 문제를 풀도록 유도하는 기법. 중간 단계와 이유를 명확하게 설명하는 사고 과정을 포함한다.

연합학습(federated learning)
중앙 서버에 데이터를 모으지 않고 각 단말에서 모델을 학습한 후 파라미터만 공유하는 분산형 머신러닝 방식.

오픈소스(open source)
소프트웨어를 만드는 설명서인 소스코드가 누구에게나 공개되고 누구든 자유롭게 사용하며 수정해서 재배포할 수 있는 방식.

오픈 이노베이션(open innovation)
한 조직이 외부의 지식과 아이디어를 적극 수용하면서 내부의 아이디어도 외부에 공유하는 방식으로, 혁신을 촉진하는 전략.

온디바이스 AI(on-device AI)
클라우드에 의존하지 않고 기기 내부에서 AI가 직접 작동되는 기술.

온프레미스(on-premises)
기업이 직접 물리적인 자원을 구축하고 운영하는 시스템 운영 방식.

웨어러블 컴퓨팅(wearable computing)
몸에 착용하고 지속적인 컴퓨팅 환경을 제공하는 기술.

유기기판(organic substrate)
플라스틱 소재를 기반으로 한 전통적인 기판.

유리기판(glass substrate)
투명한 유리 소재를 기반으로 한 차세대 반도체 기판.

음성인식 AI(speech recognition AI)
마이크로 쉽게 수집이 가능한 음성을 분석하고 해석하는 AI 모델.

이진법(binary)
0과 1만을 사용하여 데이터를 표현하는 방식.

임바디드 AI(embodied AI)
물리적 형태(로봇 등)를 가진 인공지능. AI를 구동할 몸과 같은 역할을 할 기기나 물체에 내장하는 AI를 말한다.

ㅈ - ㅋ

자기 반추(self-reflection)
AI가 스스로 문제 해결 과정을 단계별로 보여주는 기술. 출력한 답변이나 행동에 대해 스스로 점검하고, 오류를 수정하거나 더 나은 결과를 위해 재조정하는 과정을 뜻한다.

자연어처리
(NLP, natural language processing)
컴퓨터가 사람의 언어(자연어)를 이해할 수 있도록 처리하는 기술.

자율 경제(autonomous economy)
AI 에이전트가 정보와 데이터 등을 주고받으면서 가치 거래를 하는 과정에 새로운 마케팅과 수수료 등의 비즈니스 변화가 생길 경제계.

전이 학습
이미 학습된 모델을 다른 분야에 적용하여 학습 데이터 부족 문제를 해결하는 기술.

제로 트러스트(zero trust)
아무도 믿지 않고 모든 접근을 검증하는 보안 방식.

지도학습(supervised learning)
정답이 있는 데이터를 AI에 보여주고 패턴을 찾게 해 새로운 데이터를 정확히 판단하는 방식.

지능형 교통 시스템
(ITS, intelligent transportation system)
자율주행차, UAM, 전기차, 공유 차량 등으로 대표되는 스마트 모빌리티를 통합적으로 관리하고 운영하는 시스템.

지식 증류(knowledge distillation)
큰 모델(교사 모델)의 학습 결과를 작은 모델(학생 모델)에 전수하는 방식.

지연(latency)
데이터 전송이나 처리 과정에서 발생하는 시간 지연.

챗봇(chatbot)
사람과의 대화를 통해 정보를 제공하거나 작업을 수행하는 컴퓨터 프로그램.

초개인화(hyper-personalization)
개인의 특성, 선호도, 행동 패턴 등을 심층적으로 분석하여, 각 개인에게 최적화된 맞춤형 경험을 제공하는 것.

초저전력 기술
(ultra-low power technology)
전력 소모를 최소화하여 기기가 오랜 시간 작동할 수 있도록 설계된 기술.

추론(inference)
AI가 입력된 데이터를 바탕으로 결과물을 생성하는 일반적인 작동 방식.

컴퓨터 비전(computer vision)
컴퓨터가 이미지나 동영상에서 사람처럼 정보를 이해하고 처리할 수 있도록 하는 AI 기술.

클라우드 네이티브(cloud native)
애플리케이션을 클라우드 환경에 최적화된 방식으로 개발하고 운영하는 접근 방식.

ㅌ - ㅎ

탄소 중립 도시(carbon neutral city)
도시 내에서 발생하는 탄소 배출량을 최대한 줄이고, 남은 배출량은 흡수 또는 상쇄하여 순 배출량을 '0'으로 만드는 도시.

트랜스포머(transformer)
딥러닝 모델의 특정한 신경망 구조. 특히 자연어처리(NLP)에 특화되어 있다.

파인튜닝(fine-tuning)
기본적인 언어 능력을 이미 학습한 대형 AI 모델에, 특정 분야의 데이터를 추가로 학습시켜 도메인 특화 모델을 만드는 방법.

패키징(packaging)
반도체 칩을 외부 환경으로부터 보호하고, 메인보드 등 다른 부품과 전기적으로 연결될 수 있도록 포장하는 기술.

퍼플렉시티(Perplexity AI)
오픈AI 출신의 엔지니어들이 2022년 8월 설립한 스타트업. 차세대 구글을 목표로 하는 AI 검색 서비스다.

퓨샷러닝(few-shot learning)
'적은 샘플(few-shot)'만으로도 학습하거나 추론하는 방식.

프롬프트 엔지니어링
(prompt engineering)
사용자의 질문이나 지시(프롬프트)를 AI가 잘 이해할 수 있도록 최적화하는 기술.

프롬프트 인젝션(prompt injection)
LLM을 프로그래밍을 통해 해킹하는 것이 아니라, 프롬프트만으로 잘못된 내용 등을 답하도록 유도하는 것.

피지컬 AI(physical AI)
실체를 가지고 우리가 사는 현실에서 만날 수 있는 AI 기기. 물리적인 세상의 법칙을 이해하고 움직인다.

하이브리드 AI(hybrid AI)
클라우드 AI와 온디바이스 AI가 긴밀하게 결합해 작동하는 환경.

하이브리드 엣지 컴퓨팅
(hybrid edge computing)
클라우드의 강력한 처리 능력과 로컬 디바이스의 실시간성을 동시에 제공하며, 데이터 흐름의 허브 역할을 하는 엣지 컴퓨팅 모델.

할루시네이션(hallucination)
AI가 답변을 생성하는 과정에서 실제 존재하지 않는 정보를 사실인 것처럼 생성하는 것.

합성 데이터(synthetic data)
AI 모델이 학습을 위해 생성하는 가상

데이터.

협동 로봇(cobot)
인간과 같은 공간에서 함께 작업할 수 있는 로봇.

휴머노이드 로봇(humanoid robot)
인간의 키와 체형, 무게 중심을 갖춘 로봇.

A - F

A2A(Agent to Agent) **프로토콜**
구글이 만든 개방형 프로토콜. 에이전트 간의 직접적인 통신을 가능하게 한다.

A/B 테스트
두 가지 이상의 다른 버전을 사용자 그룹에 무작위로 노출하고, 어떤 버전이 더 나은 성과를 내는지 비교하여 최적의 방안을 찾는 실험 방법.

AGI(artificial general intelligence)
범용 인공지능. 인간의 지능과 동등하거나 그 이상을 갖춘 범용 인공지능.

AI(artificial intelligence)
인공지능. 사람처럼 사고하고 학습하며 문제를 해결하거나 판단할 수 있는 컴퓨터 시스템이나 기술이다.

AI 가속칩(AI accelerator chip)
AI 연산에 특화된 반도체 칩.

AI 가속화(AI acceleration)
AI 모델의 학습 및 추론 속도를 높이기 위한 기술적 최적화.

AI 검색
인공지능 기술을 활용하여 사용자 질의에 대한 답변을 제공하고, 관련 정보를 요약, 정리하며 출처를 제시하는 등 기존 검색 엔진의 기능을 확장한 서비스.

AI 리터러시(AI literacy)
AI의 개념, 작동 원리, 사회적 영향 등을 이해하고, 이를 비판적으로 해석하고 적절하게 활용할 수 있는 능력.

AI 법안(AI act)
유럽연합에서 제정 중인 AI 법안. 딥페이크 콘텐츠에 'AI로 조작된 콘텐츠' 표시를 의무화하는 등의 내용을 담고 있다.

AI 어시스턴트(AI assistant)
사람이 내린 명령(command)을 이해하고, 자율적으로 자원을 연결한 다음 실행하는 시스템. 한마디로 '사람을 돕는 똑똑한 디지털 비서'다.

AI 에이전트(AI agent)
주어진 환경에서 스스로 감지, 판단, 행동하며 목표를 달성하는 자율적인 인공지능 시스템이나 프로그램.

AI 윤리
인공지능 기술의 개발, 배포 및 사용 과정에서 발생할 수 있는 윤리적 문제를 다루는 분야. 공정성, 투명성, 책임성, 개인정보 보호 등이 주요 고려 사항이다.

AI 인프라
AI 모델의 학습 및 추론에 필요한 하드웨어(GPU, NPU 등)와 소프트웨어(클라우드, 데이터센터, 네트워크 등) 자원.

AI 일자리
AI 기술 발전으로 인해 변화하는 노동 시장의 일자리. AI의 자동화로 인해 사라지거나 새롭게 생겨나는 직업군을 포함한다.

AI 주권 국가(AI sovereign state)
AI 기술의 개발, 인프라 구축, 데이터 통제, 서비스 운영 등 AI 전반에 걸쳐 자율성과 독립성을 확보한 국가.

AI 칩셋(AI chipset)
인공지능 연산에 특화된 반도체 칩을 아우르는 용어.

AI 폰(AI Phone)
NPU와 같은 전용 AI 프로세서가 탑재되어 AI 기능을 직접 실행할 수 있는 스마트폰.

AI PC(AI personal computer)
NPU와 같은 전용 AI 프로세서가 탑재되어 클라우드 연결 없이도 AI 기능을 직접 실행할 수 있는 개인용 컴퓨터.

ANI(artificial narrow intelligence)
좁은 인공지능. 특정 분야에 특화된 제한적인 AI를 의미한다.

AR(augmented reality)
증강현실. 현실 세계와 가상 콘텐츠가 결합한 환경이다.

ASI(artificial super intelligence)
초인공지능. 인간 지능을 초월하는 압도적이고 독자적인 지능을 가진 미래의 AI다.

AX(AI transformation)
디지털 트랜스포메이션의 다음 단계로, AI를 핵심 동력으로 삼아 비즈니스 모델, 프로세스, 고객 경험 등을 혁신하는 것을 말한다.

BAA(business AI agent)
비즈니스 AI 에이전트. 초개인화, 초자동화, 초지능화를 통해 업무 생산성을 높일 수 있는 AI 에이전트 툴이다.

BERT(Bidirectional Encoder Representations from Transformers)
구글이 개발한 자연어처리 모델. 트랜스포머 아키텍처를 기반으로 양방향 문맥을 이해하여 언어 이해 능력을 크게 향상시켰다.

CCTV(closed-circuit television)
특정 대상이나 영역을 감시하기 위해 설치된 카메라 시스템.

CI(continuous integration)/**CD**(continuous deployment)
지속적 통합/지속적 배포. 소프트웨어 개발 파이프라인에서 코드를 자주 통합하고 자동으로 테스트 및 배포하는 방법론이다.

CNN(convolutional neural network)
합성곱 신경망. 복잡한 데이터의 특징을 자동으로 학습할 수 있도록 만든 도구로 주로 사용된다.

CPU(central processing unit)
중앙처리장치. 컴퓨터에서 기억, 해석, 연산, 제어 기능을 관리하는 장치다.

CUI(conversational user interface)
대화형 사용자 인터페이스. 사용자가 자연어(음성 또는 텍스트)를 통해 시스템이나 기기와 대화하듯이 상호작용할 수 있도록 만든 사용자 인터페이스다.

CXL(compute express link)
고속·저지연 데이터 전송을 위한 차세대 CPU-장치 간 인터커넥트(inter-connect) 기술.

DAO
(decentralized autonomous organi-zation)
탈중앙화 자율조직. 스마트 계약과 커뮤니티 기반 거버넌스를 통해 자율적으로 금융 시스템을 운영하는 새로운 모델. 중개자나 관리자 없이도 투명성과 신뢰성이 보장된다.

DDR5(double data rate 5)
DDR4의 다음 세대인 DRAM 표준. 더 높은 대역폭과 효율성을 제공한다.

DID(decentralized identifier)
탈중앙화 자기주권 신원 인증. 탈중앙화된 신원 확인 시스템으로, 사용자가 자신의 개인정보를 직접 관리하고 필요한 경우에만 선택적으로 공개할 수 있도록 한다.

DR(demand response)
수요 반응. 사용자가 전력 수요가 높은 시간대에 자발적으로 사용량을 줄이면 보상을 주는 방식이다.

DRAM
(dynamic random access memory)
컴퓨터에서 가장 일반적으로 사용되는 주기억장치(메인 메모리)로, 데이터를 일시적으로 저장하고 빠르게 읽고 쓸 수 있는 휘발성 메모리.

ESS(energy storage system)
에너지 저장 장치. 발전소에서 생산된 전력을 저장해 두었다가 필요할 때 공급하는 시스템이다.

FM(foundation model)
기반모델, 혹은 파운데이션 모델. 다양한 작업이나 응용에 범용적으로 활용될 수 있도록 대규모 데이터로 학습된 AI 모델이다.

G - L

GAN(generative adversarial networks)
적대적 생성 신경망. 인공지능 분야에서 사용되는 딥러닝 모델이다.

GDPR
(general data protection regulation)
유럽연합의 개인정보 보호 규정.

GPL(GNU general public license)
자유 소프트웨어 재단(FSF)이 만든 가장 널리 사용되는 자유 소프트웨어 라이선스 중 하나.

GPT
(Generative Pre-trained Transformer)
오픈AI에서 개발한 대규모 언어모델. 방대한 데이터를 사전 학습하여 인간과 유사한 자연어 생성 및 이해 능력을 갖췄다.

GPU(graphic processing unit)
그래픽처리장치. 다양한 장치에서 컴퓨터 그래픽 및 이미지 처리 속도를 높이도록 설계된 전자 회로로, 화면에 정보를 추력하는 그래픽 카드의 핵심 부품이다.

HBM(high bandwidth memory)
고대역폭 메모리. 폭넓은 용량, 저전압, 고대역폭의 성능으로 고성능 컴퓨팅에 특화된 초고속 메모리다.

HPC(high performance computing)
고성능 컴퓨팅. 일반 컴퓨터의 연산 능력을 훨씬 뛰어넘는 고성능 연산 자원을 활용하여 대규모의 복잡한 연산 작업을 처리하는 기술이다.

HRI(human-robot interaction)
인간과 로봇의 상호작용.

HUD(head-up display)
헤드업 디스플레이. 운전자의 시야를 방해하지 않고 전면 유리창에 정보를 표시하는 기술이다.

ICO(initial coin offering)
초기 코인 공개. 블록체인 기반의 새로운 암호화폐 프로젝트가 자금을 모으기 위해 토큰을 판매하는 행위다.

KPI(key performance indicator)
핵심 성과 지표. 조직이나 개인이 목표 달성을 위해 측정하는 주요 지표다.

LAM(large action model)
대규모 행동모델. 대규모 언어모델이 현실 세계의 물리적 작업까지 수행할 수 있도록 발전한 형태다.

LLM(large language model)
대규모 언어모델. 텍스트를 인식하고 생성하는 등의 고급 작업을 수행하는 인공지능 프로그램이다.

LLMOps
(large language model operations)
대규모 언어모델 운영. LLM을 운영하면서 성능을 높이고 효율적으로 관리하는 기술과 프로세스다.

LMM(large multimodal model)
대규모 멀티모달모델. 텍스트, 이미지, 음성, 영상 등 여러 종류의 데이터를 동시에 처리하고 이해할 수 있다.

LoRA(Low-Rank Adaptation)
LLM을 효율적으로 파인튜닝하기 위한 기술.

LPDDR(Low Power DDR)
모바일 기기, 노트북, AI 디바이스 등에 사용되는 저전력 고성능 메모리 기술.

LTM(long term memory)
장기 기억. AI가 사용자와의 다양한 대화 내역을 장기간 기억하고 분석해, 선호도와 과거의 행동 패턴을 이해하는 데 도움을 준다.

LWM(large world model)
대규모 세계모델. AI가 실제 현실 세계에서 학습하는 것을 가리킨다.

M - R

MAML
(model-agnostic meta-learning)
빠른 학습 능력을 목표로 하는 메타러닝 기법. 어떤 모델 구조에도 적용 가능하며, 소량의 데이터로 빠르게 적응하도록 학습한다.

MCP(Model Context Protocol)
AI 모델이 외부 환경과 상호작용하면서 맥락(context)을 더 잘 이해하고 유지하도록 설계된 프로토콜. 앤스로픽이 공개했다.

MEC(multi-access edge computing)
네트워크의 가장자리(엣지)에서 컴퓨팅, 저장, 네트워크 기능을 제공하는 기술. 지연이 줄어들고, 실시간 처리가 가능하다.

MEMS
(micro-electro-mechanical systems)
미세전기기계시스템. 매우 작고 정교한 기계 부품과 전자 회로가 통합된 장치다.

MLLM
(multimodal large language model)
텍스트뿐 아니라 이미지, 음성 등 다양한 형태의 데이터를 동시에 이해하고 처리할 수 있는 대규모 언어모델.

MR(mixed reality)
혼합현실. 가상 세계와 현실 세계를 합쳐서 새로운 환경이나 시각화 등 새로운 정보를 만들어 내는 기술이다.

NFT(non-fungible token)
대체불가능토큰. 고유한 디지털 자산을 증명하는 블록체인 토큰으로, 소유권과 진품 증명이 블록체인에 기록되어 위조나 변조가 불가능하다.

NFV
(network functions virtualization)
네트워크 기능 가상화. 범용 하드웨어에서 빠르고 유연하게 네트워크 서비스를 배포 및 운영할 수 있으며, 5G, 클라우드, 엣지 컴퓨팅 환경에서 필수다.

NPU(neural processing unit)
신경처리장치. AI 연산을 위한 AI 칩셋이다.

QoRA(Quantized LORA)
LLM을 효율적으로 파인튜닝하기 위한 기술.

QPU(quantum processing unit)
양자처리장치. 양자컴퓨터의 핵심 연산 장치로, 양자역학 원리를 활용하여 데이터를 처리한다.

RAM(random access memory)
주기억장치. CPU가 계산에 필요한 데이터를 일시적으로 복사하는 작업대 역할을 하는 기억장치다.

RAG(retrieval-augmented generation)
검색증강생성. AI가 답변을 만들기 전에 질문과 관련된 정확한 정보를 별도의 데이터베이스에서 검색(retrieval)한 뒤, 이를 기반으로 답을 생성(generation)하는 방식이다.

RLM(reasoning language model)
AI가 결과를 얻는 과정에서 자신의 판단 근거와 논리적 흐름을 명확하게 제시하도록 설계된 모델.

RNN(recurrent neural network)
순환 신경망. 딥러닝 모델의 하나로, 시퀀스 데이터(텍스트, 음성 등)를 처리하는 특징이 있다.

RPA(robotic process automation)
로봇 프로세스 자동화. 소프트웨어를 사용하여 인간이 수행하는 작업을 자동화하는 비즈니스 프로세스 자동화 기술이다.

S - X

SAM(Segment Anything Model)
메타에서 발표한 이미지 분할 기술. 이미지를 보고 원하는 영역을 정확히 식별한다.

SCM(supply chain management)
공급망 관리.

SDN(software-defined networking)
소프트웨어 정의 네트워킹. 네트워크 제어를 중앙 소프트웨어가 담당하여 더 유연하고 자동화된 네트워크 환경을 구현하는 기술로, 클라우드, 데이터센터, 5G, 보안 등의 분야에서 활용한다.

SLAM
(simultaneous localization and mapping)
동시적 위치추정 및 지도작성. 로봇이나 AR/VR 기기가 주변 공간을 탐색하면서 자신의 위치를 파악하고 동시에 지도를 생성하는 기술이다.

SLM(small language model)
소규모 언어모델. 적은 컴퓨팅 자원으로도 효율적으로 동작하면서 특정 분야에 최적화된 모델이다.

SOCAMM(system-on-chip with advanced memory module)
CPU, GPU, 메모리 등 컴퓨팅 구성 요소를 하나의 칩에 집적한 차세대 반도체.

T5(Text-to-Text Transfer Transformer)
구글이 개발한 자연어처리 모델. 다양

한 자연어처리 작업을 텍스트-투-텍스트 형식으로 통일하여 처리한다.

TVL(total value locked)
총 예치금. 디파이 프로토콜에 예치된 암호화폐 자산의 총 가치를 말한다.

UAM(urban air mobility)
도심 내에서 소형 항공기를 이용해 사람이나 화물을 빠르고 효율적으로 이동시키는 새로운 교통 시스템.

UBI(usage-based insurance)
사용량 기반 보험. 고객의 실제 행동 데이터(운전 습관, 건강 정보 등)를 분석해 보험료를 실시간으로 조정하는 보험 모델이다.

V2G(vehicle to grid)
차량이 전력망에 전기를 공급하는 기술.

VNF(virtualized network function)
가상 네트워크 기능. 전통적인 네트워크 장비의 기능(방화벽, 라우터 등)을 가상화된 소프트웨어 형태로 구현한 것으로, 유연하고 확장 가능한 클라우드 기반 네트워크 구축을 돕는다.

VR(virtual reality)
가상현실. 완전한 가상 환경 속에 사용자를 몰입시키는 기술. 헤드셋, 컨트롤러 등의 VR 기기를 통해 새로운 공간에서 상호작용할 수 있다.

WFM(world foundation model)
엔비디아가 LWM을 지칭하는 용어.

WMS(warehouse management system)
자동 창고 관리 시스템.

XR(eXtended reality)
확장현실. 현실과 가상을 융합한 모든 형태의 혼합현실 기술이다.

개념부터 실생활 활용까지,
꼭 알아야 할 AI 리터러시 50
AI 상식 사전

제1판 1쇄 발행 2025년 6월 27일
제1판 2쇄 발행 2025년 8월 15일

지은이	김지현
펴낸이	나영광
책임편집	김영미
편집	정고은, 오수진
영업기획	박미애
디자인	임경선

펴낸곳	크레타
출판등록	제2020-000064호
주소	경기도 고양시 덕양구 청초로 66 덕은리버워크 B동 1405호
전자우편	creta0521@naver.com
전화	02-338-1849
팩스	02-6280-1849
블로그	blog.naver.com/creta0521
인스타그램	@creta0521

ISBN 979-11-92742-50-2 (03300)

책값은 뒤표지에 있습니다.
잘못 만들어진 책은 구입하신 서점에서 바꿔드립니다.

4~7, 12, 13쪽 표지 이미지 출처 @freepik